KB195952

제임스 앨런의 생각의 지혜

5

제임스 앨런의 생각의 지혜
5

제임스 앨런 지음 | 김선희, 김언조, 이주영 옮김

도서출판 물푸레

빛이 있는 곳에는 어둠이 없고, 선이 있는 곳에는 악이 흩어지며,
평화가 있는 곳에는 다툼이 멈추고, 사랑이 있는 곳에는 모든 미움이 사라지며,
순결함이 있는 곳에는 모든 죄가 극복되니
진리의 거처에서 모든 죄가 달아나네.
이것이 바로 아침의 기쁨이라. 악이 정복되고 선이 승리하네.
진리의 영광이 드러나네.
완전함의 길이 열리고, 거룩한 삶의 행복이 함께하네.
이것이 바로 아침의 완성이라.

제임스 앨런(1864~1912)은 20세기 '신비의 문인'으로 불린다. 그의 베스트셀러인 고전 《생각하는 그대로As a Man Thinketh》를 비롯한 저서들은 전 세계 1억 명 넘는 독자가 읽었지만, 정작 저자인 앨런에 대해서는 별로 알려진 바가 없다.

앨런은 1864년 영국 레스터에서 태어났으며, 어릴 때 아버지를 따라 미국으로 건너갔다. 그의 아버지는 유복한 사업가였지만 좋지 않은 경제 상황 탓에 1878년 파산했고, 그다음 해 비참하게 살해당했다. 이러한 가정환경 때문에 앨런은 열다섯 살 때부터 가족의 생계를 위해 생활 전선에 뛰어들 수밖에 없었다. 이후 앨런은 결혼해 가정을 꾸렸고, 영국 거대 기업에서 행정을 다루는 개인 서기관으로 일했다.

서른여덟 살 때 앨런은 인생 갈림길에 서게 되었다. 톨스토이의 저작들을 읽으며 영향을 받은 그는 돈을 벌고 소비하는 데 모든 것을 바치는 경박한 행위가 삶을 의미 없게 만든다는 사실을 깨달았다. 이후 직장을 그만둔 그는 묵상의 삶을 살고자 영국 남서부 연안에 있는 작은 시골집으로 이사했다. 그곳 해안 골짜기에서 자신의 스승이던 톨스토이의 교훈대로 자발적 빈곤, 영적인 자기 훈련, 그리고 검소한 삶을 통해 꿈을 수행해나갔다.

앨런은 성경 말씀 속 빛나는 지혜들을 마음 깊이 새겼을 뿐 아니라, 동양 고전에서도 많은 깨달음을 얻었다. 매일 글쓰기와 명상을 하고, 소일거리로 정원 가꾸는 일을 하면서 정신적인 삶을 영위하는 데 필요한 토양을 마련했다.

당시 앨런은 아침 일찍 일어나 한 시간 넘게 명상을 하기 위해 바다가 내려다보이는 절벽을 산책하는 것이 일상이었다. 명상을 통해 그는 눈에 띄지 않는 거미집처럼 영적인 비전이 고양되었고, 스스로 알려고 하지 않아도 우주의 비밀이 눈앞에 펼쳐졌다. 그리고 이러한 고요한 감동들은 오롯이 그의 내부에 각인되었다. 그는 산책을 마치고 집에 돌아와서는 종이에 자신이 느낀 단상들을 기록했다. 그리고 오후에는 정원을 가꾸는 일에 매진했으며, 저녁에는 고상한 철학적 주제에 대해 논쟁하길 원하는 마을 사람들과 친교를 다졌다.

10년 동안 앨런은 묵상과 사색을 하며 하루하루를 지냈고, 자신의 저서들에서 나오는 적은 로열티로 생활했다. 그러다 마흔여덟 살이 되었을 때 갑작스레 우리 곁을 떠났다.

앨런은 참으로 미지의 사람이었고, 명성으로 인해 폄훼되지 않았으며, 운명에 휩쓸리지 않은 채 자신이 원하던 삶의 방식대로 살다가 죽었다. 그의 저서들은 후에 문학 분야에서 천재적이고 영적인 걸작으로 인정받았다. 또한 수많은 철학자, 신학자, 정치가, 심리학자는 물론, 데일 카네기Dale Carnegie부터 나폴리언 힐Napoleon Hill, 스티븐 커비Stephen Covey, 잭 캔필드Jack Canfield에 이르기까지 수많은 자기 계발 구루의 삶에 영향을 미쳤으며 그들의 저서에도 인용되고 있다.

이는 살아생전 알려지지 않았던 영국 신비주의자가 원하는 길이기도 했다. 앨런이 죽은 후 그의 영적인 통찰력은 세계로 전파되었다.

《생각하는 그대로》에서 앨런은 "고결하고 숭고한 인격은 신의 은혜를 입거나 운이 좋아서 생긴 것이 아니다. 올바른 생각을 하려고 끊임없이 노력하고, 신과 같은 숭고한 생각을 소중하게 품어온 대가다"라고 언급했다.

앨런은 또한 "인간은 자신의 정신으로부터 분리될 수 없다"는 원칙을 깨달았는데, 실로 인간의 삶은 자기 정신과 생각으로부터 분리될 수 없다. 마치 빛, 광채, 색상을 따로 떼어놓을 수 없듯이, 정신과 생각도 인간의 삶과 떨어질 수 없는 관계다. 따라서 생각이 변하면 사람도 변힐 수 있다는 결론이 나온다.

이와 같은 명상(영성) 문학의 원조로 알려져 있다. 앨런이 남긴 저서들을 연도별로 살펴보면 다음과 같다.

《번영의 길The Path to Prosperity》(1901), 《마음의 평화에 이르는 길The Way of Peace》(1901), 《생각하는 그대로As A Man Thinketh》(1903), 《거룩한 삶Heavenly Life》(1903), 《천국 들어가기Entering Kingdom》(1903), 《마음속 깊은 곳에서부터 Out From The Heat》(1904), 《축복의 샛길Byways of Blessedness》(1904), 《평화의 시 Poems of Peace》(1907), 《승리하는 삶The Life Triumphant》(1907), 《아침·저녁의 사색Morning And Evening Thoughts》(1908), 《선의 문을 통해Through the Gate of Good》(1908), 《운명의 지배The Mastery of Destiny》(1909), 《삶의 혼란을 넘어 Above Life's Turmoil》(1910), 《격정에서 평화까지From Passion to Peace》(1910), 《인 간: 마음·몸·환경의 왕Man: King of Mind, Body & Circumstance》(1911), 《번영의 여덟 가지 기둥Eight Pillars of Prosperity》(1911), 《인생의 어려움을 밝히는 빛 Light on Life's Difficulties》(1912), 《행복과 성공을 위한 주춧돌Foundation Stone to Happiness and Success》(1913), 《제임스 앨런의 365일 명상James Allen's Book of Meditation for Everyday in The Year》(1913), 《인간과 체제Man and System》(1914), 《빛 나는 문The Shining Gateway》(1915), 《신성한 동반자The Divine Companion》(1919).

이 책들은 모두 물푸레 출판사에서 완역해 《제임스 앨런의 생각의 지혜》 1~5권, 개별 낱권과 e북으로 출간했다.

우리 시대 최고의 신비주의자 제임스 앨런

대다수 사람이 인생에서 얻고 싶어 하는 것은 경제적 성공과 진실한 사랑 이 아닐까? 학문적 성취나 예술 활동을 최고 가치로 삼는 사람도 물론 있을 것이다. 반면 정신적 성공을 인생 목표로 삼는 이는 사실상 드물다. 즉 영 감靈感이 넘치는 인생, 우주의 영원한 질서와 하나가 된 삶, 지속적으로 인식을 확장하는 삶을 추구하는 사람은 드물다고 할 수 있다. 왜 그럴까? 그런 삶이 인간에게 가능하다고 차마 믿을 수가 없기 때문이다. 인간이란 그저 경제적 성공과 정서적 안정만 누려도 잘 산다고 할 수 있으며, 거기에 더해 학문과 예술까지 즐기면서 살아가는 행복이 인간이 지닌 한계라고 생각하는 것이다.

그런데 앨런은 이렇게 말한다. 먼저 정신적 성공을 최고 가치로 추구하면 경제적 성공과 정서적 안정, 진실한 사랑까지 성취할 수 있을 뿐 아니라, 정신적 성공은 인간이 꼭 이루어야 할 운명이라고, 또한 인간의 가장 근본적 열망은 높은 곳에 대한 사랑이며, 자신의 모든 잠재력을 불러일으키는 길은 가장 높은 곳을 향해 걸어가는 것이라고 말이다.

앨런의 책을 읽다 보면 그가 말하는 성공의 길이 주로 두 차원에서 이뤄진다는 것을 알 수 있다. 즉 수직적 차원에서는 저속한 생각과 격정passion을 극복하고 고귀한 방향으로 나아가는 길이요, 수평적 차원에서는 이기적인 생각과 자아를 극복하고 세계 전체로 시야를 확대하는 길이 그것이다. 결국에는 저속한 생각과 이기적인 생각을 완전히 없애고, 수직으로나 수평으로나 한없이 마음과 정신을 넓힘으로써 수직적 차원에서는 신神과 합일하고, 수평적 차원에서는 인류 전체와 우주 전체를 껴안는 것이 마지막 평화, 마지막 행복, 마지막 성공이라고 앨런은 강조한다.

이런 지고지순한 행복과 성공은 사실 동서양 고대 철학자들이 이미 인생 목적이라고 말했던 것으로, 앨런은 성경과 동양 고전에서 얻은 깨달음을 쉽고 간결한 언어로 현대인에게 전달하고자 했다. 그런데 앨런이 말하는 내용의 특이점 중 하나는 가장 불교적인 방법으로 가장 기독교적인 목적을 달성하라고 권고한다는 사실이다. 정신적 우주에도 엄격한 질서가 있음을 이해하고 그 질서에 맞추어 생각의 힘을 잘 이용해 자기 마음을 다스리는 것은 불교적인 방법인데, 바로 이 방법을 통해 기독교적인 구원을 이루라고 강조하고 있는 것이다. 앨런이 왜 그렇게 말하게 되었는지는 이 책을 읽다 보면 누구나 충분히 알 수 있다. 그 이유를 파악하는 것은 앨런이 말하는 성공의 열쇠를 손에 쥐는 것과 같다.

다만 앨런의 책을 읽으면서 주의해야 할 부분이 하나 있다. 그것은 'passion'이라는 영어 단어의 뜻 문제다. 영어 passion은 한국어로 정열, 열정, 격정 등으로 번역되며 철학 용어로 쓰일 때는 '정념情念'으로 번역되기도 한다. 그런데 문제가 발생하는 이유는 한국어에서 '정열'이 '무기력'의 반대말로 자주 쓰이는 반면, 영어에서는 '이성理性'의 반대말로 많이 쓰이기 때문이다. 격정의 반대말로 온유함을 쓰기도 한다. 앨런은 '무기력'의 반대말로 '열망aspiration'이라는 단어를 쓰고 있으며, '정열'은 맹목적 감정이라는 뜻으로 사용한다. 따라서 책에 나오는 '정열'이라는 단어를 어디까지나 '이성'의 반대 뜻으로 이해하길 바란다.

행복과 번영은 누구나 원하는 바이지만, 소위 성공했다고 일컬어지는 사람 중에서도 자기가 행복과 번영을 누리며 살아간다고 자신 있게 말하는 이는 드물다. 그들 역시 자신의 상황이 앞으로 어떻게 바뀔지 모르고 또 마음속에 불안이 남아 있음을 스스로 느끼기 때문이다. 그렇다면 진정한 행복과 번영은 도대체 무엇이고, 어떻게 해야 그것들을 누릴 수 있을까? 앨런의 책은 이 문제를 집중적으로 다루고 있으며, 모든 인간사를 관통하는 이치를 설명함으로써 자연스럽게 결론을 유도한다.

앨런이 모든 인간사를 관통하는 이치로서 제시하는 핵심 개념은 '생각의 힘'과 '영원한 법칙의 힘', 그리고 '섭리의 힘'이다. '생각의 힘'은 사람의 성격과 환경, 운명이 모두 생각이라는 씨앗에서 자라난 열매라는 의미다. 앨런에 따르면 원인과 결과의 관계는 자연 현상에서와 마찬가지로 정신세계에서도 필연적이며, 생각이 원인이 되어 성격과 환경, 운명이라는 결과를 만들어낸다. 그래서 사람은 자신의 환경과 운명을 직접 선택하는 것이 불가능하고 자기 성격도 뜻대로 변화시킬 수 없지만, 자신의 생각을 선택하는 것은 가능하며, 따라서 간접적이지만 확실하게 자기가 원하는 환경과 운명, 성격을 만들어낼 수 있다. 사람들은 흔히 돈의 중요성을 잘 알면서도 시간의 중요성은 잘 깨닫지 못하고, 생각의 중요성은 더더욱 간과한다. 그래서 돈을 손해 보면 크게 화내는 사람이 시간을 낭비하는 것은 대수롭지 않게 생각하고, 나쁜 생각이 마음속에 자리 잡은 것에 대해서는 그 심각성을 아예 느끼지 못하는 경우가 많다. 그러나 진정한 행복과 번성을 원하는 사람은 돈보다는 생각을 더 중요하게 관리할 필요가 있다. 앨런에 따르면 나쁘고 불순한 생각은 설령 실천에 옮기지 않더라도 신경계를 약화할뿐더러, 나쁘고 불순한 상황을 끌어당긴다. 더군다나 그것을 실천에 옮기면 나쁜 습관으로 구체화되고 마침내 나쁜 환경으로 굳어진다. 이에 반해 좋은 생각은 그 자체로 건강과 힘을 증진하며 유익한 상황을 끌어당기고, 실천에 옮기면 좋은 습관으로 구체화되어 마침내 좋은 환경으로 굳어진다.

'영원한 법칙의 힘'은 자연계와 정신세계를 포함한 우주 전체 질서를 유지하는 영원한 법칙의 절대성을 의미한다. 동양에서는 이 법칙을 '도道', '다르마'라는 이름으로 불러왔고, 서양 기독교 전통에서는 '로고스(말씀)'라고 하는데, 이 법칙은 물리적인 자연 현상에서뿐 아니라 도덕 영역에서도 "각자가 뿌린 대로 거두는" 질서를 유지한다. 인간은 자유 의지를 가지고 있지만 그 자유란 자신의 생각과 행위를 선택할 수 있는 자유일 뿐, 생각과 행위의 결과는 오직 '영원한 법칙의 힘'에 의해 규정된다. 운명은 인간의 생각과 행위라는 원인에 대한 우주적 법칙의 반작용이며, 사람은 사실상 매순간마다 생각과 말, 행위를 통해 자기 운명을 만들고 있다. 따라서 이미 저지른 결과를 순순히 받아들이고 원인을 새롭게 선택하는 것이 운명을 지배하는 첫걸음이 되며, 그 순간 비로소 진지한 인생이 시작된다.

영원한 법칙의 힘을 깨닫는 것은 나쁜 생각을 몰아내는 지름길이기도 하다. 나쁜 생각들은 우주의 질서를 믿지 못하는 공포심 속에서만 번성할 수 있다. 영원한 법칙의 힘을 신뢰하면 자신의 생각을 관리함으로써 성격과 환경, 운명도 스스로 관리할 수 있다는 자신감이 생기고, 자신에게 닥치는 모든 상황을 불평 없이 긍정할 수 있다. 무너지지 않는 번영은 생각의 힘과 영원한 법칙의 힘을 이해하고 신뢰할 때 가능하다.

마지막으로 '섭리의 힘'이란 인간이 합리적 이성으로 파악할 수 없는 질서와 초자연적 존재의 작용을 의미한다. 앨런이 제시하는 우주관은 자연과학자들이 설명하는 우주관과는 조금 다르다는 점에 주의해야 한다. 앨런에 따르면 우주는 그저 시계처럼 정확히 기계적으로 움직이는 시스템이 아니라, 신성한 사랑의 완전한 실현을 향해 나아가는 하나의 정신적 생명체다. 이러한 우주의 목적과 반대되는 목표나 가치관을 가진 개인은 남에게 피해를 주지 않았는데도 본의 아니게 불행에 처하게 된다. 즉 인간에게는 자기 자신과 공동체의 좀 더 나은 삶, 좀 더 나은 완성을 실현하고자 계속해서 노력하는 태도가 요구된다. 생존 문제를 해결하는 데 너무 신경 쓴 나머지 자신도 모르게 공동의 가치를 훼손하는 일은 그것에 상응하는 반작용을 낳기에 고생의 길을 자초하는 셈이다. 이와 반대로 공동의 목표를 위해 봉사하는 사람에게는 우주가 그것에 상응하는 보답을 주며, 그 보답 안에는 경제적 문제 해결도 포함된다. 전체를 위해 사심 없이 봉사하면서 생존의 문제를 잊는 것, 이것이 변치 않는 행복이다. 따라서 성공을 꿈꾸는 사람은 경제적 문제 해결이나 개인적 명예를 위해서가 아니라, 전체 이익을 위해 봉사하려는 마음으로 성공을 꿈꾸는 편이 더 낫다. 이와 같은 앨런의 주장은 성공과 종교적 수행을 결코 분리하지 않는다. 물론 그가 말하는 성공은 상식적 의미에 국한하는 것이 아니라, 올바른 생각과 정서적으로 큰 기쁨이 늘 함께하는 것을 가리킨다.

앨런은 인생의 궁극적 목적은 신과 합일하고 자아를 완전히 초월해 영원한 생명을 얻는 것이라는 기독교 교리를 자주 강조한다. 그러면서 행복과 번영의 완성이 바로 영원한 생명이요, 신과의 합일이라고 주장한다. 그런데 이 책을 읽다 보면 앨런이 석가모니를 무척 존경하고, 석가모니의 말과 가르침을 자주 인용한다는 사실을 알게 된다. 그가 어쩌면 기독교의 '영원한 생명'과 불교의 '열반'을 동일시하는 것이 아닌가라는 생각이 들 정도다. 이 문제는 우리나라의 종교 상황에서 다소 민감한 측면이 있으니 판단은 독자의 몫으로 남겨두도록 하겠다.

다음은 앨런의 저서 22권을 완역해 《제임스 앨런의 생각의 지혜》 5권으로 묶은 내용이다. 《제임스 앨런의 생각의 지혜 1》과 《제임스 앨런의 생각의 지혜 2》는 2008년, 2015년에 출간된 《제임스 앨런의 생각의 지혜》에 내용을 추가하고 수정해 2권으로 나눈 것이다. 독자의 가독성을 위해 편집했지만 집필 순서대로 읽기를 원한다면 출판 연도에 따라 읽어도 무방하다.

제임스 앨런의 생각의 지혜 1

- 생각하는 그대로 As A Man Thinketh(1903)
- 번영의 길 The Path to Prosperity(1901)
- 마음의 평화에 이르는 길 The Way of Peace(1901)
- 마음속 깊은 곳에서부터 Out From The Heart(1904)
- 격정에서 평화까지 From Passion to Peace(1910)

제임스 앨런의 생각의 지혜 2

- 운명의 지배 The Mastery of Destiny(1909)
- 거룩한 삶 The Heavenly Life(1903)
- 천국 들어가기 Entering Kingdom(1903)
- 인간: 마음 · 몸 · 환경의 왕 Man: King of Mind, Body & Circumstance(1911)
- 아침 · 저녁의 사색 Morning And Evening Thoughts(1908)

제임스 앨런의 생각의 지혜 3

- 축복의 샛길 Byways of Blessedness(1904)
- 행복과 성공을 위한 주춧돌 Foundation Stone to Happiness and Success(1913)

- 인생의 어려움을 밝히는 빛 Light on Life's Difficulties(1912)

- 삶의 혼란을 넘어 Above Life's Turmoil(1910)

- 선의 문을 통해 Through the Gate of Good(1908)

마지막 《제임스 앨런 회고록》은 그의 아내 릴리 앨런이 썼다. 제임스 앨런의 소년 시절부터 성장 시기, 왕성한 활동 시기, 마지막 임종까지 남편이 아닌 신비주의자의 삶을 서술했다. 릴리는 "세월이 흘러도 그는 변함없이 곧은길을 나아갔으며 한 번도 뒤돌아보거나 신성한 길에서 벗어나지 않았다"고 회고했다.

릴리는 이 회고록을 앨런을 사랑하는 사람들, 온유한 마음과 눈물 어린 눈으로 이 글을 읽을 독자들을 위해 썼다고 한다. 제임스 앨런이 고요하고 평화롭고 조용하게 우리 곁을 떠난 1912년 1월 12일부터 1월 24일 수요일 새벽까지 순간을 덤덤하게, 하지만 슬픔이 가득한 마음으로 서술한 릴리의 글을 읽노라면 그 행간에 가득 담긴 사랑과 상실감, 또 다른 희망과 시린 아픔을 느낄 수 있을 것이다. 그리고 신비주의 작가 제임스 앨런의 주옥같은 글들에서 하나뿐인 삶을 살아가는 곧은길을 찾게 될 것이다. 마음과 머리에서 무거운 안개가 걷히는 듯한 느낌을 받으면서 말이다.

차 례

제임스 앨런의 365일 명상

이 책은 영원히 이것을 읽는 모든 이에게, 그리고 특히 매일의 명상을 위해
이 책을 사용하는 사람들에게 정신적인 진실의 요새와 축복이 될 수 있을 것이다.
이 책의 가장 위대한 힘은 앨런이 쓴 모든 단어를 살아 있게 하는 것은
바로 좋은 사람들의 가슴이라는 점에 있다

명상의 길을 찾지 못한 사람은 해방과 광명에 도달할 수 없습니다. 그러나 차분하고 확고한 신념을 가진다면 여러분은 순수한 사색의 길을 발견하게 될 것입니다. 여러분은 변하기 쉬운 것에서 영속적인 것을 변하는 사물들에서 영원한 진리를 발견하게 될 것입니다. 여러분은 완벽한 법칙을 갖게 될 것입니다. 우주는 패배한 자아가 무력한 상태로 있을 때 혼돈 속에서 태어났습니다. 여러분 자신을 사랑하십시오. 격정에 사로잡혀 괴로워하는 군중을 보십시오. 그리고 그들을 측은히 여기십시오. 장기간의 슬픔을 끝맺는 것으로 그들의 고통을 이해해 주십시오. 여러분은 완전한 평화에 이를 것이고, 그리하면 나아가는 발걸음이 거룩하고 고귀한 길로 향하며, 세상이 축복을 내릴 것입니다.

그러면 이제 나는 나의 거처로 가겠습니다. 여러분은 각자의 일터로 가십시오.

—제임스 앨런

편집자 서문

제임스 앨런은 진실로 심오한 명상의 예언가로 불려져야 할 것이다. 다툼과 서두름, 종교 분쟁, 과열된 논쟁, 종교의식과 허례허식의 시대에서 그는 명상의 메시지를 가지고 왔다. 언어의 소음과 충돌에서 자신의 영혼의 평화로운 고요의 통로로 사람들을 부르고 있으며 그곳에서"세상으로 오는 모든 사람을 비추는 그 빛"은 외부의 충돌에서 내부의 고요함으로 그들의 지친 눈을 돌리도록 모든 사람들을 위해서 지속적으로 그리고 확실히 불타고 있다.

명상에 관한 많은 것들은 그가 케른에서 아침에 내려왔을 때 쓰여졌다. 그곳에서 그는 세상이 잠든 동안 신과 홀로 귀중한 시간을 보냈던 것이다. 다른 것들은 그의 많은 글에서 발표되기도 하고 발표되지 않기도 한 많은 그의 글이 모아졌고 그의 요청에 의해서 그의 정신적인 지도하에 매일의 짧은 독서를 위해서 정리되었다고 믿는다.

이 책은 영원히 이것을 읽는 모든 이에게, 그리고 특히 매일의 명상을 위해 이 책을 사용하는 사람들에게 정신적인 진실의 요새와 축복이 될 수 있을 것이다. 이 책의 가장 위대한 힘은 그가 쓴 모든 단어를 살아있게 하는 것은 바로 좋은 사람들의 가슴이라는 점에 있다

—릴리 L. 앨런

1월 January

1월 1일

어디에 평화가 있을까, 어디에 진리가 숨어 있을까!

먼저 할 일은 먼저 하라. 노는 것보다 일하는 것이 먼저이고, 즐기는 것보다 의무가 먼저이고, 나 자신보다 남이 먼저이다. 이것이 길을 잃지 않는 훌륭한 방법이다. 시작을 잘 하면 반은 성공한 것이나 마찬가지다. 운동선수가 출발을 잘못하면 좋은 성적을 낼 수 없고, 상인이 시작을 그르치면 신망을 잃을 것이다. 진리를 구하는 자가 시작을 그르치면 아마도 고결함의 왕관을 포기해야 할 것이다.

순수한 생각과 올바른 태도, 이기적이지 않은 훌륭한 목적과 부패하지 않는 양심으로 시작하는 것, 이것이 올바른 시작이다. 이것이 첫 번째로 해야 할 일이다. 그리하면 다른 모든 것들은 자연스레 따라올 것이다. 삶을 단순하고 아름답고 성공적이고 평화롭게 만들어 줄 것이다.

영혼은 잃어버린 천성을 간절히 원할 것이다.

1월 2일

집착에서 평화에 이르는 길은 자기 자신을 극복하는 것이다.

집착에 휩싸인 자는 흔히 다른 사람을 바르게 하려고 노력한다. 그러나 지혜로운 사람은 자신을 먼저 바르게 하려고 한다. 만약에 누군가가 세상을 바꾸려 한다면, 그 사람은 자신부터 바꾸려고 해야 할 것이다. 자기 자신의 개혁은 세속적인 것들만 없앤다고 되는 것이 아니다. 그것은 단지 시작에 불과할 뿐이다. 어리석은 생각과 이기적인 목표가 극복되어야 개혁이 이루어지는 것이다. 완전한 순수함과 지혜가 부족하다면, 여전히 극복해야 할 어리석음과 자신에 대한 예속이 남아 있기 마련이다.

열망의 날개를 달고 사람은 땅에서 천상으로, 무지에서 지식으로, 어둠에서 저 위의 빛으로 오를 수 있는 것이다. 열망이 없다면 사람은 세속적이고 탐욕적이며 미개하고 비굴할 뿐이다.

열망은 천상의 것을 위한 갈망이다.

1월 3일

마음의 평온을 찾고 싶다면 집착을 벗어 버려라.

동물적인 상태가 달콤하게 느껴지는 한 고결해질 수 없다. 그런 사람은 지금까지는 그럭저럭 살아왔다. 하지만 그 단맛이 쓰디쓰게 느껴질 때, 슬픔 속에서 더 고귀한 것을 생각한다. 땅에서 기쁨이 사라질 때, 하늘의 기쁨을 열망하게 된다. 불완전을 겪을 때야 비로소 완전함이 발견되는 것이다. 진실로 열망은 후회라는, 생명을 잃은 재로부터 불사조처럼 떠오른다. 그러나 열망의 강력한 날개를 달면 하늘에 닿을 수 있다.

열망하는 사람은 평화로 이끄는 길에 들어선다. 그 사람이 지체하거나 돌아가지 않는다면 분명 그곳에 다다를 수 있다. 그 사람이 천상의 비전을 보고 마음을 끊임없이 새롭게 한다면, 천국과 같은 상태에 도달할 수 있다.

마음에 품을 수 있는 것은 이룰 수 있는 것이다.

1월 4일

삶은 생각과 행동으로 이루어진다.

사람은 그가 열망한 만큼 도달한다. 그가 되고자 하는 것이 그가 될 수 있는 것의 척도인 것이다. 마음이 정하는 대로 성취의 운명이 결정된다. 천한 것들을 경험으로 알 수 있는 것처럼, 고귀한 것들도 경험으로 알 수 있다. 사람이 되었듯이, 거룩하게 될 수도 있다. 고귀하고 거룩하게 마음의 방향을 잡는 것이 유일하게 필요한 과업이다.

사색가의 불순한 생각 말고 무엇이 불순하단 말인가? 사색가의 순수한 생각 말고 무엇이 순수하단 말인가? 우리는 다른 사람의 사색을 하는 것이 아니다. 우리는 각자 그 자신만으로 불순하거나 순수한 것이다. 열망을 가진 자는 자신 앞에 놓인 천상으로 이르는 길을 본다. 그의 마음은 미래의 평온한 맛을 이미 경험한다.

죄를 이기는 승리의 삶, 악을 이기는 승리의 삶이 있다

1월 5일

소망하고 의지를 가질 때, 비로소 선과 진리를 발견할 수 있다.

천국의 문은 항상 열려 있다. 자신을 제외하고 어느 누구의 의지나 권력에 의해서도 방해받지 않고 그곳으로 들어갈 수 있다. 그러나 지옥의 유혹을 선택하고 그것에 현혹된다면, 죄와 슬픔에 몸을 맡긴다면, 천국으로 들

어갈 수 없다.

죄와 고통보다 더 크고 더 고귀하고 더 거룩한 삶이 있다. 그것은 죄를 이기고 악에 승리한 삶이다. 이러한 삶은 현명하고 행복하며, 은혜롭고 평정하며, 미덕이 있고 평화롭다. 이제 이러한 삶이 올 것이다. 이렇게 사는 사람은 어떤 변화 속에서도 확고부동하다. 불안 속에서도 흔들리지 않으며 고통에 싸여 있어도 평화롭다.

매 순간 우리는 선택을 한다. 모든 시간이 우리의 운명이다.

1월 6일

순수한 삶을 사랑하는 사람은 매일 정신을 새롭게 한다.

자신의 일을 할 때 에너지가 넘치는 사람은 어려움에 겁을 먹지 않고 어려움을 어떻게 극복할 것인가 연구한다. 마찬가지로, 끊임없이 열망하는 사람은 유혹에 무너지지 않고 마음을 어떻게 강건하게 할 것인가 생각한다. 왜냐하면 유혹은 겁쟁이와 같아서 약하고 방심하는 곳을 돌아다니기 때문이다. 유혹에 넘어간 사람은 유혹의 의미와 본질을 철저하게 연구해야 한다. 유혹에 대해 제대로 알기 전에는 유혹을 극복할 수 없기 때문이다. 유혹을 극복하려는 사람은 자신의 무지와 실수에서 유혹이 어떻게 생겨나는지 알아야 하며, 명상과 회상을 통해 무지를 일소하고 실수를 진리로 대체하는 방법을 연구해야 한다.

진리를 알고자 한다면 자신을 먼저 알아야 한다. 자신에 대해 아는 것은 자기 극복의 필수사항이다.

진리를 위해, 그리고 진리를 얻기 위해 매일 거룩한 명상을 하라.

1월 7일

실수와 불순함이 드러나면, 즉각 그것을 쫓아 버려라.

높은 곳으로 나아간다는 것은 아래에 무엇인가를 남겨둔다는 것이다. 높은 곳은 낮은 곳을 희생함으로써 다다를 수 있다. 선한 것은 악을 버림으로써만 얻어진다. 지식은 무지의 파괴에 의해서만 획득된다. 얻고자 하는 모것들은 '적절한 대가'를 지불해야만 한다. 모든 동물들, 움직이는 모든 것들은 나름대로 재능과 힘을 가지고 있다. 사람은 위로 나아감에 있어 그런 재능과 힘을 버리고 더 높은 재능과 힘으로 맞바꾸었다. 낡고 이기적인 습관에 집착함으로써 위대한 사람들이 얼마나 많은 것을 잃었는가!

모든 겸손한 희생 뒤에는 날개 달린 천사가 지식과 지혜의 정상으로 우리를 끌어올리려 기다리고 있다. 정상에 다다른 사람은 추락하지 않도록 조심하라. 사소한 것들에 조심토록 하고, 죄를 짓지 않도록 하라.

완벽한 삶에 도달하는 것을 목표로 하라.

1월 8일

세상의 분쟁은 한 가지 공통된 동기, 즉 이기심에서 비롯된다.

다양한 인간 활동은 한 가지 공통된 원천인 마음에서 비롯되고 거기에서 활력을 얻는다. 모든 고난과 행복의 원천은 삶의 외적 활동이 아닌 마음과 정신의 활동에 있다. 모든 외부세계는 인간 행동에서 파생되어 나온 삶의 결과이다.

자신의 실수와 단점을 겉으로 드러내 알리지 않고 감추려고만 하는 사람은 진실의 바른길을 걸을 자격이 없다. 그는 유혹을 극복하고 유혹과 싸울 준비가 되어 있지 않은 사람이다. 미천한 본성에 용감하게 맞설 수 없는 사람은 높고 험난한 고지에 오를 수 없다.

우리 모두는 다른 이의 법칙이 아닌 자기 자신의 존재의 법칙에 따라 산다.

1월 9일

영혼이 가혹한 심판을 받을 때, 실로 필요한 것이 영혼이다.

실패했다고 절망하지 마라. 실패는 나름대로 특별하고 남다른 지식을 가져다 준다. 실패의 경험은 스승없이도 보다 빠르고 확실하게 위대한 지식으로 이끌어 준다. 찾고자 한다면, 실수와 실패에서 중요한 교훈을 찾을 수 있다. 고통 속에서 선을 찾으려고 하는 자는 높은 곳에 이르게 될 것이다. 결국 최고의 성공으로 이끄는 날개 달린 준마처럼, 실패를 제대로 활용하게 될 것이다.

어리석은 자는 자신의 잘못과 죄를 남의 탓으로 돌리지만 진리를 사랑하는 이는 오직 자기 탓으로만 돌린다. 자신의 행동에 책임을 질 수 있도록 하라.

유혹이 강한 곳에서의 승리는 더욱 위대하며 더욱 오래 지속된다.

1월 10일

영혼에게 가장 필요한 것은 고결함이라 불리는 영구불변의 원칙이다.

낡은 것은 새로운 것이 나타나기 전에 사라져야 한다. 낡은 집은 커다란 새 저택이 세워지기 전에 부숴야 한다. 낡은 잘못은 새로운 진리가 나올 수 있도록 없애 버려야 한다. 낡은 자아는 새로운 자아가 태어나기 전에 버려야 한다. 낡은 자아의 나쁜 성미와 성급함, 시기와 오만과 불순함이 사라져야 그 자리에 새로운 자아의 친절과 인내, 호의와 겸손함과 순수함이 들어와 자리 잡게 될 것이다. 죄와 슬픔이라는 낡은 삶은 청산하라. 정의와 기쁨의 새로운 삶이 도래하게 하라. 그러면 낡고 추악한 모든 것들이 새롭고 아름답게 될 것이다.

이러한 원칙이 실현되면 영혼이 머무르는 변치 않는 집인 하늘의 왕국이 도래할 것이다. 이곳은 영원한 은총의 창고이며 원천이다.

고결한 삶은 기품 있고 탁월하다.

1월 11일

모든 자연법칙에는 정신적인 짝이 있다.

생각은 마음의 토양으로 떨어지는 씨앗이다. 생각이 싹을 틔우고 자라서 마침내 완전한 단계에 이르러 선한 행동이든 악한 행동이든, 총명함이든 어리석음이든, 그 속성에 따라 꽃을 피우고, 다른 이의 마음에 다시 생각의 씨앗으로 뿌려지는 것이다. 스승은 생각의 씨를 부리는 사람이며 정신적인 경작자요, 스스로를 가르치는 자는 자기 생각의 화분을 가꾸는 현명한 농부이다. 생각의 성장은 식물의 성장과 같다. 씨앗은 반드시 제 때에 뿌려져야 하며, 시간 또한 지식의 식물과 지혜의 꽃으로 자라도록 뿌려져야 한다.

보이는 것은 보이지 않는 것의 거울이다.

1월 12일

에너지가 결실을 맺기 위해서는 선한 목적을 향해 나아가야 할 뿐만 아니라, 조심스레 관리되고 보존되어야만 한다.

한 위대한 스승이 그의 제자에게 "항상 깨어있어라."고 한 충고는 목표를 이루려는 사람에게 지칠 줄 모르는 에너지의 필요성을 간단명료하게 표현한 것이다. 이것은 상인에서 성인에 이르기까지 똑같이 귀중한 충고이다.

"항상 깨어 있는 것은 자유의 대가이다."

자유는 정해진 결말에 이른다.

이것 역시 그 스승의 말이다.

"만약 무언가를 하려 한다면, 즉시 행하라. 정열적으로 달려들어라."

행동을 통해 창조가 이루어지고, 향상과 진보는 이치에 맞는 행동에 뒤따른다는 사실을 기억할 때, 이 충고의 소중한 지혜를 깨닫게 될 것이다. 더 많은 에너지를 얻기 위해서는 우리가 이미 소유하고 있는 것을 완전하게 사용해야만 한다. 일에 정열적으로 매달리는 이에게만 힘과 자유가 주어질 것이다.

소란스러움과 성급함은 에너지를 고갈시킨다.

1월 13일

소란스러움이 힘을 의미한다는 것은 하나의 망상에 불과하다.

고요함이 있는 곳에 가장 위대한 힘이 있다. 고요함은 강력하고 훈련이 잘 되어 있기에, 참을성으로 훈련된 마음을 확실하게 보여 주는 표시이다. 고요한 사람은 자신이 할 일을 알며, 그것을 확신한다. 말수는 적어도 모든 것을 다 말한다. 계획은 잘 짜여 있으며, 균형이 잘 잡힌 기계처럼 진실하게 일한다. 그는 멀리 앞을 내다본다. 그리고 목표를 위해 곧은 길을 간다. 적과 역경을 친구로 바꾸어 자신에게 이롭게 활용한다. 함께 길에 있는 동안 적과 화합하는 법을 꾸준히 연구하기 때문이다. 현명한 지도자처럼 그는 모든 비상사태를 예감하고 미리 준비한다. 그는 결코 놀라지 않으며, 서두르지 않는다. 자신의 확고부동함을 지키기에 안전하며, 자신의 기초를 확신한다.

빈 수레가 요란하다.

1월 14일

에너지는 번영이라는 성전의 첫 번째 기둥이다.

평온함은 생명을 잃은 쇠약한 침묵과는 분명하게 구별되는, 에너지가 집중된 결정체이다. 그 뒤에는 정신력의 집중이 존재한다. 동요와 흥분 속에서 정신은 산만해지기 마련이다. 그 것은 무책임하며 힘과 영향력이 없다. 시끄럽고 성마르며, 성급한 사람은 신망이 없다. 그런 사람은 남에게 불쾌감을 주고, 전혀 매력을 불러일으키지 못한다. 그는 왜 마음이 편안한 이웃이 성공하고 목표를 달성하는지 이해하지 못한다. 또한 항상 바쁘고 걱정하며 문제에 휩싸이는(그는 이것을 노력이라고 부른다) 자신이 왜 실패하고, 무가치해지는지 이해하지 못한다. 그의 이웃, 평온한 이는 마음이 편안한 것이 아니라 좀 더 신중한 것이며, 능숙하게 더 열심히 일하고, 자신감을 갖고 씩씩하게 일한다. 이것이 그가 성공하며 신망을 얻는 이유인 것이다. 다른 이의 에너지가 뿔뿔이 흩어지고 잘못 사용 되어지는 반면, 그의 에너지는 통제되며 적절히 사용된 것이다.

에너지가 없다는 것은 능력이 없다는 뜻이다.

1월 15일

낭비하는 사람은 결코 부자가 될 수 없다. 처음에는 부자였을지라도 곧 빈곤에 빠질 것임이 틀림없다.

부자가 되고자 하는 가난한 사람은 반드시 바닥에서부터 시작해야 한다. 자신의 재력을 훨씬 벗어난 곳으로 나아감으로써 풍족해 보이려고 하지도,

바라지도 말아야 한다. 바닥은 언제나 충분한 공간과 여유가 있어, 시작하기에 안전한 장소이다. 아래에는 아무 것도 없고 모든 것이 위에 있기 때문이다. 수많은 젊은 사업가들이 성공하기 위해서는 꼭 필요한 것이라고 어리석게 생각했던 거드름과 과시로 곧 실망했다. 거드름과 과시는 타인이 아닌 바로 자기 자신을 기만하고, 곧 파멸로 이끈다. 어떤 곳에서든지, 겸손하고 진실한 시작이 자신의 위치와 중요성을 과장되게 드러내 보이는 것보다 훨씬 더 확실한 성공을 보장할 것이다.

검소함과 절약은 부자가 되는 지름길이다.

1월 16일

지나치게 화려하게 옷을 입으려는 허영심은 미덕을 갖춘 사람이 반드시 피해야 하는 악덕이다.

의복과 보석으로 화려하게 장식하는 것은 정신의 피폐함과 공허함을 드러낼 뿐이다. 겸손하고 교양 있는 사람은 자신의 겸손과 어울리게 옷을 입는다. 여윳돈도 교양과 미덕을 고양시키기 위해 현명하게 사용한다. 교육과 진보는 불필요하고 헛된 의복보다도 더 중요하다. 그래서 문학이나 예술 그리고 과학이 권유되는 것이다. 진정한 세련됨이란 마음과 행동에 있다. 미덕과 지성으로 장식된 정신은 육체의 화려한 액세서리로 매력을 더할 필요가 없다.

의복에서의 검소함은 다른 것과 마찬가지로 최고의 덕이다

1월 17일

돈은 다시 벌 수 있다. 건강도 다시 회복될 수 있다. 그러나 시간은 결코 되돌릴 수 없다.

사색하고 계획을 세우기 위해 일찍 일어나는 사람은 마지막 순간까지 누워 있다가 아침 먹을 시간에 일어나는 사람보다 신중히 고려하고 예견할 줄 알며, 언제나 자신의 일에서 커다란 솜씨와 성공을 드러낼 것이다. 아침 먹기 전에 이렇게 한 시간을 보내는 것이야말로 노력의 결실을 맺는 데 가장 위대한 가치가 있음을 증명해 낼 것이다. 이것이 마음을 차분히 정화하고, 에너지를 좀 더 강하고 효과적으로 한 군데 집중하는 방법이다. 최고의 영속적인 성공은 아침 8시 이전에 만들어진다. 아침 6시에 일을 시작하는 사람은 8시까지 침대에 누워 있는 사람보다 한참을 앞서 있을 것이다.

시간은 만인에게 평등하다.

1월 18일

지혜는 가장 고귀한 기술이다.

아무리 작은 일일지라도 그 안에는 천가지의 그릇된 길과 한 가지의 옳은 길이 있다. 기술은 옳은 한 가지 방법을 찾아 그것을 꾸준히 지켜나가는 것이다. 비능률성은 천가지의 그릇 된 방법들 사이에 뒤섞여 있기에 아무리 지적해 주어도 바른길을 받아들이지 못한다. 이들은 무지하기에, 자신이 가장 잘 알고 있다고 생각한다. 때문에 아무리 쉬운 일일지라도 스스로 배울 수 없는 곳에 머무른다. 이와 같은 무지와 무능력은 너무 흔하다. 때문에 생각이 깊고 유능한 이들에게는 너무나도 넓은 공간이 존재한다. 훌륭한 일꾼은 언제나 자신의 기술을 연마할 곳을 찾을 수 있을 것이다.

기술은 사려 깊은 생각과 집중력으로 얻어진다.

1월 19일

부를 얻기 위해서는 정당한 대가가 필요하다.

거품이 오래갈 수 없는 것처럼, 속임수 또한 번창할 수 없다. 돈을 벌기 위해 지극정성으로 매달리지만, 곧 무너진다. 속임수로는 그 어떤 것도 얻을 수 없다. 시간만 빼앗길 뿐이다. 그런데 속임수는 단지 비양심적인 사기꾼으로만 한정되지 않는다. 정당한 대가를 지불하지 않고 돈을 벌려는 것 또한 속임수이다. 일하지 않고 돈을 벌 계획을 하는 사람도 부정직한 속임수 꾼이다. 그는 정신적으로 도둑이나 사기꾼과 다름없으며, 그 영향으로 조만간 자신의 재산을 빼앗길 것이다.

부는 영리한 노동과 도덕적 힘을 통해 얻어진다.

1월 20일

정직함이란 그것이 어디에 있든 드러나며, 모든 것에 그 특성을 각인시켜 준다.

완벽하고 강해지기 위해서는 정직함이 모든 인간을 감싸 안아야 한다. 삶의 사소한 것까지 모두 감싸 안아야 한다. 타협으로 빗나가려는 모든 유혹에 철저하고 지속적으로 견뎌내야 한다. 한 군데에서 실패하면 모든 곳에서 실패하기 마련이다. 거짓말로 타협하려는 것은 그것이 아무리 필요하고 중요한 것처럼 보인다 할지라도, 정직함이라는 방패를 집어 던지고 악의 맹공격 앞에 그대로 노출되어 있는 것과 진배없다.

고용주가 있든 없든 성실하게 일하는 이는 그리 오랫동안 천한 위치에 머무르지 않을 것이다. 의무에 있어 그런 청렴함은 그를 금세 부로 이끌어 줄 것이다.

정직한 사람은 정해진 사물의 법칙 안에서 산다. 그는 뿌리가 튼튼한 나무와 같아서, 아무리 사나운 비바람도 그를 쓰러뜨릴 수 없다.

1월 21일
무지한 사람은 부정직함이 부로 가는 지름길이라 생각한다.

정직함이야말로 성공으로 가는 가장 확실한 길이다. 부정직한 사람은 슬픔과 고통에 후회할 날이 반드시 올 것이다. 하지만 정직한 이는 후회할 필요가 없다. 정직한 사람이 비록 실패한다 할지라도 다시 말해 에너지, 경제, 혹은 시스템 같은 기초적인 것의 부족으로 실패한다 할지라도, 그 실패는 부정직한 사람만큼 그리 뼈아픈 것이 아니다. 자신이 결코 동료를 속이지 않았다는 사실에 항상 기뻐할 수 있기 때문이다. 정직한 사람은 가장 힘든 순간에도 정화된 양심 속에서 안식을 찾는다.

부정직한 자는 멀리 내다보지 못한다.

1월 22일
강인한 사람은 강력한 목표를 가지고 있다. 강력한 목표는 커다란 결실을 맺게 한다.

무적은 영광스런 보호자이지만, 그것은 완전히 순수하고 확고한 정직함을 지닌 사람만을 감싸준다. 아주 사소한 것일지라도 절대 어기지 않아야 풍자, 비방, 허위진술과 같은 모든 공격에 대항해 무적이 될 수 있다. 한번 실패한 사람은 무적이 될 수 없다. 아킬레스건에 박힌 화살과도 같은 악의 화살이 그를 쓰러트릴 것이다. 순수하고 완전한 정직함은 모든 공격과 상처를 견디어 내며, 반대와 박해에 맞서 불굴의 용기와 탁월한 침착함으로 맞서게 해 준다. 제아무리 많은 재능과 지성과 사업수완도 고귀한 도덕적 원칙에 대한 현명한 수용과 준수로부터 오는 마음의 힘과 평정을 가져다 줄 수는 없다.

도덕적 힘이 가장 훌륭한 힘이다.

1월 23일

직접적인 행동으로 그 사람이 어떤 사람인지 알 수 있다.

동정을 씨앗도 열매도 맺지 못하고 곧 시들어 버리는 뿌리 없는 아름다운 꽃과 같이 감상적이고 피상적인 것과 혼동되어서는 안 된다. 친구와 이별 했을 때, 해외에서 고통받고 있는 사람들의 소식을 들었을 때, 갑작스레 울음을 터뜨리는 것은 동정이 아니다. 누군가 집에서 잔인하게 굴면서 이를 테면, 부인을 괴롭히고, 아이를 때리고, 일꾼을 학대하고, 이웃의 마음에 상처를 주면서, 집 밖의 사람들이 고통받는 것에 사랑을 운운한다면, 그 얼마나 위선적이란 말인가!

동정은 헌신적이고 온화한 인품에서 드러나는 십오하고 말로 형언할 수 없을 정도의 부드러움이다.

1월 24일

이기심에서는 동정심의 결핍이 생겨나지만, 사랑에서는 동정심이 생겨난다.

동정심은 우리를 모든 사람의 마음으로 이끈다. 그리하여 우리는 그들과 정신적으로 하나가 된다. 그들이 고통받을 때, 우리도 아픔을 느낀다. 그들이 기뻐할 때, 우리도 그들과 함께 기쁨을 느낀다. 그들이 경멸과 박해를 받을 때, 우리도 마음속 깊은 곳에서 그들의 굴욕과 고통을 함께 한다. 이처럼 이웃과 하나 되는 동정심을 지닌 사람은 결코 냉소적이지도, 남을 비난하지도 않는다.

그러나 원숙한 동정심에 다다르기 위해서는 더 많이 사랑하고, 더 많이 아파하고, 슬픈 심연의 소리에 귀 기울여야 한다. 동정심은 깊디깊은 경험과 지식에서 솟아 나온다. 그리하여 자만심, 경솔함, 이기심을 마음속에서 태워 없애 준다.

진실하고 완전한 의미에 있어, 동정심은 다른 이들의 노력과 고통을 함께 하는 것이다.

1월 25일

관대함은 마음속 교양을 드러내 주는 표시이다.

사리사욕, 비열함, 시기, 질투, 의심을 조심하라. 이러한 것을 마음속에 숨겨두면 삶에 있어 가장 소중한 모든 것, 물질과 성격과 행복에 있어 가장 소중한 것을 빼앗길 것이다. 마음을 자유롭게, 손을 너그럽게 하라. 관대하고 신뢰하도록 하라. 자신의 물질을 기분 좋게 나누어 주며, 친구와 동료들에게 생각과 행동의 자유를 허락하라. 그리하면 존경과 부가 친구와 손님처럼 찾아와 문을 두드릴 것이다.

관대함은 거룩함과 가깝다.

1월 26일

너그러운 사람, 즉 사려 깊고 친절하게 행동하는 사람은 언제나 사랑받는다.

너그러움을 완벽하게 이룬 사람은 결코 싸우지 않는다. 절대로 거친 말로 대꾸하지 않는다. 자리를 떠나 혼자 있거나, 분노보다 훨씬 강한 힘을 발휘하는 온화한 말로 응수한다. 너그러움은 지혜와 함께 한다. 현명한 사람은 자기 안의 모든 분노를 누르고, 다른 이를 이기는 방법을 알고 있다. 너그러운 사람은 제멋대로인 사람들이 그들을 괴롭히는 동요와 고문에도 평화롭기 그지없다. 대부분의 사람들이 낭비이며 불필요한 긴장으로 스스로를 피곤하게 하는 반면, 너그러운 사람은 평온하고 차분하다. 그런 안정과 침착함은 삶이라는 전쟁터에서 승리를 거둘 만큼 강하다.

논쟁은 외적인 면을 분석하지만, 동정심은 마음을 사로잡는다.

1월 27일이다

골동품이든 사람이든, 가짜는 아무런 가치도 없다.

본질이라는 것, 있는 그대로의 모습 이외의 것이 드러나게 소망을 품을 수 없다는 것, 그 어떤 미덕도 자극하지 않고, 그 어떤 우수성도 가정하지 않으며, 그 어떤 위장도 받아들이지 않는다는 것이 무엇보다 중요하다. 위선자는 진정한 자신과 다른 모습으로 비추어지길 바라며, 가치 없는 것을 흉내 내며, 세상과 세상의 영원한 법칙을 속일 수 있다고 생각한다. 하지만 그가 속일 수 있는 사람은 단 한 사람, 바로 자기 자신뿐이다. 세상의 법칙은 반드시 고결함의 벌칙으로 죄값을 치르게 한다. 사악한 사람은 반드시 망한다는 오래된 이야기가 있다. 위선자가 되는 것은 자신을 파멸로 몰아가는 지름길이라고 나는 생각한다. 그가 떠난 자리에는 엉터리 신기루만이 남아있기 때문이다.

건전한 마음을 가진 사람은 본보기가 된다. 그가 참으로 사람이다. 그는
본질이고 힘이며 굳건한 원칙이다.

1월 28일

사악함은 힘이 아니라 경험이다.

사악함의 고통스런 경험은 선의 새로운 경험이 의식의 영역을 차지하면
사라진다. 그렇다면 선의 새로운 경험이란 무엇일까? 그것은 수없이 많고
도 아름답다. 죄로부터 자유롭고 기쁨을 주는 지식, 후회 없음, 유혹의 모
든 고통으로부터의 해방, 예전에는 깊은 고통을 주었던 상황과 환경에서의
이루 말할 수 없는 기쁨, 다른 사람의 행동으로부터 상처받지 않음, 위대한
인내심과 온화함의 성격, 모든 환경에서의 마음의 평정, 의심·공포. 걱정
에서의 해방, 증오. 시기·미움으로부터의 자유가 그것이다.

악은 무지의 상태, 미성숙의 상태이다. 그렇기에 지식의 불빛 앞에서는
힘을 잃고 사라져 버린다.

1월 29일

고결한 미덕을 실천하는 삶이 바로 은총받은 삶이다.

고결한 미덕을 갖는다는 것은 커다란 행복을 즐기는 것이다. 그리스도가
축복해 준 행복은 미덕을 가진 이, 자비로운 이, 마음이 순수한 이, 세상을
평화롭게 하는 이에게 약속되어진 것이다. 고결한 미덕은 단지 행복에 이
르도록 하는 것이 아니라, 그 자체가 행복이다. 고결한 미덕을 가진 이가

불행하다는 것은 불가능하다. 불행의 원인은 자기희생의 자질에서가 아니라, 이기심이라는 요인에서 찾아야 한다. 사람은 미덕을 지니고도 불행할 수 있는데, 고결한 미덕을 지니고 있다면 그런 일은 있을 수 없다. 사람의 미덕이 이기심과 뒤섞여 있기에 슬프다. 하지만 고결한 미덕으로 인해 이기심의 모든 흔적은 정화되고, 그로 인해 고통의 모든 흔적도 깨끗해진다.

진리는 저 높은 곳, 저 먼 곳에 존재한다.

1월 30일

집착이 있는 곳에 평화는 존재하지 않으며, 평화가 있는 곳에 집착은 존재하지 않는다.

사람은 평화를 위해 기도하지만, 아직도 집착에 매달려 있다. 사람은 반목을 마음에 품고 있으면서도 하늘과 같은 휴식을 위해 기도한다. 이것은 무지함, 뿌리 깊은 마음의 무지함을 드러낼 뿐이다. 낫 놓고 기역자를 모르는 것과 같다.

증오와 사랑, 반목과 평화는 같은 마음속에 살 수 없다. 하나가 환영받는 손님이 되면, 다른 하나는 환영받지 못하는 이방인처럼 쫓겨날 것이다. 타인을 멸시하는 사람은 타인으로부터 경멸받게 될 것이다. 친구를 반대하는 사람은 스스로 배척당할 것이다. 그는 사람들이 분열되는 것에 놀라지도, 통곡하지도 않을 것이다. 자신이 분쟁을 널리 퍼뜨리는 장본인임을 알아야 한다. 자신에게 평온함이 부족함을 깨달아야 한다.

자기극복이야말로 완전한 평화에 이르는 길이다.

1월 31일

형제의 그릇된 행동이 자신에게 그릇된 행동을 불러일으킬 수 없음을 이해한다면,

자신의 그릇된 행동이 결코 다른 사람의 잘못된 행동을 감쌀 수 없음을, 증오로 증오가 증가하고, 선으로 모든 악이 종언을 고함을 이해한다면, 스스로의 마음과 행동을 정화할 것이요, 그리하면 모든 비열한 비난은 사라질 것이다.

죄는 반드시 슬퍼하고, 증오의 마음은 다음날 불모의 수확, 눈물, 궁핍을 거두며, 편히 쉬지도 편히 잠들지도 못하지만, 부드러움이 자신의 존재를 충만하게 함을 이해한다면, 동정심으로 사물을 바라볼 것이다.

사랑이 커다란 승리를 이룸을 이해한다면, 결코 증오가 아닌 사랑 안에서 영원한 삶을 살 것이다.

2월 February

2월 1일

이기심을 버리고 세상을 극복하라. 사적인 것을 부정하라. 오직 이 길만이 무한의 세계로 들어갈 수 있다.

"친절함에는 통찰력이 있다."

자신의 성질을 이기고 오직 하나의 마음가짐인 친절함을 얻은 사람은 고귀한 통찰력이 있기에 거짓에서 진리를 구별해 낼 수 있다. 그러므로 최고로 선한 이는 현명하고 거룩하며, 깨달음을 얻은 예언자이며 영원함을 아는 사람이다. 영원한 관대함, 정중한 말투, 자제력, 무욕, 그리고 깊고 풍부한 동정심을 찾은 곳에서 가장 고귀한 지혜를 보리라. 마음이 깨어있는 자만이 겉모습은 모두 사라지고, 몽상과 망상은 파괴되는 우주의 본질을 이해한다.

위대한 사랑의 법칙에 자신의 삶을 맞춤으로써 안정과 조화, 그리고 평화 안으로 들어가게 된다.

2월 2일

무한함과 영원함을 깨닫는 것은 시간을 초월하는 것이다.

사악함과 싸움에 결코 관여하지 않으며, 악에 대한 저항과 선에 대한 태만을 포기하고, 자신 안의 고귀한 침묵에 무조건 복종한다는 것은 '영원함과 무한함의 법칙'의 의식적인 경험이라는 진정한 삶에 도달하는 것이다. 이것은 단순한 지각만을 가진 사람에게는 미스터리로 숨겨져 있을 것이다. 영원함과 무한함의 법칙을 깨닫기 전까지는, 사람은 평화 속에 확고하게 자리 잡지 못할 것이며, 깨달은 자만이 진정한 현자가 될 것이다.

무조건적인 복종을 요구하는 하나의 위대한 법칙, 모든 다양성의 근본이 되는 하나의 통합된 원칙, 그리고 그 속에서는 속세의 모든 문제들이 그림자처럼 사라지는 하나의 영원한 진리가 있다.

이 법칙과 조화, 진리를 깨닫는다는 것은 무한함으로 들어가 영원함과 하나가 되는 것이다.

2월 3일

불멸, 천국, 그리고 영혼에 자리를 잡아라. 그것이 '빛의 제국'을 이룬다.

무한함으로 들어간다는 것은 단순한 이론 혹은 감정이 아니다. 그것은 끊임없이 내면세계를 정화해 얻어지는 매우 소중한 경험이다. 육체가 더이상 존재하지 않아도, 멀리 떨어져 있을 때조차도 사람은 존재한다. 모든 욕구와 욕망이 철저히 가라앉고 순수해질 때, 지성의 동요가 멈추고 완전한 안정이 보장될 때, 그때서야 비로소 우리의 의식이 영원함과 하나가 된다. 그때서야 비로소 순수한 지식과 완전한 평화가 얻어진다. 하지만 많은 사람들이 삶의 문제로 인해 빛을 잃고, 마침내 이 문제를 해결하지 못하고 남겨둔 채 생을 마감한다. 성격의 어둠속으로부터 빠져나오는 길을 보지 못한 채 너무 지나치게 그 한계에 마음을 빼앗겼기 때문이다.

자신의 개인적인 삶을 지키고자하는 자는 위대한 진리의 삶을 잃게 된다.

2월 4일
이기심과 죄는 같은 말이다.

죄는 이해할 수 없는 복잡성의 어둠에 싸여 있다. 하지만 진리의 영광은 불변의 단순함을 지니고 있다.

이기심에 대한 애착은 진리에서 사람을 떼어낸다. 자기 자신의 개인적 행복을 추구하는 자는 심오하고, 순수하고, 영원한 은총을 잃게 된다. 칼라일Cartyle은 이렇게 말했다.

"개인의 행복보다 더 소중한 것이 존재한다. 개인의 행복 없이도 살 수 있다. 그것 대신 은총을 찾아라. ...쾌락을 사랑하지 말고, 하나님을 사랑하라. 이것이 영구불변의 대답이며, 이 안에서 모든 모순이 해결된다. 이 안에서 걸음걸이와 행동 모두가 그와 조화를 이룰 것이다."

보통사람들이 애착을 갖고 맹렬한 집착으로 매달리는 이기심을 포기한 이는 모든 혼란을 뒤에 남겨두고, 단순함 속으로 들어간다. 그리하여 실수와 어리석음에 둘러싸인 이 세상 사람들로부터 존경을 받는다.

무한함에서 편히 쉬어라.

2월 5일
깨달음이 있는 곳, 변하지 않는 원칙.

자신의 욕망, 실수, 아집, 선입견을 포기하면 하나님의 지식을 얻게 되고, 천국에 대한 이기적인 욕망과 지옥에 대한 무지한 공포를 벗어버린다. 삶 그 자체에 대한 애착도 체념하게 되므로, 영원한 생명을 얻게 된다. 숨김없이 모든 것을 포기했을 때 그는 모든 것을 얻게 되고, 무한함의 품속에서 쉬게 된다.

삶과 죽음에 연연해하지 않고, 이기심에서 자유로워진 자만이 무한함 속으로 들어갈 수 있다. 언젠가는 소멸할 이기심에 대한 신뢰를 포기하고 위대한 법칙, 최고의 선에 대한 믿음을 배운 자만이 불멸의 은총에 살 준비가 되어 있는 것이다.

이기심을 극복함으로써 모든 고난과 역경을 극복할 수 있다.

2월 6일

더 이상의 후회도, 실망도, 후회도 없는 곳에서 모든 이기심이 사라진다.

완전하고 원숙한 삶으로서 분명하게 드러나는 사랑의 정신이야말로 존재의 절정이며, 지식의 궁극적인 목표이다.

사람은 시련과 유혹 아래에서 어떻게 행동할까? 많은 사람들이 끊임없이 슬픔, 실망, 집착에 휘둘리면서도 진리를 지니고 있음을 자랑한다. 하지만 진리에 입각해 있는 한, 집착과 감정, 그리고 변덕스러운 인격에 동요하지 않는다.

사람은 부서지기 쉬운 도그마를 꾸며놓고 그것을 진리라 부른다. 하지만 진리는 꾸밀 수 있는 것이 아니다. 말로 표현할 수 없으며, 언제나 지식 저편에 있다. 실천으로 경험할 수 있으며, 단지 오점 없는 마음과 완전한 삶 안에서만 분명하게 드러난다.

인내심이 있으며, 평온하며, 용서하는 사람만이 진리를 분명히 드러낼 것이다.

2월 7일

마음의 미덕을 실천하라. 검손하고 근면하게 진리를 추구하라.

고요한 가운데 있거나 혼자 있을 때에는 평온함과 인내를 유지하기는 쉽다. 마찬가지로 친절하게 대접받을 때에는 온화하고 친절해지기는 쉽다. 하지만 모든 시련 속에서도 인내와 평온함을 잃지 않고, 거친 환경 속에서도 품위 있게 행동하며 친절함과 온화함을 잃지 않아야 진실로 맑고 깨끗한 진리를 가지고 있다고 할 수 있다. 고귀한 미덕은 거룩함에 속하기 때문이다. 높은 지혜에 도달한 사람, 집착과 이기심을 버린 사람, 변하지 않는 궁극적인 법칙을 깨달은 사람, 자신을 진리의 조화 속으로 융화시킨 사람으로 명백하게 드러날 수 있다.

우주의 근본이 되는 하나의 위대한 법칙, 그건 바로 사랑의 법칙이다.

2월 8일

사랑의 법칙을 알고, 그 법칙과 조화를 이룸으로써 정복당할 수도 파괴당할 수도 없는 불멸의 존재가 될 수 있다.

인간이 살아가며, 견디고, 죽는 이유는 끊임없이 이 법칙을 깨닫기 위함이다. 이 법칙을 깨닫게 되면 고통은 멎고, 성질은 사라지고, 육체의 삶과 죽음 또한 소멸한다.

이 법칙은 절대적으로 인간에게서 벗어난 것이며, 이 법칙의 궁극적 표현은 봉사라 할 수 있다. 정화된 마음이 진리를 깨달을 때, 진리의 노력으로 얻은 기쁨을 희생하도록 요구받는다. 이 희생의 미덕으로 고귀하게 해방된 영혼은 가장 미천한 자들 사이에 거주하게 되고, 인류의 봉사자로 존경받는다.

오직 사랑의 정신만이 후손들의 아낌없는 숭배를 받을 가치가 있다.

2월 9일

진리는 무한하다.

성인, 현자, 구세주의 영광은 모두 가장 깊은 곳에 자리 잡은 미천함과 숭고한 이타심을 깨닫고, 자신의 품성조차도 포기하는 것이다. 성스러움 그 자체라 할 수 있다.

농부가 땅을 갈고 씨를 뿌려 경작할 때 자신이 할 수 있는 모든 것을 다했다는 것을 안다. 이제 농부는 믿고, 참을성 있게 수확의 시기까지 기다려야 한다. 어떤 기대도 결과에 영향을 끼칠 수 없다는 것을 안다. 그렇기에 진리가 선행과 더불어 순수함의 씨를 뿌리는 유포자로서 앞서간다는 사실을 깨달은 사람은, 결코 결과에 연연해하지 않는다. 예정된 시기에 수확을 가져다 주는 위대한 지배의 법칙이 있다는 것을 알고 있다. 이것은 보존의 원천임과 동시에 파괴의 원천이다.

자기희생을 통해 끊임없는 인내를 감수함으로써 거룩한 사람이 된다.

2월 10일

거룩한 길로 접어든 이는 자신의 집착을 억누르기 시작한다.

자기희생, 극기라는 봉사의 길을 걷는다면 성인, 현자, 구세주가 완성한 것들을 당신도 이룰 수 있을 것이다.

진리는 매우 간단하다. 진리는 이렇게 말한다.

"이기심을 버려라."

(더러운 모든 것을 버리고) "내게로 오라."

"그러면 내가 너희에게 안식을 주리라."

우리 앞에 산처럼 쌓여 있는 수많은 어록들은 진심으로 고결함을 추구하라 한다. 그것은 배움을 필요로 하는 것이 아니다. 그것은 배우는 것이 아니라 아는 것이다. 수많은 잘못, 이기주의로 감추어져 있어도, 진리의 아름다운 단순성과 투명성은 변하지도, 광채를 잃지도 않은 채 그대로 남아 있다. 이타적인 마음은 그 속으로 들어가 그 빛나는 광채를 나누어 갖는다. 진리에 대한 깨달음은 복잡한 이론을 엮어서가 아니라 내부의 순수함이라는 직물을 엮고, 오점 없는 삶이라는 성전을 지어 이루어지는 것이다.

'성인다움'은 거룩함의 시작이다.

2월 11일

거룩함과 스스로를 동일시해야 비로소 "정의로운 마음의 옷을 입고 있다."고 말할 수 있다.

내면의 거룩함은 평화의 거처이며 지혜의 성전이고, 불멸의 집이다. 이 안의 안식처, 이 내면의 휴식처, 이 비전의 산을 제외하고 나면 거룩한 진실의 지식은 있을 수가 없다.

자신의 죄, 슬픔, 두려움, 걱정은 모두 자기 자신의 것이다. 사람은 그것에 매달릴 수도, 포기할 수도 있다. 스스로 불안에 매달릴 수도, 영원한 평화에 이를 수도 있다. 누구도 당신을 대신해 죄를 포기할 수 없다. 즉, 스스로 죄를 포기해야 한다. 가장 위대한 스승은 스스로 진리의 길을 걷고, 그것을 당신에게 지적해 줄 수 있을 뿐이다. 스스로 자신의 길을 걸어야 한다. 스스로의 노력으로 평화를 파괴하는 영혼의 속박을 거부할 때 진정한 자유와 평화를 얻을 수 있다.

이기심을 모두 포기하라. 이기심을 버리고 보라! 하나님의 평온함이 당신 것이다.

2월 12일

죄와 고뇌의 폭풍 속에서 나와라.

오, 우리에게 진리를 가르칠 당신!

의심의 사막을 지났는가?

슬픔의 불로 정화되었는가?

마음속에서 아집의 마귀를 쫓아냈는가?

그 어떤 거짓된 생각도 다시는 마음속에 들어설 수 없을 정도로 당신의 영혼은 티없이 깨끗한가?

오, 우리에게 평화를 가르칠 당신!

반목의 넓은 바다를 건넜는가?

침묵의 바닷가를 찾았는가?

삶의 모든 거친 불안으로부터 자유롭게 되었는가?

마음속에서 모든 반목이 사라지고, 오직 진리, 사랑, 평화만 남았는가?

내면세계의 안식처로 들어가라.

2월 13일

자신을 순수하고 사랑스럽게 하라. 그러면 모두에게 사랑받을 것이다.

주위 사람들을 호의를 가지고 돌아보라. 그들의 행복과 안락함을 생각해 보라. 당신이 그들의 입장이라면 당신도 해낼 수 없는 것들을 그들에게 절대 요구하지 말라. 자신의 행복을 잊고, 자신의 권위 아래 놓여 있는 다른 사람들, 육체적 생계수단을 위해 당신에게 의지하는 다른 사람들의 행복을 추구해 주는 자의 고귀함은 참으로 진귀하고 아름답다. 그리고 그와 같은 자의 행복은 열배는 더 커진다.

종업원들을 해고할 필요가 없었던, 어떤 유명한 고용주는 이렇게 말했다. "나는 노동자들과 언제나 가장 원만한 관계를 유지해 왔다. 내게 어떻게 그것이 가능했느냐고 묻는다면, 그들이 나에게 해주었으면 하고 바라는 대로 내가 그들을 대해 주었기에 가능했노라고 말하겠다."

다른 사람에게 친절해라. 그리하면 친구들이 당신 주위로 구름떼처럼 몰려들 것이다.

2월 14일

끊임없이 선한 생각을 가지고 살아간다는 것은 온화함과 힘이라는 정신적 분위기에 자기 자신을 집어넣는 것이다. 그리하면 그와 접촉하는 모든 이에게 그 영향력을 남겨놓을 것이다.

해가 떠오르며 헛된 그림자를 끌어내리는 것처럼, 순수함과 신념이 강하게 자리 잡고 있는 마음에서 비치는 긍정적 사고의 빛을 추구하다보면 악의 모든 힘은 도망쳐 버리기 마련이다.

육체적 조건도 대부분 마음의 상태에 달렸다. 몸이 인간을 만들었다는 과거의 유물론적 신념은 급속히 사라지고, 사람이 신체보다 우월하다는 믿음과, 사람의 몸은 생각에서부터 만들어진다는 감동적인 믿음이 그 자리를 차지하게 되었다.

이 세상에 악은 없다. 다만 마음속에 악의 뿌리만 있을 뿐이다.

2월 15일

체념하라.

분노, 걱정, 질투, 욕심, 기타 불안정한 상태에서 완벽한 육체적 건강을 바라고 있다면, 당신은 진정 불가능한 것을 바라고 있는 것이다. 마음속에 계속해서 질병의 씨앗을 뿌리고 있는 셈이기 때문이다. 현명한 사람은 그와 같은 마음상태를 조심스레 멀리한다. 그는 그것이 불량한 하수구, 또는 감염된 집보다 더 위험하다는 것을 알고 있기 때문이다. 모든 육체적 고통으로부터 자유로워지고자 한다면 마음을 가지런히 하고 생각을 조화시켜라. 기분 좋은 생각을 해라. 사랑이 깃든 생각을 해라. 당신의 혈관에 우호라는 만병통치약이 충분히 흐르게 하라. 시기, 의심, 걱정, 증오, 이기심을 버려라. 그리하면 소화불량, 간장병, 신경과민, 관절통이 사라지게 될 것이다.

건강을 지키고자 한다면 불화 없이 일하는 것을 배워야 한다.

2월 16일

생각을 정리하면 삶이 정리된다.

집착과 편견이라는 사나운 파도와, 불운이라는 사나운 폭풍우에 평온함의 기름을 부어라. 아무리 그것들이 위협한다 해도, 생명의 바다를 가로질러 헤치고 나아간다면 영혼의 돛단배를 부수지 못할 것이다. 영혼의 돛단

배가 기운에 넘치고, 결코 약해지지 않는 강인한 믿음으로 충만하다면, 그 길은 더욱 튼튼해져 공격해 오는 모든 파멸을 피해갈 것이다. 믿음의 힘으로 견뎌내면 모든 일이 이루어질 것이다. 하나님에 대한 믿음, 최고의 법칙에 대한 믿음, 자신의 일과 그 일을 성취할 자신의 능력에 대한 믿음. 이런 믿음이야말로 당신이 성취하고자 한다면, 실패하지 않고 꿋꿋하게 서길 원한다면, 디디고 서야 할 바위인 것이다.

어떤 상황에서도 당신 안에 있는 최고의 격려를 따르라.

2월 17일

마음을 넓고 사랑스럽고, 이타적으로 만들어라. 그리하면 당신의 위신과 성공은 위대해질 것이요, 영원히 지속될 것이다.

순수하고 이타적인 정신을 기르고, 순수함과 믿음, 목적의 단일성을 결합시켜라. 그리하면 위대함과 힘의 영속적인 성공으로 나아가게 될 것이다.

현재의 위치가 당신의 마음에 들지 않는다 할지라도, 일이 당신의 마음에 들지 않는다 할지라도, 도리를 부지런히 수행하라. 더 나은 위치와 더 좋은 기회가 당신을 기다리고 있다는 생각을 마음속으로 믿어라. 그 가능성이 싹트는지 항상 적극적인 정신적 경계를 유지하라. 그러하면, 결정적 순간이 왔을 때, 새로운 길이 그 모습을 드러냈을 때, 새로운 시작에 대한 완전한 준비를 마치고, 그 속으로 걸어 들어갈 수 있을 것이다.

당신이 가진 것을 어떻게 관리해야 하는지, 어떻게 모아야하는지 끊임없는 실천을 통해 배워라.

2월 18일

집착은 힘이 아니라 힘의 남용이다.

내가 아는 어떤 젊은이가 계속되는 실패와 불행을 겪고 있을 때, 친구들은 그를 조롱하며, 이제 그만 포기하라고 했다. 그러자 그가 대답했다. "너희들이 나의 행운과 성공에 놀랄 날이 그리 멀지 않았다." 그는 무수한 역경을 극복하고 자신의 삶에 성공의 왕관을 씌워줄, 조용하지만 저항할 수 없는 강한 힘을 보여 주었다.

만약 당신에게 이 힘이 없다면, 실천으로 그 힘을 얻을 수 있다. 힘의 시작은 지혜의 시작과 같다. 지금까지 당신은 자신이 자진해서 그 포로가 되었던 무의미하고 하찮은 것들을 억눌러야 한다. 떠들썩하고 억제할 수 없는 웃음, 욕설과 무의미한 이야기, 그저 웃고 즐기기 위한 농담, 이 모든 것은 중요한 에너지를 낭비하는 것이다. 한옆에 치워두어야 한다.

오직 하나의 목표를 지녀라.

2월 19일

행복이란 기쁨과 평화가 완전히 충족되는 내면상태이다.

욕망의 만족에서 나온 충족은 덧없는 환상과도 같고, 언제나 더 큰 만족을 바라기 마련이다. 욕망은 아무리 넓은 바다도 만족할 줄 모르고, 욕망에 대한 요구에 따라 소란스러움은 더욱 더 커져만 간다. 욕망은 점점 더 많은 것들을 요구하지만 결국 신체적 · 정신적 고뇌로 타격을 준다. 욕망은 지옥이고 모든 고통은 그 한 가운데에 있다. 욕망을 포기하는 것은 천국의 깨달음이다. 기쁨이 천국에서 순례자를 기다리고 있다.

"나는 나의 영혼을 하나님께 보냈다. 이윽고 나의 영혼이 되돌아와 내게 속삭였다. 내 자신이 천국이요, 지옥이다!"

천국과 지옥은 마음먹기에 달려 있다.

2월 20일

이기심을 좇으면 행복을 잃을 뿐이다.

이기심과 만족에 빠지는 것은 지옥에 빠지는 것이다. 이기심을 부정하고 이기심을 완전하게 잊는 상태로 들어가면 천국으로 들어간다. 이기심은 눈을 멀게 하여 판단을 그르치고, 진리에 대한 인식에 열중치 못하게 하고, 항상 고통으로 인도한다. 올바른 인식, 선입관 없는 판단, 그리고 오직 거룩한 상태에 속하는 올바른 인식, 그리고 이런 거룩한 인식을 깨닫는 것으로 진정한 행복이 무엇인지 깨닫게 될 것이다. 자신의 행복을 위한 이기심에 매달리는 것은 행복을 멀리하고 불행한 씨를 뿌리는 것과 같다. 타인을 위해 자신을 버리면, 행복이 다가올 것이요, 은총을 수확하게 될 것이다.

이기심을 버리고 체념하면, 영원한 행복이 다가올 것이다.

2월 21일

무엇이든 계속해서 생각하면 그것을 이해하게 되고, 점점 닮아가게 된다.

명상은 거룩함에 다가가는 길이다. 그것은 땅에서 하늘로, 죄에서 진리로, 고통에서 평화로 가는 신비한 사다리이다. 성인들은 모두 그 사다리를 타고 갔다. 죄인들은 모두 언젠가는 그 사다리를 통과해야 한다. 이기심과 속세를 등지고 하나님 나라를 향해 나아가고자 하는 모든 지친 순례자들은 그 황금의 사다리에 발을 올려놓아야만 한다. 그렇지 않고서는 고귀한 상태, 거룩한 평화에 다다를 수 없으며, 퇴색하지 않는 영광과 타락하지 않는 기쁨을 영원히 맛볼 수 없을 것이다.

이기적이고 하찮은 것을 계속 생각하면, 결국 이기적이고 하찮은 것이 된다.

2월 22일

깊고 영원한 평화를 얻고자 한다면 지금 당장 명상의 길로 들어서라.

하루 중 명상할 시간을 마련해 열심히 명상하라. 가장 좋은 시간은 모든 사물에 정신이 쉽게 반응하는 이른 새벽이다. 그러하면 모든 자연조건도 당신 편에 설 것이다. 밤 동안 긴 육체의 단식으로 집착은 침몰되고, 전날의 흥분과 걱정은 사라질 것이다. 강인하고 평온한 마음은 정신의 가르침을 잘 받아들일 것이다. 당신이 해야 할 첫 번째 일은 무관심과 방종을 떨쳐 버리는 것이다. 이것을 거부하면, 앞으로 나아갈 수 없다. 정신의 요구는 피할 수 없기 때문이다.

게으름뱅이와 방종한 자는 진리를 얻을 수 없다.

2월 23일

명상의 직접적인 결과는 평온하고 영적인 힘이다.

증오와 원한에 빠져 있으면 관대함과 용서를 명상하게 될 것이요, 그리하면 사랑, 관대함, 모든 것을 포용하는 용서의 생각 안에서 살 수 있을 것이다. 그리고 사랑, 관대함, 용서로써 증오와 원한을 극복하게 되면, 삶과 행동의 복잡함을 이해하고, 거룩한 사랑의 법칙이 가슴속에 스며들 것이다. 또한 이러한 지식을 자신의 생각, 세계, 행동에 적용시키게 되면, 더욱 관대해지고, 사랑으로 충만하고, 거룩해질 것이다. 이처럼 죄, 이기적인 욕망, 인간의 나약함은 모두 명상의 힘으로 극복할 수 있다.

고결한 생각의 힘은 위대하다.

2월 24일

명상은 오랜 시간의 반목, 슬픔, 유혹을 다스려 영혼을 살찌운다.

명상의 힘으로 지혜로워지는 것처럼, 변덕스럽고, 일시적이고, 슬픔과 고통을 야기하는 이기적인 욕망을 버리게 될 것이다. 불변의 원리에 대한 확고한 믿음으로 당신의 자리를 찾게 되며, 천국의 휴식을 깨달을 것이다. 명상에서 생기는 힘은 그 원칙을 믿고, 하나님과 하나가 되는 능력이다. 그러므로 명상의 끝은 진리의 지식, 하나님, 그리고 거룩하고 심오한 평화의 깨달음이다.

명상의 힘으로 일어나려 노력하라. 불완전한 신들과 불완전한 신념에 매달린 모든 이기심을 극복하라. 쓸모없는 형식과 생명 없는 무지를 벗어던져라.

꾸준한 인내가 진리로 이끈다는 것을 기억하라.

2월 25일

완벽하게 거룩한 삶의 가능성을 믿어라!

그렇게 믿고 그렇게 열망하고, 그렇게 명상하면 천상의 달콤함과 아름다움이 당신의 정신적 경험이 될 것이요, 당신의 내면의 비전을 황홀하게 할 계시는 영광스러울 것이다. 거룩한 사랑, 거룩한 정의, 완전한 선의 법칙, 하나님을 깨달음으로써 위대함은 당신의 은총이 되고, 당신의 평화를 깊게 할 것이 다. 낡은 것은 모두 사라지고, 모든 것이 새롭게 될 것이다. 물질적 세계의 베일은 마음이 잘못된 이에게는 매우 두터워 속을 들여다 볼 수 없지만, 진리의 눈에는 매우 얇기 때문에 베일은 사라지고 정신적인 세계가 비칠 것이다. 또한 시간이 멈춰지고 오직 영원 속에서 살 것이다. 변화와 죽음은 더 이상 당신에게 고민과 슬픔을 초래하지 않을 것이다. 당신은 영원함에 정착하게 될 것이고, 불멸의 심장에 살게 되기 때문이다.

믿는 이는 천국의 언덕에 빨리 오를 것이다.

2월 26일

이기심이 있는 곳에 진리는 없으며, 진리가 있는 곳에 이기심은 없다.

영혼의 전쟁터에는 두 명의 지배자가 왕위와 마음의 통치권을 놓고 끊임없이 싸우고 있다. 이기심의 지배자는 현세의 왕자라고 불리며, 진리의 지배자는 '하나님 아버지'라고 불린다.

전쟁에 나간 군인이 두 적군을 동시에 상대할 수는 없다. 모든 마음에는 이기심 혹은 진리가 주어진다. 그것은 반반의 과정이 아니다. 그리스도는 말했다.

"두 주인을 섬길 수 있는 사람은 없다. 어느 쪽이라도 하나를 미워하면, 다른 하나는 좋아할 것이기 때문이다. 아니면 하나를 지지하면, 다른 하나는 경멸할 것이기 때문이다. 그러므로 '하나님'과 '재물'을 동시에 섬길 수는 없다."

이기심의 눈으로 세상을 바라볼 때에는 진리의 아름다움을 결코 깨달을 수 없다.

2월 27일

진리를 사랑하는 자는 이기심을 버리고 진리를 추구한다.

진리를 알고 싶은가? 진리를 깨닫고 싶은가? 그렇다면 희생을 각오하고, 최고의 것을 포기해야 한다. 진리는 이기심의 마지막 흔적까지 사라졌을 때만 깨달을 수 있기 때문이다.

불멸의 그리스도는 그의 제자가 되려고 하는 사람은 반드시 "끊임없이 자신을 버려야 한다."고 말했다. 스스로를 버리고, 강한 욕망과 편견, 그리고 아집을 버릴 수 있는가? 그렇다면 당신은 아마도 진리의 좁은 길로 들어가 세상과 담을 쌓고 마음의 평온을 찾을 수 있을 것이다. 완전한 부정, 이기심의 완전한 단절은 진리의 완벽한 모습이다. 종교와 철학은 모두 이 궁극적인 목표를 달성하기 위한 수많은 보조물에 지나지 않는다.

이기심을 버려야 진리 안에서 다시 태어날 수 있다.

2월 28일

모든 성자들은 인류의 구세주이다.

죄와 이기심의 구불구불한 길에서 길을 잃고 진리와 고결함의 상태인 하늘의 탄생을 망각하게 될 때, 그들은 인위적인 기준을 세워 다른 사람을 판단하고, 자신의 특별한 신학 이론에 집착한다. 그리하여 다른 사람들과 대항하여 멀어지고, 그로 인해 끊임없는 적대감과 분쟁, 슬픔과 고통을 낳는다.

독자들이여, 진리를 향한 탄생을 깨닫고자 원하는가? 거기에는 오직 한 가지 길이 있다. 즉, 이기심을 버리는 것이다. 당신이 지금까지 매달렸던 육욕, 식욕, 욕망을 떼어 버려라. 그렇게 하면 그것이 더 이상 당신을 구속하지 못할 것이요, 진리가 당신의 것이 될 것이다. 자신의 신앙을 다른 모든 것들 보 다 뛰어나다고 생각지 말고, 궁극적인 자비의 교훈을 배우는 데

힘써라.

세상 안에 존재하나 세상의 것이 아닌 것이 바로 고귀한 완전함이다.

2월 29일

모든 힘의 원인은, 나약함의 원인과 마찬가지로 내면세계에 있다.

우주만물에 스며 있는 이 위대한 법칙을 철저히 이해하면, '복종'이라는 마음상태를 얻을 수 있다. 정의, 조화, 그리고 사랑이 우주에서 최고임을 안다는 것은 모든 역경과 고통의 상태가 이 법칙에 우리 스스로가 복종하지 않은 결과임을 이해한다는 것이다. 그것은 강인한 힘으로 우리를 이끌어 주고, 진실한 삶과 지속적인 성공과 행복이 구축될 수 있는 것이다. 어떤 환경 속에서도 인내심을 갖고, 모든 환경이 자기수에 필요한 요소라는 점을 받아들여, 고통스런 환경보다 우위에 서면, 그것을 극복할 수가 있는 것이다. 법칙을 지키는 복종의 힘으로 그것들을 완벽하게 없앨 수 있기 때문이다.

내면세계를 드러내 보이지 않고는 발전은 있을 수 없다.

3월 March

3월 1일

믿지 않는 것에 매달릴 수는 없다. 믿음은 항상 행동보다 우선한다. 그러 므로 사람의 행동과 삶은 그 믿음의 열매이다.

선한 모든 것을 믿는 사람은 그것을 사랑하기에 그것과 함께 산다. 불결 하고 이기적인 것을 믿는 사람은 그것을 사랑하기에 그것에 매달린다. 나 무는 그 열매를 보면 알 수 있다.

하나님, 그리스도, 그리고 성경에 대한 사람의 믿음은 하나요, 자신의 행 동에 단단히 엮여 있는 삶은 또 다른 하나이다. 그러므로 신앙적인 믿음은 아무런 문제가 되지 않는다. 그가 품은 생각, 타인에 대한 마음가짐, 행동, 이런 것들만이 마음에 거짓이 자리 잡았는지, 아니면 진리가 자리 잡았는 지를 보여준다.

삶에 절대적인 영향을 주는 믿음은 오직 두 가지뿐이다. 그것은 선에 대 한 믿음과 악에 대한 믿음이다.

3월 2일

나무에서 열매가 맺고 샘에서 물이 솟듯, 생각에서 행동이 나온다.

큰 유혹이 닥쳤을 때, 꿋꿋이 견뎌 내리라 믿었던 사람이 갑작스레 타락한 것이 그 사람 숨겨진 생각의 과정이 드러난 결과 라면 그것이 결코 갑작스럽거나 우발적으로 보이지 않을 것이다. 타락은 아마도 몇 년 전에 마음속에서 시작했던 생각의 결과가 이제 완성되어 밖으로 드러나는 것에 불과하다. 그 사람은 그릇된 생각이 마음에 들어서게 놔두었다. 두 번, 세 번 그것을 받아들였고 자기 마음에 자리 잡게 했다. 점점 그것에 익숙해지고 소중히 여기다가 애지중지하더니 마침내 좋아하게 되었다. 그렇게 그릇된 생각이 점점 무르익어 밖으로 터져 나올 기회를 가질 힘을 얻었던 것이다.

모든 죄와 유혹은 생각의 자연스러운 결과물이다.

3월 3일

생각을 잘 다스려라. 지금 당신의 비밀스런 생각이 결국 당신의 실제적인 행동이 되기 때문이다.

"세상에 비밀은 없다."

마음에 품은 모든 생각은 우주 안에 있는 힘으로 마침내 그 본성에 따라 선하거나 악한 행동의 꽃을 피울 것이다. 고결한 스승이나 호색가는 모두 자기 생각의 산물이다. 그들은 스스로 씨를 뿌렸거나, 아니면 씨앗이 떨어지게 놔두어 그것이 마음의 정원에 들어온 이후에 물을 주고 길러 아껴 준 생각의 씨앗으로, 자기 자신이 된 것이다.

상황을 통해 죄와 유혹을 극복할 수 있다고 생각하지 마라. 오직 생각을 깨끗이 함으로써 죄와 유혹을 극복할 수 있다.

사람은 자신의 마음에 맞는 것에만 관심을 갖는다.

3월 4일

생각의 존재로서 당신의 가장 중요한 마음가짐이 삶의 환경을 결정할 것이다.

당신이 당신과 당신의 환경을 만드는 주인인 것처럼, 당신은 당신 생각의 주인이다. 생각은 평소에 만들어져 결과라는 형태로 성격과 삶으로 그 모습을 드러낸다. 인생에서 우연이란 없다. 조화로운 것이든 적대적인 것이든 모두 자신의 생각에 대한 메아리이다. 생각이 그의 삶으로 나타나는 것이다.

당신의 마음가짐이 평온하고 아름답다면 은총과 축복이 당신을 따를 것이요. 당신의 마음가짐이 반항과 증오로 가득 차 있다면 고통과 고난이 당신의 앞길을 흐릴 것이다. 악의가 슬픔과 재앙을 낳을 것이요, 선의가 치유와 회복을 낳을 것이다.

생각의 경계는 스스로가 세운 울타리이다.

3월 5일

고통, 슬픔, 그리고 비참함은 집착이 꽃피운 열매이다.

집착에 사로잡힌 영혼이 불의를 보는 반면, 집착을 이긴 선한 사람은 원인과 결과를 보고 최상의 정의를 본다. 선한 사람이 자신을 부당하게 다루는 것은 불가능하다. 왜냐하면 그는 더 이상 부당함을 보지 않기 때문이다. 사람들이 그에게 제 아무리 격렬하게 혹은 제 아무리 무지막지하게 대할지라도, 그에게는 어떤 고통도 일으키지 못할 것이다. 그에게 어떤 일이 닥치

61

더라도(아마도 박해와 학대일 것이다) 그것은 과거 자신의 행동의 결과로 온 것이라는 걸 알고 있기 때문이다. 그러므로 그는 모든 것을 긍정적으로 여기고, 모든 것에 기뻐하며 적을 사랑하고 자신을 저주하는 자들을 축복한다. 그것을 위대한 법칙에 대한 자신의 도덕적 빚을 갚을 수 있는 좋은 기회로 간주한다.

최상의 정의와 최상의 사랑은 한 가지이다.

3월 6일

한 나라의 역사는 그 행동의 건축물이다.

몸이 세포로 이루어지고 집이 벽돌로 지어지는 것처럼, 사람의 마음은 생각으로 이루어진다. 사람의 다양한 성격은 바로 다양한 생각의 결합체에 지나지 않는다.

다음의 말에서 우리는 심오한 진리를 발견한다. '마음속에 생각하는 그대로, 그렇게 된다.'

사람의 성격은 익숙해진 생각의 결과이다. 다시 말해, 생각이 성격을 구성하는 부분이며, 성격은 오랜 동안의 노력과 수많은 자기 수양을 통해 바뀔 수도, 없어질 수도 있다. 사람의 성격은 나무가 자라거나, 또는 집을 지을 때와 마찬가지로 새로운 재료를 계속 보태면서 만들어진다. 그 재료가 바로 생각이다.

수백만 개의 벽돌로 도시가 세워지듯, 수백만 개의 생각으로 성격과 마음이 만들어진다.

3월 7일

모든 사람은 마음의 건축가이다.

현명하게 선택하고 자리를 제대로 잡은 생각은 아주 오래가는 벽돌이요, 절대 무너져 내리지 않을 것이다. 또한 아름답게 잘 마무리되면 집 주인에게 안락함을 주는 보금자리가 될 수 있다. 힘, 확신, 도리의 생각을 강하게 하고 넓고 자유로운 생각과 이타적인 삶에 영감을 주는 것은 견고한 마음의 성전을 짓게 하는 쓸모 있는 벽돌이다. 그러한 성전을 짓기 위해서는 낡고 가치 없는 습관적인 생각을 무너뜨리고 파괴하는 것이 필요하다.

"더 튼튼한 집을 지어라. 오 나의 영혼이여!" 모든 사람은 자기 자신의 건축가이다.

3월 8일

참된 장인처럼 마음으로 집을 지어라.

튼튼하며 남에게 본보기가 되는 삶을 세우고자 한다면, 가장 세찬 역경의 폭풍과 유혹에 튼튼히 견뎌내는 삶을 세우고자 한다면, 몇 가지 단순하고 올바른 도덕 원칙에 따라 뼈대를 세워야 한다.

이 원칙은 정의, 정직, 성실, 그리고 친절이라는 네 가지이다. 이 네 가지 윤리적인 진리는 사각형이 네 개의 선으로 집을 짓듯, 삶의 집을 지을 것이다. 이것을 무시하고 부정, 사기, 이 기심으로 성공과 행복을 얻으려고 생각한다면, 그는 정확한 선의 상대적인 배열을 무시하면서 튼튼하고 오래가는 집을 지을 수 있다고 상상하는 건축업자와 다를 바가 없다. 결국 실망과 실패만을 경험하게 될 것이다.

우주의 근본 법칙에 따르라.

3월 9일

사소한 일은 그냥 지나칠 수 있고, 거창한 일이 더 중요하다고 여기는 것은 인간이 흔히 저지르는 실수이다.

네 개의 윤리적인 원칙을 자기 삶의 법칙과 기초로 받아들인 사람, 그것에 기초해 성격의 체계를 세운 사람, 자신의 생각과 말과 행동을 원칙대로 하려는 사람은 자신에게 영광을 가져다 줄 집을 짓는 데 실패할 리가 없다. 그는 평화와 축복 속에서 쉴 수 있는 성전, 자신의 삶에서 견고하고 아름다운 성전을 지금 짓고 있다.

안전하고 축복받은 삶을 바라는 자는 사소한 모든 것까지 도덕적인 원칙을 실천해야 한다.

3월 10일

열망이 전념하게 될 때, 그 결과가 바로 명상이다.

세속적이고 쾌락만을 좇는 삶이 아닌, 보다 더 고상하고 순수하고 빛나는 삶을 실현하고자 강렬히 원할 때, 그 사람은 열망에 싸여 있다. 그런 삶을 찾는 데 생각을 집중하고자 간절히 원한다면 명상을 해야 한다.

강렬한 열망이 없으면 명상할 수 없다. 무기력과 무관심은 명상의 치명적인 방해요소이다. 사람의 천성이 강렬하면 강렬할 수록 더 쉽게 명상을 알게 되고, 더 성공적으로 명상을 실천할 수 있다. 정렬적인 천성은, 정렬이 충분히 깨어났을 때, 가장 먼저 명상의 고귀한 진리에 다다를 것이다.

명상은 정신적인 성공을 위해 필요하다.

3월 11일

집중함으로써 지혜의 기쁨이 넘치는 정상에 오를 수는 있지만 진리의 기쁨이 넘치는 고지에는 오를 수는 없다. 이것을 얻으려면 명상을 해야 한다. 집중함으로써 시저Caesar의 놀라운 이해력과 거대한 힘을 얻을 것이다. 명상을 통해 부처의 고결한 지혜와 완전한 평온에 도달할 것이다. 완전한 집중은 힘이고, 완전한 명상은 지혜이다. 집중을 통해 과학, 예술, 무역 등과 같은 삶을 살아가는 기술을 얻는다. 명상을 통해 고귀한 삶, 계몽, 지혜 등과 같은 삶 그 자체의 기술을 얻는다. 성인, 현자, 구세주는 명상의 고결한 완성품이다.

3월 12일

처음, 실제 명상으로 보내는 시간은 아마도 이른 아침의 30분 정도로 짧을 것이지만, 그 강렬한 열정과 집중적인 사색의 30분 동안에 얻어진 지식은 그 날 하루의 실천에서 확실히 그 모습을 드러낼 것이다. 그러므로 명상은 사람의 전체 삶과 관련 있다. 그리고 앞으로 나아가며 실천함에 있어, 자신이 처한 그 환경에서 삶의 도리를 더욱 더 잘 실행하게 될 것이다.

명상의 원칙에는 두 가지가 있는데 그것은 다음과 같다.

1. 순수한 것을 반복적으로 생각해 마음을 정화하는 것.
2. 실제의 삶에서 그와 같은 순수함을 구현함으로써 고결한 지식을 얻는 것.

사람은 생각하는 존재이다. 삶과 성격은 습관적인 생각으로 결정된다.

3월 13일

실천, 연상, 습관으로 생각은 스스로를 되풀이한다.

매일 순수한 생각을 통해 명상하는 이는 순수하고 계몽된 생각의 습관을 갖게 되고, 이것이 순수하고 계몽된 행동과 도리의 실천을 가져온다. 순수한 생각의 끊임없는 반복으로 마침내 그 생각과 하나가 되어 정화된 존재가 되며, 순수한 행동에서 평온하고 현명한 삶의 성취를 명백히 드러내게 된다.

대다수의 사람들이 수없이 많은 상반되는 욕망, 집착, 감정, 투기에서 살기에, 거기에는 불안과 불확실과 슬픔이 있다. 그러나 명상으로 마음을 훈련하기 시작하면 핵심 원칙에 생각의 초점을 맞추게 됨으로써 점차 내적 갈등을 지배하게 된다.

공상을 명상으로 오해하기 쉽다.

3월 14일

모든 고통과 사악한 나무의 뿌리인 이기심은 어두운무지의 토양에서 영양분을 빨아들인다.

부자와 가난한 자 모두 똑같이 자신의 이기심으로 고통받는다. 누구도 도망칠 수 없다. 가난한 자뿐만 아니라 부자들도 자신만의 고통이 있다. 게다가 부자는 계속해서 자신의 부를 잃고 있다. 가난한 자는 계속해서 부를 얻고 있다. 지금 가난한 자는 내일의 부자이고, 반대의 경우도 마찬가지다. 또한 두 려움은 거대한 그림자처럼 사람들을 따라다닌다. 이기적인 힘으로

부자가 되려는 사람은 항상 불안한 마음에 사로잡히고, 재산의 손실을 끊임없이 두려워하기 때문이다. 반면에 이기적으로 물질적인 부를 탐내고 추구하는 가난한 자는 가난의 두려움으로 고통받을 것이다. 이 반목의 세계에 사는 모든 사람들에게는 '죽음의 공포'라는 하나의 커다란 공포가 늘 드리워져 있다.

사람은 모두 자신의 이기심으로 고통받는다.

3월 15일

정신은 명상으로 강해지고 새로워진다.

사람은 체념의 세 가지 관문을 지나야 한다. 첫째는 욕망에 대한 체념이고, 둘째는 아집에 대한 체념이고, 셋째는 이기심에 대한 체념이다. 명상에 들어서게 되면, 사람은 자신의 욕망을 면밀히 살피고 마음속의 욕망을 추적하며, 성격과 삶 속의 결과를 따라가게 될 것이다. 욕망을 포기하지 않으면, 사람은 자기 자신과 그 주위 환경의 노예로 남을 것이다. 이것을 알면 욕망의 체념이라는 첫째 관문에 들어서게 된다. 그리고 그 문을 지나며 자기수양의 과정을 받아들인다. 이것이 영혼을 정화하는 첫 번째 단계이다.

신념의 램프는 끊임없이 기름을 부어 주어야 하며, 부지런히 심지를 다듬어 주어야 한다.

3월 16일

이기심을 극복하기 위해 마음을 다잡고 있는 사람에게는 오늘의 손실이 내일의 이득으로 다가올 것이다.

그러므로 외부세계의 욕설과 내면세계의 시끄러운 울부짖음에 귀기울이지 말고 용감하게 밀고 나아가라. 열망하고, 탐색하고, 노력하라. 그리고 고결한 사랑의 눈으로 언제나 이상을 바라보아라. 매일 마음속에서 이기적인 동기와 불순한 욕망을 제거하라. 때로는 실수하고 때로는 떨어질지라도 언제나 앞으로 나아가 더 높이 올라가라. 모든 실패와 추락에도 불구하고 좌절하지 말라. 패배했다 할지라도 애써 싸웠던 거룩한 전쟁, 도달하지는 못했지만 최선을 다해 시도했던 조용한 승리를 기록하라.

현실과 환상, 실체와 허상을 구별할 수 있는 능력을 길러라.

3월 17일

분별력이라고 하는 고귀한 재산을 얻어라.

겸손이라는 무색의 옷을 걸친 사람은 자신이 사랑하고 소중하게 여겼던 아집을 끊어 버리려 모든 에너지를 기울인다. 이제 유일한 불변의 진리와, 진리에 대한 변하기 쉬운 수많은 자기 자신의 아집 사이에서 분별력을 배운다. 그는 선, 순수, 연민과 사랑에 대한 자신의 아집이 그 자체의 본질과 많이 동떨어져 져 있음을 이해하고, 자신의 아집이 아닌 고결한 원칙 위에서야 한다는 것을 깨닫게 된다. 그리하여 그동안은 자신의 아집을 커다란 가치로 여겨왔으니, 이제는 다른 사람들 속에서 아집에 싸인 자신을 보호하는 일을 멈추고 아집을 완전히 무가치한 것으로 여기게 된다.

순수, 지혜, 측은지심, 사랑이라는 고결한 원칙 위에 서라.

3월 18일

내면의 고결한 근원根源을 찾아라.

겉모습, 그림자, 환상에 만족하지 않기를 결심한 사람은 날카로운 빛으로 모든 덧없는 환상을 추방할 것이요, 삶의 본질로 들어갈 것이다. 그는 살아가는 방법을 알게 될 것이고, 그렇게 살게 될 것이다. 집착의 노예가 되지 않을 것이며 죄의 맹목적인 추종자도 되지 않을 것이다. 자신의 마음 속에서 고결한 근원을 발견해 순수하고 평온하며, 강하고 현명해질 것이며 천상의 삶에서 끊임없이 빛날 것이다.

자신 안에 시간과 죽음과는 상관없이 영원한 것이 존재함을 모른다는 것은 아무것도 모른다는 것이다. 그것은 시간의 거울에 비친 실체 없는 영상을 상대로 헛되이 행동하는 것과 같다.

3월 19일

내면에서 고결한 피난처를 얻어 그곳에 머무르는 사람은 죄로부터 자유롭다. 어떤 의심도 그의 신뢰를 흔들지 못할 것이고, 어떤 불확실성도 그에게서 평화를 앗아가지 못할 것이다.

사람은 자신의 욕망을 사랑한다. 왜냐하면 만족이 달콤한 것처럼 보이기 때문이다. 하지만 욕망의 종말은 고통스럽고 공허하다. 사람은 지적인 논쟁을 좋아한다. 왜냐하면 자기중심 성향이 그들에게 가장 호감이 가는 것처럼 보이기 때문이다. 하지만 지적인 논쟁의 결실은 치욕과 슬픔이다. 영혼이 만족의 끝에 도달하고 자기중심 성향의 쓰디쓴 열매를 수확할 때, 고결한 지혜를 얻고 고결한 삶에 들어설 준비가 되는 것이다. 십자가를 짊어진 사람만이 거룩하게 될 수 있고 이기심의 죽임으로써 마음의 주인이 다시 영생을 얻을 수 있고, 그리하여 지혜의 경지에서 찬란하게 설 수 있다.

이기심이 없는 곳, 그곳에 천상의 정원이 있다.

3월 20일

삶은 움직임 이상의 것으로, 그것은 음악이다. 삶은 휴식 이상의 것으로, 그것은 평화이다. 삶은 일 이상의 것으로, 그것은 도리이다. 삶은 노동 이상의 것으로, 그것은 사랑이다.

불순한 것을 순수한 것으로 바꾸어라. 그리하면 순수해질 것이다. 약한 의지를 강하게 하라. 그리하면 강해질 것이다. 무지를 지식으로 바꾸어라. 그리하면 현명해질 것이다. 모든 것은 사람이 하기 나름이다. 사람은 자신이 갖게 될 것을 선택한다. 오늘은 무지를 선택했지만, 내일은 지혜를 선택할 것이다. 믿든 믿지 않든, 그는 자기 자신의 구원을 성취할 것이다' 왜냐하면 사람은 자신으로부터 도망칠 수도, 자기 영혼의 영원한 책임감을 다른 것으로 바꿀 수도 없기 때문이다. 어떤 신앙적 속임수로도 자기 존재의 법칙을 속일 수는 없을 것이다. 그리하여 고귀한 생각과 고귀한 행동에 대한 자신의 모든 제 멋대로의 변명과 핑계를 산산조각 낼 것이다. 그것은 하나님이 그를 위해 하는 것이 아니다. 그의 마음이 그렇게 운명 지은 것이다.

삶은 즐거움 그 이상이다. 삶은 축복이다.

3월 21일

축복을 찾고자 한다면, 스스로 찾아라.

사람은 신념에서 신념으로 이리저리 달아나기에 불안하다. 많은 대지를 여행하고, 실망을 발견한다. 사람은 스스로 아름다운 집을 짓고 아름다운 정원을 만든다. 그리고 권태와 불편함을 수확한다. 자신의 내면에 존재하는 진리에 의존해야 비로소 안정과 만족을 찾을 수 있다. 내면의 완벽한 행동의 집을 지어야 끊임없이 썩지 않는 즐거움을 찾을 수 있다. 이렇게 얻음으로써 자신의 행동과 소유에 그것들을 불어 넣을 것이다.

더 이상 자신의 무거운 죄의 무게를 짊어지고 갈 수 없으면 그리스도에게로 달려가라. 그리스도의 왕좌는 자신의 마음속에 있다. 마음이 가벼워지고 불멸의 존재가 반갑게 맞아 줄 것이다.

사람의 영적인 마음이 우주의 마음이다.

3월 22일

힘, 가능성, 행동은 모두 지금 현재에 존재한다.

사람이 과거나 미래 속에서 살고 있다면, 그는 현재를 잃고 있다. 그는 지금을 사는 것을 잊어 버리고 있다. 모든 것이 지금, 바로 지금 가능하다. 자신을 이끌어 줄 지혜가 없으면, 사람들은 환상을 현실과 착각하면서 이렇게 말한다.

"만약 내가 저번 주에, 저번 달에, 아니면 작년에 이렇게 저렇게 했었더라면, 오늘은 더 나았을 텐데."

아니면 이렇게 말한다.

"뭘 해야 가장 좋을지 어떻게 알겠어. 그러니까 내일 해야지." 이기적인 사람은 현재의 커다란 중요성과 가치를 이해할 수 없고, 과거와 미래가 공허한 반영일 뿐이라는 분명한 사실을 보지 못한다. 과거와 미래란 부정적인 그림자로 존재하며, 과거와 미래의 후회와 이기적인 생각 안에 사는 것은 삶의 실체를 잃어 버리는 것이다.

후회를 밀어내는 것, 희망의 닻을 내리는 것, 지금 일하는 것. 이것이 바

제임스 앨런의 365일 명상 ·

로 지혜다.

3월 23일

미덕은 매일매일 죄와 싸우는 것이다.

의존이라는 으슥한 길로 다니지 마라. 당신의 영혼을 과거와 미래로 유혹하는 바람이 부는 샛길로 다니지 마라. 지금 당장 당신 본래의 고결한 힘을 보여 주라. '열린 길'로 나와라.

되고자 한다면, 그렇게 희망한다면, 당신은 지금 그렇게 될 것이다. 성취하지 못함은 당신이 자주 미루었기 때문이다. 미룰 수 있는 힘이 있다면 성취할 수 있는 힘 또한 가지고 있다는 것이다. 이 진리를 깨달아라. 그리하면 당신은 오늘, 그리고 매일, 당신이 그토록 꿈꾸던 이상적인 사람이 될 수 있을 것이다.

지금 행동하라! 그리고 보라! 모든 것이 이루어진다. 현재를 살아가라! 그리고 바라보라! 당신은 풍요의 한 가운데 있다. 현재를 살아라. 그리하면 당신이 완벽하다는 것을 알게 되리라.

거룩함은 우리가 미처 알아차리지 못했던 죄를 영원히 버리는 것이다.

3월 24일

그대의 영혼에게 "내일 더 순수해질 거야." 라고 말하는 대신, "지금 더 순수해질 거야."라고 말하라.

내일은 무엇을 하기에도 너무 늦는다. 내일 도움과 해결을 찾으려는 사람은 끊임없이 오늘을 실패하게 될 것이다.

어제 실패했는가? 극악무도한 죄를 저질렀는가? 이것을 깨닫고 그것을 즉시, 그리고 영원히 버려라. 더 이상 죄인이 아니다.

어리석은 자는 이렇게 말할 것이다.

"내일은 일찍 일어나야지. 내일은 빚을 갚아야지. 내일은 계획을 실천해야지."

반면, 현명한 자는 '영원한 현재'의 커다란 중요성을 인식하고, 오늘 아침 일찍 일어나고, 오늘부터 빚을 갚고, 오늘 자신의 계획을 실천해 나간다. 그리고 힘과 평화와 무르익은 성취로부터 결코 떠나지 않는다.

돌이킬 수 없는 과거를 슬퍼하면 오를 수 없다. 현재를 고쳐나가야 오를 수 있다.

3월 25일

행복한 시작을 회상하고 슬픈 끝을 예상하면, 자기 자신의 영속성을 보지 못한다.

아직 오지 않은 것을 남겨두고, 후회가 기어들어올 구멍이 없을 정도로 영혼을 헌신하고 노력을 집중하여 현재 존재하는 것을 돌보는 것이 지혜이다.

이기심의 환영으로 정신적 이해력이 가려져 있는 사람은 이렇게 말한다.

"나는 오래 전, 몇 년 전 그 날에 태어나, 정해진 날에 죽을 것이다."

그는 태어나지도 않았고 죽지도 않을 것이다. 생과 사에 좌우 된다면 어찌 불멸성이라 할 수 있겠는가? 환상을 버려라. 그리하면 육신의 생과 사는 단지 여행의 사건이지 시작과 끝 아님을 깨닫게 될 것이다.

만물을 담고 있는 이 우주는, 바로 지금이다.

3월 26일

자만심을 버려라. 그리하면 소박하고 아름다운 우주가 보일 것이다.

단편적인 것을 버리고 완전한 전체의 삶을 살아라. 그리하면 완전함의 단순성이 드러날 것이다. 어떻게 단편적인 조각들이 전체를 이해할 수 있겠는가? 반면 전체가 단편조각을 이해하는 것은 얼마나 간단한가? 위대한 사람이 되고자 한다면 보다 작은 것들을 포기하라. 원은 어떤 도형에도 포함되지 않지만, 원 안에는 모든 도형이 포함된다. 환한 색깔은 어떤 색에도 묻지 않지만, 환한 색에는 모든 색깔이 드러난다. 이기심의 모든 도형을 허물어라. 그리하면 '순환의 완전성'을 이해할 수 있으리라.

개인적인 이기심을 벗어 버리면, 완전한 우주의 거울이 될 것이다.

3월 27일

음악의 완벽한 화음 속에서 단음계는 비록 묻혀 버리지만, 반드시 그 속에 포함되어 있어야 한다. 물방울은 대양 속에서 자신을 잃음으로써 궁극적인 가치를 갖게 된다.

마음 깊은 곳에서 자신을 낮추어라. 그리하면 천국의 조화를 재현할 수 있을 것이다. 모든 것을 향한 무한한 사랑 안에서 자신을 버려라. 그리하면 영원한 업적을 이룰 것이다. 그리고 바다와 같은 영원한 은총을 입는 사람이 될 것이다.

사람은 복잡한 표면을 향해 외부세계로 나아간다. 그리고 나서 '중심의 단순함'으로 되돌아온다. 자기 자신을 알기 전에는 우주를 정확히 아는 것이 불가능하다는 것을 알게 될 때, 그 때 '근원적 단순성'으로 이끄는 길로 접어들게 되는 것이다. 그는 내면으로부터 드러나기 시작한다. 자신을 드러내면서 우주를 감싸 안는 것이다.

하나님을 찾지 마라. 그리하면 당신 안의 모든 것을 감싸는 선을 발견하게 될 것이다.

3월 28일

순수한 사람은 스스로 순수한 존재임을 알고 있다.

잠재된 욕망, 탐욕, 분노, 아집을 포기하지 않는 사람은 아무것도 알 수가 없다. 그 사람은 대학에서 공부했을지라도 지혜의 학교에서 얼간이로 남아 있을 것이다.

지식의 열쇠를 찾고자 한다면 먼저 자신을 찾아라. 죄는 당신 자신이 아니다. 죄는 당신의 일부가 아니다. 죄는 당신이 사랑을 갖게 되면 사라진다. 죄에 매달리지 마라. 그러면 죄가 당신에게 매달리지 않을 것이다. 떨쳐 버려라. 그러면 당신 자신이 드러날 것이다. 당신 자신이 광범위한 비전, 절대 원리, 영원한 생명, 영원한 선임을 알게 될 것이다.

순수함은 몹시 단순하여 순수함을 보조하기 위한 이론이 필요 없다.

3월 29일

진리는 그 자체로 살아 있다.

참을성, 인내, 사랑, 동정과 지혜, 이러한 것들이 원래 단순성의 중요한 자질이다. 그러므로 불완전함이 그것을 이해하는 것은 불가능하다. 지혜로운 사람만이 지혜로운 사람을 알아 볼 수 있다. 그러므로 바보는 이렇게 말한다.

"지혜로운 사람은 없다."

불완전한 사람은 이렇게 말한다.

"완벽한 사람은 없다."

그리고 그들은 변하지 않는다. 완벽한 사람들 틈에서 산다고 완벽해지는 것은 아니다. 그는 참을성을 비겁함으로, 인내 · 사랑 · 동정을 나약함으로, 지혜를 어리석음으로 볼 것이다. 완전한 판단력은 완벽한 전체에 있는 것이지 부분이 아니다. 그러므로 스스로 완전한 삶을 드러낼 때까지, 스스로 완전히 바른 삶을 살기 전까지는 판단을 자제하는 것이 좋다.

나무랄 데 없는 삶이야말로 진리의 유일한 증거이다.

3월 30일

자기 자신의 내재하는 본질을 발견한 사람은 태초의 보편적인 본질을 발견한 것이다.

내면의 '고결한 마음'을 알면 마음을 모두 알 수 있고, 사람의 생각은 모두 생각의 주인이 된 자신의 것이 된다. 그러므로 선한 사람은 자신을 방어하지 않고, 타인의 마음을 자신의 마음과 유사하게 만든다. 선한 사람은 '망상의 파괴자'라 불린다. 죄가 없는 곳에서 무엇이 괴로움을 줄 수 있는가? 오, 쉬지 말고 노력하라. 그대 자신의 고결한 침묵으로 물러나 그 곳에서 살지어다. 순수한 선을 찾을 것이고, 망상의 성전의 베일을 가르고 인내, 평화, 위대한 완전함의 영광 속으로 들어갈 것이다. 왜냐하면 순수한 선과 태초의 단순성은 하나이기 때문이다.

'태초의 단순성'은 지극히 단순하다. 모든 사물에 대한 자신의 이해를 버리면, 마침내 이해할 수 있게 된다.

3월 31일

모든 외부세계의 사물로부터 자신의 이기심을 떼어 내고, 내면의 미덕에 단단히 의지하는 것이야말로 확실한 지혜이다. 이 지혜가 있다면 부자나 가난한 자나 같다고 할 수 있다. 자신의 힘을 보탤 수도, 다른 사람이 그의 평온함을 빼앗아 갈 수도 없다.

그 어떤 외부세계의 물질과 우연한 사건에 노예가 되기를 거부하라. 모든 사물과 사건을 교양에 쓸모 있게 여기는 것, 이것이 바로 지혜이다. 현자에게는 모든 사건이 선하며, 악을 바라보지 않기에 그들은 매일 더 현명해진다. 모든 것을 통제하고 실수를 즉시 알아차린다. '하나님의 섭리'에는 실수 따위란 존재하지 않는다는 것을 알기에 실수를 본질적 가치의 가르침으로 받아들인다.

4월 April

4월 1일

육체적 건강은 행복한 삶이 좌우한다. 모든 문제는 마음먹기에 달려 있으며, 몸은 정신에 복종하기 마련이다.

마음이 건강한 사람은 육체의 영향을 받지 않는다. 비록 육체의 건강이 좋지 않을지라도 말이다. 그는 육체의 환경을 무시한다. 그는 마치 육체가 없는 것처럼 지낸다. 이처럼 육체를 무시하면 마음을 건전하고 강하게 유지할 수 있고, 이것이 육체를 치유하는 최고의 방법이다.

약한 마음은 병든 육체보다 더 비참하며, 몸을 병들게 한다. 병든 마음은 병든 육체보다 더욱 더 비참하다. 강인하고 이타적이며, 행복한 마음의 틀을 갖추기만 하면, 육체의 병은 치유될 수 있다.

도덕적 원칙은 행복과 건강의 가장 믿음직한 기초이다.

4월 2일

사람들은 가난 때문에 불행해지는 것이 아니라, 부에 대한 갈망 때문에 불행해진다.

원인이 있으면 결과가 있다. 물질적 풍부함이 사악함의 원인이고 가난이 천한 부도덕의 원인이라면, 부자들은 모두 사악하게 될 것이며, 가난한 사람들은 모두 부도덕하게 될 것이다.

가난한 자나 부자나 악을 행하는 자는 어떤 상황에서도 악을 행할 것이요, 정의를 행하는 자는 어떤 상황이든 정의를 행할 것이다. 극한 상황은 이미 그 곳에서 기회를 기다리고 있는 악으로 나타난다. 그러나 그것이 악의 원인이 될 수는 없다. 악을 만들 수도 없다.

가난은 지갑보다는 마음속에서 훨씬 더 빈번하다. 사람이 돈에 목말라하는 한, 자기 자신을 가난한 이로 간주할 것이고, 그리고 그런 생각 속에서 그는 가난하다. 탐욕이 사람의 마음을 가난하게 만들기 때문이다.

구두쇠가 백만장자가 될 수도 있지만, 결국 무일푼일 때와 마찬가지로 가난하다.

4월 3일

자제심이 크면 지식, 자기 자신, 자신의 영향력도 커진다.

자연의 힘은 위대하다. 하지만 인간의 마음을 구성하며, 자연의 맹목적이고 기계적인 힘을 지배하고 통제하는 지성의 힘보다 위대하지는 않다. 그러므로 격정, 욕망, 의지, 지성이라는 인간의 내적인 힘에 대한 이해와 통제가 인간과 국가의 운명을 좌우하는 것이다.

외부적인 힘을 이용하고 지배하는 사람은 자연과학자이다. 그러나 내면의 힘을 이용하고 지배하는 사람은 신성한 과학자이다. 외부세계의 겉모습에 대한 지식을 습득하는 데 작용하는 법칙은 또한 내면의 진리를 얻는 데 작동한다.

지식의 목적은 활용, 봉사, 세상 행복의 증대이다.

4월 4일

눈에 보이든 보이지 않든, 모든 사물은 원인과 결과라는 무한하고 영속적인 법칙에 따른다.

완전한 정의가 우주를 떠받치고 있다. 완전한 정의는 사람의 삶과 행동을 규제한다. 오늘날 세계 속의 다양한 삶의 환경은 행동에 반응하는 법칙의 결과이다. 사람은 어떤 원인을 움직일지 선택할 수는 있지만, 결과의 속성을 바꿀 수는 없다. 사람은 자신이 생각할 수 있는 사고와 자신이 할 수 있는 행동을 결정한다. 그러나 그런 생각과 행동의 결과에 대해서는 어쩔 수가 없다. 결과는 원인과 결과의 지배법칙에 따른다.

사람은 행동에 대한 전권을 지니고 있다. 하지만 그의 힘은 자신이 행한 행동에서 끝날 뿐, 행동의 결과는 바꿀 수 없다. 행동의 결과는 변경할 수도, 무효로 할 수도, 회피할 수도, 되돌릴 수도 없다.

악한 생각과 행동은 고통의 환경을 조성하며, 선한 생각과 행동은 은총의 환경을 만든다.

4월 5일

은총이나 불행은 자신의 행동에 의해 결정된다.

삶은 수학의 덧셈과 비슷하다. 정확한 계산방법을 제대로 이해하지 못한 학생에게는 당혹스럽고, 어렵고, 복잡하지만, 일단 한번 이해가 되면 이전에 당황했던 것이 놀라우리만치 간단하게 보인다. 이와 같은 삶의 상대적인 복잡성과 단순성은 그 사실을 완전히 이해하고 깨달음으로써 이해될 수 있다. 잘 못된 합이 나올 수 있는 수백 가지의 계산이 존재할지라도, 올바른 계산법은 오직 한 가지이다. 올바른 방법을 이해했을 때, 학생은 그 답이 옳다는 것을 알게 된다. 드디어 혼란이 사라지고 그 문제를 해결했다는 사실을 알게 된다.

삶에는 왜곡된 결과란 있을 수 없다. 위대한 법칙의 눈으로 드러나 보이게 되어 있다.

4월 6일

이기적인 생각과 나쁜 행동은 아름다운 삶을 만들 수 없다.

인생은 천조각과 같다. 천조각을 구성하는 실이 개인의 삶이다. 각각의 실은 다른 실과 혼동되지는 않는다. 각각의 실은 각각의 가야 할 길을 따라간다. 각개인은 다른 이의 행동이 아닌 그 자신의 연속된 행동으로 고통을 받기도 기쁨을 받기도 한다. 각자의 길은 간단하고 분명하다. 전체의 구성은 복잡하지만 조화와 일련의 배합이 존재한다.

거기에는 행동과 반응, 행동과 결과, 원인과 결과가 있다. 그리고 결과는 항상 최초의 자극과 정확하게 일치한다.

각자가 자기 삶을 이루기도 망치기도 한다.

4월 7일

사람은 자신의 행동에 책임을 져야 한다.

'악이라는 문제'는 자신의 악한 행동에 내재한다. 그러므로 행동이 정화되면 자연스레 해결된다.

루소는 이렇게 말했다.

"더 이상 악의 근원을 찾지 말라. 당신 자신이 악의 근원이다." 결과는 원인과 결코 떨어질 수 없다. 원인과 전혀 다른 속성의 것이 나올 수는 없다.

에머슨은 이렇게 말했다.

"정의는 미루어지지 않는다. 완전한 공정함이 삶의 모든 부분에서 균형을 맞춘다."

원인과 결과는 동시에 존재하는 것이며, 이것이 완전한 하나를 이룬다. 그러므로 사람이 잔인한 행동을 생각하는 순간, 그와 동시에 그는 자신의 마음에 상처를 입히게 된다. 수많은 연속적인 생각과 행동이 잔인하고 불행한 사람을 만든다.

고귀함과 행복은 친절한 생각과 친절한 행동을 수반한다.

4월 8일

마음이 강하지 못하면 가치 있는 일을 이룰 수 없다.

확고하고 안정적인 성격, 즉 '의지력'을 키우는 것이 사람에게 가장 중요한 첫 번째 도리이다. 의지력을 갖는 것이 행복을 성취함에 있어 꼭 필요하기 때문이다. 목표를 확고히 하는 것은, 그것이 세속적인 것이든 숭고한 것이든, 모든 성공적인 노력의 뿌리이다. 의지력이 없다면 사람은 비참해질 수밖에 없으며, 자신에게서 발견해야 할 것을 얻기 위해 타인을 의존하게 된다.

의지를 기르는 진정한 길은 오로지 개인의 일상생활에서 얻을 수 있다. 그것은 너무나 분명하고 단순하기에 복잡하고 신비한 것을 찾아 헤매는 대부분의 사람들은 잘 알아차리지 못하고 지나쳐 버린다.

위대한 힘을 얻을 수 있는 곧고 유일한 길은 나약함을 공격해 정복하는 것이다.

4월 9일

의지를 단련시키는 첫 번째 단계는 나쁜 습관을 버리는 것이다.

이 간략하고 뛰어난 진리의 의미를 제대로 파악한 사람은, 의지력 배양의 체계적 지식이 다음의 일곱 가지 규칙으로 구체화된다는 것을 알게 될 것이다.

1. 나쁜 습관을 부수어 버려라.
2. 좋은 습관을 길러라.
3. 지금 이 순간의 도리를 성실하게 행하라.
4. 해야 할 일은 즉시, 그리고 열심히 하라.
5. 규칙에 따라 살아라.
6. 말을 조심하라.
7. 마음을 잘 다스려라.

위의 규칙을 진지하게 명상하고 부지런히 실천하는 사람은 모든 어려움을 성공적으로 극복하며, 모든 위급한 상황을 성공적으로 통과할 수 있는 목적의 순수성과 의지의 힘을 분명 발전시킬 것이다.

제임스 앨런의 365일 명상 ·

4월 10일

나쁜 습관에 익숙해지면 자기 통제력을 잃게 된다.

그러므로 자기수양은 피하면서 어떤 대가도, 어떤 노력도 없이 의지력을 얻기 위해 '신비로운 비결'이나 기웃거리는 사람은 자신의 판단을 흐리게 할 것이며, 이미 지니고 있던 의지력 마저도 약해질 것이다.

나쁜 습관을 극복함으로써 달성한 의지력은 좋은 습관을 들이게 해 준다. 나쁜 습관을 정복하는 것은 단지 목적의 힘이 필요하지만, 새로운 습관을 길들이려면 목적의 지적인 방향이 필요하기 때문이다. 이렇게 하기 위해서는 사람은 늘 깨어 있어야 하며, 끊임없이 자기 자신을 되돌아보아야 한다.

철저함은 의지력을 개발시키는 데 빼놓을 수 없는 한 단계이다. 되는대로 일하는 것은 우유부단의 표시이다.

4월 11일

아무리 사소한 일이라도 완벽하게 처리하라.

마음을 산만하게 하지 않고, 지금 그대로 각각의 일에 전력을 집중하면, 그 사람에게 휴식과 기쁨을 주는 두 개의 정신적 힘인 '목표의 단일성'과 마음의 '강렬한 집중'을 차차 얻을 수 있다.

해야 할 일을 열정적으로 즉시 하는 것, 이것도 똑같이 중요하다. 나태함과 강한 의지력은 함께 갈 수 없다. 그리고 일을 '미루는 것'은 목적을 이루는 데 큰 걸림돌이 된다. 잠깐동안 일지라도, 다음으로 미루어서는 안 된다. 지체해서도 안 된다. 지금 해야 할 일은 지금 해야만 한다. 이것은 사소해 보이지만 매우 중요한 것이다. 이것이 우리를 힘, 성공, 평안함으로 이끈다.

집착에 얽매이지 말고, 원칙대로 살아라.

4월 12일

철저함은 사소한 일들을 행하는 것이다.

사람들은 사소한 것들이 가장 중요하다는 진리를 제대로 이해하지 못하고 있다. 사소한 것들을 경시하며 아무렇게 대해도 된다는 생각은 근본적으로 철저함이 부족하기 때문이다. 이것은 너무나도 흔해서 불완전한 일과 행복하지 않은 삶을 초래한다.

이 세상과 삶의 위대한 것들은 사소한 것들이 모여 이루어진 것이다. 작은 것들이 모여지지 않고는 큰 것이 존재할 수 없다는 것을 이해하면, 지금까지 사소하다고 무시했던 것들에 좀 더 애정을 갖고 대할 수 있을 것이다.

철저함의 자질을 얻은 자가 힘 있는 자가 된다.

4월 13일

철저함이 부족한 것은 쾌락을 갈망하기 때문이다.

고용주들은 자신의 일을 열과 성을 다해 꼼꼼하게 처리하며, 완전하고 만족스럽게 일하는 근로자를 구하는 것이 얼마나 어려운지 잘 알고 있다. 근로자로서의 마음가짐이 부족한 사람들이 많다. 경솔함, 산만함, 게으름은 너무나도 흔한 결점이기에 전혀 이상해 보이지도 않는다. '사회개혁'에도 불구하고 실업자들의 대열은 지속적으로 늘고 있다. 현재의 일을 아무렇게나 하는 사람은 다음, 꼭 필요한 시간에, 하찮은 일을 바라보고 불평한다.

'적자생존'의 법칙은 어디에서나 적용되는 고귀한 공명정대함의 하나이다. 경솔함과 게으름이 신중함과 근면함보다 더 나을 수는 없다.

쾌락에 사로잡힌 마음은 도리의 실천에 충실할 수 없다.

4월 14일

세상의 도리에 철저하지 못한 사람은 정신적인 것에서도 마찬가지로 부족할 것이다.

철저함은 완전함이고 완벽함이다. 그것은 매사를 잘 하고 있어서 더 이상 바랄 바가 없는 상태를 의미한다. 그것은 다른 사람이 할 수 있는 것보다 더 훌륭하지 않다고 할지라도, 적어도 다른 사람이 최선을 다하는 것보다 더 나쁘지 않게 자신의 일을 하는 것을 의미한다. 그것은 수많은 생각의 발휘, 커다란 에너지의 투입, 임무에 대한 마음의 지속적인 적용, 참을성과 인내심의 고양, 의무감을 의미한다.

옛 스승께서 이렇게 말씀하셨다.

"해야 할 일이 있으면 하라. 아주 열심히 하라."

또 다른 스승은 이렇게 말씀하셨다.

"손에 닿는 일은 그것이 무엇이든 자신의 힘으로 하라."

마음을 다하지 않는 종교인이 되기보다 온 마음을 다 바치는 속인이 되는 것이 더 낫다.

4월 15일

평온, 사랑, 행복을 배우지 못한 사람은 배운 것이 거의 없다.

의기소침, 성급함, 걱정, 불만, 비난, 그리고 고통. 이 모든 것은 생각의 병, 마음의 질병이다. 이것은 그릇된 마음상태의 표시이다. 이것으로 고통받는 사람은 자신의 생각과 행동을 고치려고 할 것이다. 세상은 죄와 고통이 가득하다. 그러기에 우리의 사랑과 동정이 필요한 것이지, 고통이 필요한 것이 아니다. 이미 너무나도 많은 고통이 있다. 정령 필요한 것은 우리의 명랑함과 행복이다. 이것이 너무나 부족하기 때문이다. 우리는 세상 사람들에게 삶과 인격의 아름다움보다 더 나은 것을 줄 수는 없다. 아름다움 없이는 다른 모든 것들은 무의미하다. 아름다움은 무엇보다 뛰어나다. 이것은 영속적이고 실제적이며 정복당하지 않는다. 그리고 거기에는 모든 환희와 행복이 있다.

환경이 사람을 결코 거스르지 않는다. 환경은 사람을 도와주기 위해 존재하는 것이다.

4월 16일

자신을 변화시키고자 한다면, 주변의 모든 것을 변화시킬 수 있다.

모든 외부세계의 적개심에 직면해서도 끊임없이 친절하게 행동한다는 것은 확실히 스스로의 영혼을 정복했다는 표시이고 지혜와 진리를 소유했다는 증거이다.

감미롭고 행복한 영혼은 성숙한 지혜의 열매이고, 그것은 다른 사람의 마음을 기쁘게 하며 세계를 정화시키고, 그 영향으로 보이지 않는 향기를 널리 내뿜는다.

다른 이가 진실해지기를 원한다면 스스로 진실해라. 세상을 고통과 죄로부터 해방시키고자 한다면 자신을 해방시켜라. 당신의 가정과 이웃이 행복해지기를 원한다면 스스로 행복하라. 자신 안의 선을 깨달음으로써 당신은 자연스럽고 자발적으로 이렇게 할 것이다.

모든 잘못과 사악함을 버리고 살아라. 마음의 평안과 진실한 개선은 이 길 위에 놓여 있다.

4월 17일

영원한 생명은 바로 여기에. 영원한 생명은 무덤 너머의 사색적인 어떤 것이 아니다.

영원한 생명은 시간에 속하지 않으며 결코 시간 안에서 찾을 수 없다. 영원한 생명은 영원에 속한다. 그리고 마치 시간이 지금 여기에 있는 것처럼 영원도 지금 여기에 있다. 시간의 덧없음과 불충분함에서 자신의 삶을 빼내어 스스로 이기심을 극복하고자 한다면 사람은 영원을 발견하고 그 안에 자리 잡을 것이다.

흥분, 욕망, 그리고 날마다 스쳐지나가는 사건들에 몰두하며 이것을 중요하다고 여긴다면 영원한 생명을 결코 알 수 없다. 그런 사람이 욕망하는 것, 영원한 생명이라고 오해하는 것은 지속성이다. 지속성이란 시간이라는 감각과 사건이 계속적으로 이어지는 것을 말한다.

지속성은 영원한 생명과 정반대이다.

4월 18일

육체의 죽음이 영원한 생명을 결코 가져다 줄 수는 없다.

정신은 사람과 다르지 않다. 정신은 붕괴된 의식의 보잘 것 없는 삶을 산다. 그리고 여전히 죽음과 변화에 몰두하고 있다. 쾌락을 추구하는 '유한한 인간'은 죽은 후에도 계속 유한하다. 그리고 과거의 기억 혹은 미래의 지식 없이, 시작과 끝이 있는 또 다른 삶을 살 뿐이다. 하지만 확고하고 변함없는 의식의 상태로 승화된 '불멸의 인간'은 스쳐지나 가는 사건들과 감각에 영향을 받지 않는다. 그는 꿈에서 깨어났기에, 꿈이 현실의 지속이 아닌 지나가는 환상이라는 것을 알고 있다. 그는 영원한 생명과 지속성이라는 두 가지를 모두 알고 있는 사람이다.

영원한 생명을 지닌 사람은 자신을 완벽하게 소유한 사람이다.

4월 19일

유한한 인간은 시작과 끝이 있는 시간 혹은 세계와 같은 의식의 상태에 살고 있다.

불멸의 인간은 어떤 변화 속에서도 균형과 굳건함을 유지한다. 육신의 죽음은 그가 고수하는 영원한 의식을 결코 방해하지 못한다. 누군가가 이렇게 말했다.

"그는 죽음의 맛을 보지 않으리라."

그는 죽음의 안개 바깥에 있으며 진리의 거주지 안에 스스로를 세웠기 때문이다. 육체, 품성, 국가, 세계는 사라진다. 그러나 진리는 변함이 없으며 그 영광은 나이를 먹지 않는다. 불멸의 인간은 더 이상 자기본위의 힘과 한패가 되지 않으며, 그 와 같은 힘을 모든 것의 에너지와 근원과 조화시키고자 한다.

불멸의 인간은 우주 혹은 천국과 같은 의식의 상태에 살고 있다. 거기에는 시작과 끝도 없고 오직 영원한 현재만이 있을 뿐이다.

4월 20일

이기심을 극복하는 것은 슬픔의 요소를 모두 없애는 것이다.

이기심을 극복하거나 없애는 가르침은 너무나도 단순하다. 실제 그것은 매우 단순하고 실질적이기에, 복잡한 이론을 채택해 단순하고 아름다운 진리를 잃어버린 수많은 늙은이들보다 이론적 논리와 사변적인 철학에 때 묻지 않은 다섯 살짜리 아이들이 훨씬 더 쉽게 이해할 수 있다.

이기심의 소멸은 분열, 반목, 고통, 질병, 슬픔으로 이끄는 요소들을 영혼에서 제거하고 파괴하는 것을 의미한다. 그것은 선과 평화를 만들어 내는 아름다운 자질의 파괴를 의미하는 것이 아니다.

이기심을 극복하는 것은 모든 고결한 자질을 함양하는 것이다.

4월 21일

자신을 유혹하는 적을 물리치고자 하는 이는 자신의 성채와 은둔의 장소를 찾아야 하고, 적이 쉽게 들어오는 요새의 허술한 문을 찾아야 한다.

유혹과 유혹을 따라다니는 고통은 지식으로 지금 당장 극복되어야 한다. 유혹은 암흑의 상태, 어둠의 상태이다. 깨달음을 얻은 사람이 유혹에 대항하는 것이 그 증거이다. 유혹의 본질과 의미를 충분히 이해하고 깨달을 때, 유혹을 정복할 수 있으며, 오랫동안 지속된 고통으로부터 편히 쉴 수 있는 것이다. 하지만 무지한 상태로 남아 있는 한 종교적인 관습을 지키며, 기도를 많이 하고, 또 성경을 읽는다 해도 그에게 평화를 가져 다 줄 수는 없을 것이다.

이것은 성자들의 신성한 전쟁이다.

4월 22일

모든 유혹은 내면세계에서 온다.

일반적으로 두 가지 착각 때문에 사람은 극복을 이루지 못하고, 싸움은 끝이 없게 길어진다. 그 첫째는 모든 유혹은 외부 세계에서 온다는 착각이요, 둘째는 자신의 미덕으로 인해 자신이 유혹받는다는 착각이다. 이러한 착각에 빠져 있는 동안에는 발전이 있을 수 없다. 이런 착각에서 깨어날 때 승리에 승리를 거두고, 정신적 기쁨과 휴식을 만끽할 수 있을 것이다.

유혹의 원인과 근원은 모두 내면의 욕망에 있다. 내면의 욕망이 정화되고 제거되면, 외면세계의 물질과 외부로부터의 힘은 인간을 죄와 유혹으로 이끌 아무런 힘도 갖지 못하게 된다. 외부의 사물은 결코 원인이 아닌 단지 유혹의 계기일 뿐, 유혹의 원인은 유혹받은 자의 욕망 속에 있다.

사람은 자신이 고결하지 않다고 여기는 마음의 상태, 혹은 욕망이 있기에 유혹받는다.

4월 23일

내면세계의 선은 결코 유혹받지 않는다.

"선은 유혹을 파괴한다."

자극하고 유혹하는 것은 사람 안에 있는 악이다. 유혹의 크기는 그 자신의 고결하지 않음의 크기와 꼭 일치한다. 자신의 마음을 깨끗이 하면, 유혹은 멈출 것이다. 왜냐하면 어떤 부정한 욕망이 마음에서 사라지게 되면, 이전에는 그렇게 갈망했던 대상이 더 이상 갈망의 대상이 되지 않고 무기력해지기 때문이다. 그래서 마음속에 그것에 반응하는 것이 아무것도 남지 않게 되는 것이다. 정직한 사람은 도둑질할 기회가 생겨도 도둑질의 유혹을 받지 않는다. 식욕을 자제할 줄 아는 사람은 폭식과 취함에 유혹당하지 않는다. 정신적인 미덕의 힘으로 마음이 평온한 사람은 분노에 결코 유혹당하지 않는다. 마음이 정화된 사람에게 바람둥이의 농간과 매력은 공허하고 무의미한 그림자처럼 보일 뿐이다.

유혹은 당신이 지금 어디에 있는가를 보여 준다.

4월 24일

위대한 법칙은 선하다. 청렴한 사람은 두려움, 가난, 수치, 불명예를 극복한다.

지금 기쁨, 물질적인 풍요를 잃을까 두려워하고 자신 안의 진리를 부인하는 사람은 상처받을 것이며, 약탈당할 것이며, 타락할 것이고, 짓밟힐 것이다. 왜냐하면 더 고상한 자아가 처음으로 상처받고 약탈당하고, 타락하고, 짓밟혔기 때문이다. 반면, 확고부동한 미덕과 완전무결한 청렴함을 갖춘 자는 자신 안에 비겁함을 버리고, 이미 진리 안에서 피난처를 취했기 때문에 이런 상황에 영향받지 않는다. 사람을 노예를 만드는 것은 회초리와 쇠사슬이 아니라 바로 자기 자신이다.

비방과 비난, 그리고 원한은 고결한 사람에게는 어떤 영향도 미칠 수 없다. 또한 자신을 보호하려, 자신의 결백을 주장하려 돌아다닐 필요가 없다. 결백과 청렴함 그 자체가 모든 증오가 노리는 모든 것에 대한 충분한 답이다.

4월 25일

청렴한 이는 모든 사악한 것을 선한 동기로 변화시킨다.

청렴결백한 사람이 커다란 시련을 겪을 때, 기쁘고 즐겁게 하라. 자신이 지지하는 숭고한 원리에 대한 충정을 증명할 기회를 부여받았음을 감사히 여겨라. 그리고 생각하라.

지금이야말로 고결한 기회의 시간이다! 지금이야말로 진리를 위한 승리의 날이다! 이 세상 전부를 잃을지라도 올바름을 버리지 않으리라!

이렇게 생각하면 악을 선으로 바꿀 것이요, 그릇된 행동을 하는 자를 측은히 여길 것이다.

남을 비방하는 사람, 뒤에서 흉보는 사람, 그릇된 행동을 하는 사람이 한순간 성공하는 것처럼 보일 수도 있다. 하지만 정의의 법칙은 분명 성공한다. 청렴한 사람이 한순간 실패하는 것 처럼 보일 수도 있다. 하지만 그에게 대항할 적은 없으며, 세상 어디에도, 보이든 보이지 않든, 그에게 대항할 무기는 그 어디에도 없다.

청렴한 사람은 어둠의 힘에 결코 침몰당하지 않는다.

4월 26일

판단력이 없는 자는 정신의 눈이 먼 자이다.

사람의 마음과 삶은 혼돈에서 떨어져 나와야 한다. 어려움에 빠졌을 때, 이른바 불운에 닥쳤을 때, 정신적·물질적 곤경, 그리고 영혼의 곤경에 모두 대비해야 한다. 불신과 우유부단 함을 내보이지 말고 의심하지 말아야 한다. 자신이 직면하는 모든 위기에 강해져야 한다. 그런데 판단력이 없으면 이러한 정신적 준비와 힘은 조금도 얻을 수 없다. 판단력은 끊임없이 분석능력을 훈련함으로써 발전시킬 수 있다.

마음도 근육과 마찬가지로 써야 발달한다.

4월 27일

혼돈, 고통, 그리고 영혼의 암흑은 경솔한 생각에서 비롯된다.

자신의 아집에 대해 면밀하게 생각하거나 자신의 입장을 비판적으로 생각하는 것을 두려워하는 사람은 판별력을 얻기에 앞서 먼저 도덕적 용기를 계발해야만 한다.

자신에게 진실해야 하고, 자신에게 두려움이 없어야 한다. 그래야 순수한 법칙과 진리의 광채를 알 수 있다. 진리를 추구하면 추구할수록 진리는 더 밝게 빛난다. 잘못에 대해 의심을 품으면 품을수록 잘못은 더 커진다. '모든 것을 증명하는' 것은 선을 발견하고 악을 쫓아 버리는 것이다. 이성적으로 생각하고 명상하는 사람은 판단력을 배우며, 판단력이 있는 사람은 영원한 진리를 찾아낸다.

조화, 은총, 그리고 진리의 빛은 신중함의 결과이다.

4월 28일

믿음은 사람의 삶의 길 전체를 측정하는 마음가짐이다.

믿음은 모든 행동의 기초이다. 그렇기에 마음이나 정신을 지배하는 믿음은 삶에서 그대로 드러난다. 모든 사람들은 마음 가장 깊숙한 곳을 지배하는 믿음에 따라 생각하고 행동하며, 그것에 따라 살아간다. 두 개의 상반되는 상황을 동시에 믿는 것이 절대 불가능하다는 법칙의 아주 명확한 특성이 사람의 마음을 지배한다. 예를 들어 정의와 부정, 증오와 사랑, 평화와 반목, 이기심과 진리를 동시에 믿는 것은 불가능하다. 모든 사람은 한 가지 혹은 반대되는 것을 믿는다. 둘 다 믿는 것은 불가능하다. 그의 일상적인 행동이 자신의 믿음의 본질을 드 러낸다.

믿음과 행동은 뗄 수가 없다. 하나가 다른 하나를 결정하기 때문이다.

4월 29일

정의가 지배하면, 부당함이라고 불리는 모든 것은 어느덧 사라져 버린다.

동료로부터 부당하게 취급당하고 있고, 자기 주변에는 정의가 부족하다고 비탄해하는 사람은 행동과 마음가짐으로 그가 부당함을 믿고 있다는 것을 보여 주는 것이다. 비록 그렇지 않다고 이의를 제기할지라도, 마음속 깊은 곳에는 혼란과 혼동이 우주를 지배하고 있으며, 그 결과 자신이 불행과 비참함 속에서 살고 있다고 믿는다. 그의 행동은 비난받아 마땅하다.

다시 한번 말하거니와 사랑의 영속성과 힘을 믿는 사람은 어떤 상황에서도 사랑에서 벗어나지 않으며 친구에게나 적에게나 똑같이 행동한다.

정의를 믿는 사람은 모든 시련과 역경 속에서도 평온하게 남아 있다.

4월 30일

생각, 행동, 습관은 모두 믿음의 직접적인 결과이다.

사람은 진리를 최고라고 믿기에 죄로부터 구원받는다. 사람은 고결함 또는 완전성을 믿기에 죄로부터 구원받고, 선을 믿기에 악으로부터 구원받는다. 믿음은 삶에서 명백하게 드러난다. 사람들의 이론적인 믿음을 물을 필요는 없다. 왜냐하면 그것은 거의 아무런 설명이 될 수 없기 때문이다. 만약 어떤 사람이 천하고 죄많은 존재로 계속 살아간다면, 그 사람에게 그리스도가 그를 위해 죽었으며, 그리스도가 하나님이고, '믿음으로 정의가 실현된다'고 말한다고 해서 그것이 무슨 소용이 겠는가?

물어야 할 것은 오직 이것뿐이다.

"인간은 무엇으로 사는가?"

"시련이 닥치면 인간은 어떻게 행동하는가?"

이 질문에 대한 답이 그가 선의 힘을 믿는지, 악의 힘을 믿는지를 드러내 보여 줄 것이다.

우리의 믿음이 사라지면 우리는 더 이상 충실하게 실천할 수 없다.

5월 May

5월 1일

폭력으로 타인을 정복한 사람은 강하지만, 온화함으로 자신을 정복한 사람은 전능하다. 폭력으로 타인을 정복한 사람은 자신 또한 그렇게 정복당할 것이지만, 온화함으로 자신을 정복한 사람은 결코 정복당하지 않으리라. 사람이 고귀한 힘을 당해낼 수 없기 때문이다. 온화한 사람은 패배하고도 승리를 거둔다. 소크라테스는 독배를 듦으로써 살았고, 십자가에 못 박힌 예수는 그리스도로 부활했으며, 스테판 성인은 돌팔매질을 당함으로써 돌팔매의 고통스런 힘을 허용하지 않았다. 진실한 것은 결코 파괴되지 않고, 진실하지 않은 것만 파괴될 뿐이다.

사람이 자신 안에서 영속적이며 변하지 않는 진실함을 발견하면, 온화해질 수 있다. 어둠의 힘이 다시 그에게 다가올지라도 그를 해칠 수 없을 것이요, 결국 어둠의 힘은 그에게서 물러날 것이다.

온화함은 거룩하고 강력하다.

5월 2일

지혜는 모든 철학이 추구하는 바다.

자신을 알면, 어떤 상황에 있을지라도, 언제나 진리를 찾을 수 있다. 현재의 상황을 활용해 진리를 발견함으로써 강하고 현명해진다. 보상에 대한 잘못된 갈망, 처벌에 대한 비겁한 두려움은 영원히 버려라. 자신의 도리를 기쁜 마음으로 실천함으로써, 이기심과 무의미한 쾌락을 잊고, 강인하고 순수하고 자제하는 삶을 살도록 하라. 그리하면 분명 무한한 지혜를 얻게 될 것이다. 아름답고, 행복한 모든 것은 당신 자신 안에 있지, 이웃의 부에 있는 것이 아니다. 당신은 가난한가? 당신이 빈곤보다 강인하지 않다면 당신은 분명 가난하다! 당신은 불행을 겪고 있는가? 말해보라. 불행에 근심을 더한다고 불행이 나아지는가? 당신이 불행에 현명하게 대처한다면 그 어떤 악도 더 이상 존재하지 않으며 소멸될 것이다.

눈물을 흘린다고 깨진 꽃병이 다시 붙을까?

5월 3일

자신을 극복한 자에게는 아무런 비밀이 없다.

원인의 원인을 파고들고, 모든 환상의 베일을 차례차례 걷어 내면, 마침내 마음속 가장 깊은 곳에 자리 잡고 있는 '존재의 핵심'에 도달하게 될 것이다. 그리하면 삶과 하나가 되고, 모든 삶을 알게 될 것이다. 원인을 보고 본질을 이해하면 더 이상 자신과 타인, 그리고 세상을 걱정하지 않게 될 것이다. 대신 '위대한 법칙'의 엔진을 발견하게 될 것이다. 너그러움의 차양을 쓰면 다른 이들이 저주하는 것을 축복하고, 다른 이들이 싫어하는 것을 사랑하고, 다른 이들이 비난하는 것을 용서하고, 다른 이들이 다투는 것을 양보하고, 다른 이들이 움켜잡으려고 하는 것을 단념하고, 다른 이들이 얻는 것을 포기하게 될 것이다. 강인함 속에서 약해질 것이요, 나약함 속에서 강해질 것이요, 승리를 거둘 것이다.

"그러므로, 하늘이 사람을 구할 때, 너그러움으로 사람을 껴안는다.

온전한 너그러움을 지니지 않은 이에게는 진리가 존재하지 않는다.

5월 4일

아무것도 잘못한게 없는데 어찌 두렵겠는가?

그 누구도 고결한 사람을 당해 낼 수 없다. 고결한 사람을 정복하고 좌절시킬 수 있는 적은 아무도 없다. 때문에 고결한 사람은 자신의 정직과 고결함 말고는 그 어떤 보호수단을 필요로 하지 않는다. 악이 선을 이기는 것이 불가능한 것처럼, 고결한 사람은 결코 고결하지 않은 것으로 비천해지지 않는다. 중상, 시기, 증오, 악의는 결코 고결한 사람에게 이르지 않을 것이요, 어떤 고통도 불러일으키지 못할 것이다. 고결한 사람을 해치려고 하는 이는 궁극적으로 자신에게 불명예를 초래할 뿐이다.

고결한 사람은 언제나 숨길 것이 없고, 비밀을 원치 않기 때문에 두려움이나 부끄러움이 없다. 그가 내딛는 발걸음은 확고하며, 그의 몸가짐이나 말은 모호함이 없이 솔직하다. 그는 모든 사람의 얼굴을 떳떳하게 바라본다. 아무도 속이지 않는 사람이 무엇 때문에 사람들 앞에서 부끄러워할 것인가?

잘못된 일을 하지 않음으로써 결코 잘못되지 않으며, 기만을 포기함으로써 결코 기만당하지 않을 것이다.

5월 5일

사랑이 우주의 중심이기에 우주가 유지되는 것이다.

하늘의 왕국에 사는 빛의 아이들은 우주와 우주에 담긴 모든 것이 '사랑의 법칙'이 표현된 것으로 바라본다. 그들은 사랑이 모든 것을 주조하고, 유지하고, 보호하고, 완전하게 하는 힘이라 여긴다. 그들에게 사랑은 유일한 삶의 법칙인데, 그것은 바로 삶 그 자체이다. 그것을 알기에 그들은 자신의 삶을 사랑과 일치하고자 마음을 정한다. 이렇게 고결함, 고귀한 사랑에 대한 복종을 실천함으로써, 그들은 의식적으로 사랑의 힘과 함께 한다. 그리하여 운명의 주인으로서 완전한 자유에 도달한다. 순수한 사랑을 배반하는 그 어떤 생각과 말과 행동을 하지 말라. 그리하면 고통이 더 이상 괴롭히지 않을 것이다.

사랑이야말로 유일한 보존의 힘이다.

5월 6일

사랑을 안다는 것은 거대한 우주에 해로운 힘이 없다는 사실을 안다는 것이다.

사랑을 안다면, 그리고 사랑의 영원한 은총과 함께 하고자 한다면, 마음으로 사랑을 실천하라. 그는 분명 사랑이 될 것이다. 사랑의 정신으로 행동하는 사람은 결코 버림받지 않을 것이고, 어떤 위기와 곤경에도 빠지지 않을 것이다. 사랑은 지식이며 힘이기 때문이다. 사랑하는 법을 배운 사람은 모든 어려움을 이겨낼 수 있는 방법을 알고 있다.

사랑하는 법은 스스로를 지배하며, 사랑으로 나아가는 것이다. 사람은 나아가며 자신 안에 지식을 세우며, 사랑에 도달해서는 자신이 이룩한 고귀한 힘으로 몸과 마음을 완전하게 소유하게 된다.

"완전한 사랑으로 두려움을 없앤다."

완전한 사랑에는 절대 해가 없다. 자신 안에 사악한 생각과 사악한 욕망을 모두 없앤 사람은 우주의 보호를 받게 될 것이다.

5월 7일

스스로 깨닫는다는 것은 완벽한 자유를 얻는 것이다.

천상의 삶에는 노예나 속박 따위는 없다. 오직 완벽한 자유만이 있을 뿐이다. 이것이 위대한 영광이다. 이 최상의 자유는 오직 순종하고 충실히 따를 때만 얻을 수 있다. 사람은 천박함을 선택하고 고결함을 무시할 수는 있지만, 결코 천박함이 고결함을 이길 수는 없다. 고결함을 선택하고 천박함을 포기하라. 그리하면 자기 스스로 정복자가 되어 완전한 자유를 깨닫게 될 것이다.

기호를 따르는 것은 노예나 진배없다. 자신의 이기심을 정복하는 것이 진정한 자유이다. 이기심의 노예는 자신의 속박을 좋아하며, 자신의 소중한 쾌락을 빼앗길까 두려워하기에 쇠사슬을 끊지 못할 것이다. 결국 그는 패배하고 스스로 노예가 될 것이다.

지식의 문을 지나면 완전한 자유의 대지가 있다.

5월 8일

이기심에서 자유로울 때 진정 자유로워질 것이다.

모든 외부세계의 억압은 내면세계의 진짜 억압의 영향이고 그림자일 뿐이다. 수세기 동안 억압받았던 이들은 자유를 얻기 위해 울부짖었다. 그러나 인간이 만든 수많은 법은 그들에게 자유를 주지 못했다. 인간의 법은 오직 법을 만든 이에게만 자유를 줄 수 있다. 그러므로 마음속에 새겨진 거룩한 법률에 복종해야 진정한 자유를 얻을 수 있을 것이다. 내면세계의 자유에 의지하라. 그리하면 억압의 그림자가 더 이상 이 땅을 어둡게 하지 않으리라. 스스로를 억압하지 말라. 누구도 자신의 형제를 억압할 수 없다. 인간은 외부세계의 자유를 위한 법을 만들었지만, 아직까지도 내면세계의 노예상태로 인해 진정한 자유를 누리지 못하고 있다. 껍데기뿐인 그림자를 좇으며 내면의 본질을 무시하고 있다. 모든 외부세계의 속박과 억압은 스스로 집착, 실수, 무지의 노예가 되는 것을 포기할 때, 멈추어질 것이다.

진정한 자유는 자유로운 자들에게 있다!

5월 9일

진리, 아름다움, 위대함은 아이와 같다. 항상 새롭고 젊음이 넘친다.

위대한 사람은 항상 선하다. 언제나 검소하다. 내면의 마를 줄 모르는 거룩한 선의 샘물에서 살고 있다.

위대하고자 하는 이에게 선하게 사는 법을 배우게 하라. 그리하면 위대함을 구하지 않고도 위대하게 될 것이다. 위대함을 목표로 하는 이는 아무것도 도달하지 못한다. 위대해지고자 하는 욕망은 하찮음, 개인적인 허영, 주제넘음을 나타낸다. 자기과장을 완전히 벗어 버릴 때, 위대함을 볼 수 있다. 천박함은 권세를 추구하고 사랑한다. 하지만 위대함은 결코 권세를 추구하지 않기에 후대의 수많은 사람들로부터 진정한 권위를 부여받는다.

검소한 자아가 되라. 더 나은 자아가 되라. 이타적인 자아가 되라.
그리고 바라보라! 당신은 위대하다!

5월 10일

완전하고 완벽한 위대함은 저 위, 모든 것 너머에 있다.

당신은 삶이 무엇인지 말로 설명하려 하는가? 당신 스스로를 버리면 설명할 수 있을 것이다. 당신은 사람의 마음은 선하고 거룩하다는 것을 알아야 한다. 사랑이라는 한가지 것에 따라 살아야 한다. 모든 것을 사랑하며 악을 보지도, 믿지도 말아야 한다. 순수한 생각으로 이기심 없이 행동해야 한다. 그리하면 비록 그것이 숨겨져 있는 듯 보여도 순수한 생각, 이타적인 행동으로 당신은 후대의 수많은 사람들에게 설명할 수 있을 것이다.

선과 희생을 선택한 자에게는 모든 것이 주어질 것이다. 그는 고귀함으로 통하는 최고의 지배자가 될 것이며, 위대함의 무리에 들어가리라.

완전하고 완벽한 위대함은 저 위, 모든 것 너머에 있다. 그것은 완전한 선이다. 그러므로 가장 위대한 영혼이 스승이다.

5월 11일

외부세계는 아무 문제가 되지 않는다. 왜냐하면 모든 것이 자기 자신의 의식을 반영하기 때문이다.

피상적이고 고립된 수많은 개혁이 처참하게 실패하는 이유는 개혁에 헌신하는 자가 개혁 그 자체를 목적으로 추구하기 때문이다. 그는 개혁이 궁극적이고 개별적인 완성을 향한 하나의 단계에 불과하다는 사실을 보지 못한다.

진정한 개혁은 내부에서부터, 변화된 마음과 정신으로부터 나와야 한다. 특정한 음식과 음료를 포기하고, 특정한 육체적인 습관을 없애는 것은 훌륭하고 꼭 필요한 시작이다. 그러나 그것은 단지 시작일 뿐이다. 개혁을 완성하기 위해서는 진실한 정신적 삶이 반드시 필요하다. 그러므로 마음을 정화하고, 정신을 교정하고, 지적 능력을 발전시켜야 한다. 왜냐하면 우리에게 필요한 것은 마음을 개조하는 것이기 때문이다.

마음속에 있는 모든 것은 아주 중요하다. 왜냐하면 의지와 상관없이 모든 것이 비춰지고 그에 따라 색이 입혀지기 때문이다.

5월 12일

매일 결심을 새롭게 하라. 유혹에 빠졌을지라도 정도에서 벗어나지 마라.

승리의 날이 점점 늘어난다. 매일 태양이 좀 더 높이 떠오르고 빛 또한 좀 더 오랫동안 머무른다. 그러니 우리는 매일 인격을 강화할 수 있다. 우리는 매일 진리의 빛을 향해 우리의 가슴을 좀 더 열고, 정의의 태양이 우리의 마음속에 좀 더 강하게 비 치도록 허락할 수 있다. 태양 빛의 세기나 양이 늘어나지는 않지만 지구는 태양을 중심으로 돌아가며 더 많은 태양빛을 받는다. 이제 존재하는 것은 진리와 선이다. 그것은 증가하지도 줄어들지도 않지만 우리가 그것을 향해 가며 진리와 선의 찬란한 빛과 은혜를 풍부하고 강력하게 받는다.

장인이 매일 부지런히 연장을 갈고 닦아 작품을 만드는 기술을 얻는 것과 같이 당신도 매일 그리고 부지런히 진실을 실천함으로써 선한 행동을 행하는 기술을 얻을 수 있다.

오직 실천을 통해서만 진리를 얻을 수 있다.

5월 13일

현명한 자는 자신의 생각을 정화시킨다.

매일, 시간이 새로운 시작과 새로운 가능성, 새로운 성취를 이끌어 내며 새로이 태어난다. 옛 사람들은 별이 궤도를 그리며 도는 것을 목격했지만 오늘날은 그 누구도 그것을 바라보지 않는다. 새로운 모습, 새로운 현실이 태어났다. 새로운 삶, 새로운 질서, 새로운 사회, 새로운 시대가 오고 있음을 알려 준다. 모든 사람에게 새로운 희망과 새로운 기회를 제공해 준다. 그 안에서 새로운 사람이 될 수 있다. 부활, 재생의 날이 된다. 실수와 실패, 슬픔이라는 낡은 과거로부터 새로운 이상의 영감으로 광채가 나고, 힘과 목적을 부여받은 새로운 존재로 부상할 수 있다.

몸과 마음을 순결히 하라. 음탕한 쾌락을 포기해라. 이기적인 마음을 정화시켜라. 그리고 고귀하고 맑고 청순한 삶을 살아라.

정직하고 친절하고 순수한 마음을 지녀라.

5월 14일

악을 줄이고 선을 쌓는 데 끊임없이 몰두하라.

준비의 시기가 있어야 승리가 따라온다. 꽃이나 산이 엉뚱하게 혹은 즉흥적으로 생겨나지 않듯, 승리도 그렇게 즉흥적으로 다가오지 않는다. 승리는 연속적인 원인과 결과에 따라 성장의 과정에서 나타나는 절정의 순간인 것이다. 그 어떤 단순한 소원도, 그 어떤 마술적인 언어도 이 세상에 성공을 만들어 낼 수는 없다. 성공은 바르고 규칙적인 노력에 의해 성취되는 것이다. 승리가 오고난 후에야 유혹이 다가온다고 생각하는 사람한테는 그 어떤 정신적 승리도 이루어지지 않는다. 모든 정신적 승리는 명상의 고요한 시간, 그리고 시련을 이겨내는 연속적인 성공을 통해 얻어지는 것이다. 커다란 유혹의 순간은 오랫동안의 확실하고 완전한 준비가 절정을 이루는 순간인 것이다.

미덕을 행하라. 변하지 않는 고상한 원칙을 이해하고 행하도록 마음을 다하라.

5월 15일

무한한 기쁨은 당신이 집으로 돌아오기를 기다리고 있다.

내리는 비가 미래의 과일과 곡물의 수확을 준비하듯, 슬픔의 빗물은 가슴을 씻어 주고 정신을 완벽하게 한다. 또한 마음에 기쁨을 주는 지혜의 도래를 준비하고, 성숙하게 해 준다. 구름이 땅을 어둡게 하는 것 같지만 실은 땅을 시원하게 해 열매를 맺게 하는 것과 마찬가지로, 마음속에 드리워진 슬픔의 그림자는 실은 더 고귀한 것을 준비시킨다. 그것은 천박한 웃음과 음란한 농담, 잔인한 비방을 종식시킨다. 그것은 마음을 동정심으로 부드럽게 하고, 정신을 사색으로 풍요롭게 한다. 지혜란 대부분 슬픔으로부터 깨달은 것들을 모아놓은 것이다. 슬픔이 영원하리라 생각하지 마라. 슬픔도 구름처럼 사라진다.

이기심이 끝나는 곳에 슬픔도 사라진다.

5월 16일

즐겁고 행복하게 살라. 그리하여 진정한 남성스러움과 여성스러움의 존귀함을 얻도록 하라.

선한 생각이든 선한 행동이든 선한 직업이든, 선에 마음이 사로잡혀 있는 것보다 더 큰 행복은 없다. 모든 선한 것들은 축복으로 가득차 있다. 왜냐하면 악은 선한 것이 거주하는 집, 혹은 그런 마음속에 들어설 수 없기 때문이다. 선에 의해 지켜지는 마음의 문은 경비병이 잘 감시하고 적을 내

쫓듯 불행을 내쫓는다. 불행은 경비병이 없는 문을 통해서만 들어갈 수 있다. 하지만 설혹 들어간다 하더라도 집주인이 악에 사로잡혀 있지 않으면 집주인을 이길 수는 없다. 악한 생각을 즐거워하지 않는 것, 악한 행동을 하지 않는 것, 가치 없거나 의심스러운 직업에 종사하지 않는 것, 모든 사물에서 선에 의지하는 것, 이것이야말로 행복의 최고 원천이다.

순수한 행복이란 영혼이 올바르고 행복한 상태를 말한다.

5월 17일

모든 사물은 규칙적·순차적이며, 원인과 결과의 법칙에 지배된다.

결과나 미래에 대해 걱정하지 마라. 개인적인 결점을 문제 삼고, 그 결점을 없애기 위해 걱정하라. 왜냐하면 잘못된 것은 올바른 것에서 비롯되지 않고, 올바른 현재는 그릇된 미래를 발생시키지 않기 때문이다. 우리들 각자는 자기 행동의 관리인이지, 그 결과의 관리인은 아니다. 오늘의 행동이 내일의 행복 또는 슬픔을 가져온다. 그러므로 내게 다가올 결과를 걱정하지 말고 무엇을 생각하고 행동할지 걱정하라. 왜냐하면 바르게 행동하는 사람은 결과에 대해 걱정하지 않으며 미래의 불행에 대한 공포심이 없기 때문이다.

참으로 법칙은 위대하다. 영원히 위대하다. 정의와 법칙은 불변의 동인이다.

5월 18일

진실만을 말하고, 거짓을 말하지 마라.

외부의 태풍이 제아무리 격렬하다 할지라도, 마음이 평온하다면 우리에게 아무런 영향을 미칠 수 없다. 격렬한 태풍이 불 때 집 안에 있는 것이 안전한 것처럼, 주위가 분쟁과 동요에 휩싸여 있다 할지라도 진리의 지식 안에 있는 굳건한 마음은 평화롭다. 지독한 반목과 세상의 불안이 우리를 괴롭히고 불 안하게 만들 수는 없다. 우리가 그 반목과 불안 속으로 들어 가거나 그것에 협력하지 않는다면 말이다. 오히려 마음속에 평온을 간직하고 있다면 외부의 혼란은 우리를 더욱 평화롭게 하고 그 뿌리를 더욱 굳건하게 할 것이다. 마음을 부드럽게 하고 정신을 빛나게 할 것이다.

잘못을 저지른 적이 없는 자, 잊어야 할 아픔이 없는 자는 축복받을 것이다. 이들의 순수한 마음속에 타인에 대한 유쾌한 마음이 뿌리를 내리고 번성할 수 있다.

남을 흉보는 사람은 평화에 이르는 길을 발견할 수 없다.

5월 19일

정화는 가혹할 수밖에 없다. 정화에는 고통이 따른다.

태풍이 가라앉았을 때, 모든 것이 다시 평온을 되찾았을 때, 모든 자연계가 어떻게 회복의 침묵 속에 잠겨 있는지 관찰해 보라. 평온한 고요는 모든 사물에 퍼진다. 그래서 심지어 살아있지 않은 사물조차 회복을 위한 휴식에 참여하고 있는 것처럼 보인다. 그러므로 아주 강렬한 열의나 집착의 갑작스런 분출이 소진되었을 때, 사려 깊게 생각할 수 있는 시기, 평정의 시기가 다가온다. 그 속에서 마음이 회복되며, 사물은 그 진실한 모습과 올바른 조화를 보여 준다. 이 고요한 시간을 자신을 위한 보다 더 진실한 지식을 얻고, 다른 사람을 위한 보다 더 관대한 평가에 활용하는 것이 현명하다. 고요의 시간은 회복의 시간인 것이다.

기쁨이 다가와 이기심을 비운 마음을 채워 준다. 그러면 마음이 평화로 워진다. 그 힘은 순수하다.

생각과 말, 그리고 행동을 모두 친절하고 순수하게 만들어라.

5월 20일

슬픔의 어두운 시간 속에서 사람은 진리에 가까이 다가선다.

눈물이 흐르고 가슴이 아플 때, 이 세상의 슬픔을 기억하라. 슬픔이 당신을 덮칠 때, 슬픔이 모든 사람들을 덮친다는 사실을 기억하라. 그것으로부터 달아날 수 없다. 그것은 종교의 필요성을 만든, 우리 삶의 분명한 사실이다. 고통을 혼자만의 것으로 여기거나 부당한 짐을 졌다고 생각하지 마라. 그것은 단지 이 세상 큰 고통의 한 조각일 뿐이다. 그것은 모든 이들이 보편적으로 경험하는 것이다. 이 사실을 인식하고, 슬픔이 보다 더 깊은 신앙심, 보다 더 넓은 동정심, 모든 인간과 피조물에 대한 보다 더 큰 애정이 깃든 관점으로 당신을 이끌도록 하라. 슬픔이 보다 더 위대한 사랑과 보다 더 깊은 평온함으로 당신을 이끌도록 하라.

당신에게 속하지 않은 그 어떤 것, 영원한 선을 위한 것이 아닌 그 어떤 것도 당신을 굴복시킬 수 없다는 사실을 명심하라.

슬픔의 끝은 기쁨과 마음의 평정이다.

5월 21일

슬픔이 없는 상태. 그곳은 슬픔을 통해서만 다다를 수 있다.

밝음이 어둠으로 바뀌고 태풍 뒤에 고요함이 뒤따르듯, 슬픔 뒤에 기쁨이, 아픔 뒤에 평화가 뒤따른다. 보다 깊은 지혜는 슬픔이 동반된 지식에서 부터 생겨난다. 보다 깊은 지혜는 슬픔을 경험하지 못한 얕은 감정에 비해 보다 더 거룩하고 보다 더 오랫동안 지속되는 기쁨을 가져다 준다. 감각의 작은 기쁨과 정신의 큰 기쁨 사이에, 지상의 모든 순례자가 통과하는 슬픔의 어두운 계곡이 놓여 있다. 그리고 그것을 경험하면 그때부터 거룩한 기쁨과 지속적인 즐거움이 우리의 동반자가 된다. 세속적인 것을 통과하여 천상의 순례를 한 사람들은 빛나는 진실의 얼굴로부터 슬픔의 어두운 베일이 걷히는 것을 볼 것이다.

진실을 보물처럼 여기고 지혜를 따르며 사는 자, 사라지지 않는 기쁨을 발견할 것이다. 환상의 넓은 대해를 건너 슬픔이 없는 기슭에 다다를 것이다.

5월 22일

외부의 압력은 모두 내부 압력의 그림자이고 결과일 뿐이다.

행복과 불행, 즐거움과 슬픔, 성공과 실패, 승리와 패배, 종교, 사업, 환경 등 인생의 이 모든 이슈들에서 결정적인 요인은 사람의 성격이다. 개인의 정신활동 속에 외적 삶에 관련된 모든 것이 놓여 있다. 성격은 원인과 동시에 결과이기도 하다. 그것은 행동의 행위자이자 결과물이다. 천국, 지옥, 영혼의 정화는 모두 그 안에 들어 있다. 불결하고 타락한 성격의 소유자는 어떤 상황에 처하든 행복과 아름다움의 요소가 부족 한 삶을 경험할 것이다. 하지만 순수하고 고결한 성격의 소유자는 행복하고 아름다운 미래의 삶을 우리에게 보여 줄 것이다. 자신의 성격을 만들어감에 따라 삶도 만들어 가게 된다.

본성과 감정을 멀리하고, 옳게 행동하는 본성을 확립하는 것이 가장 고귀한 지혜이다.

5월 23일

고결함의 길에서 벗어나지 말고, 모든 어려움을 극복하고 끝까지 나아가고자 한다면 누구든 진리를 이해할 수 있다.

어려움과 고난에 빠질 때, 그 고난이 우리를 더 깊게 생각하고, 더 활발하게 행동할 수 있게 한다는 것을 명심하라. 극복할 수 없는 시련은 없다. 해결되지 않는 문제는 없다. 시련이 크면 클수록, 시련의 강하면 강할수록, 승리는 더욱 위대하게 빛나리라. 당황해 혼란스럽고 복잡하겠지만 거기에는 빠져나오는 방법이 반드시 있다. 또 그 방법을 찾는 중에 자신의 잠재적인 기술, 에너지, 소질이 드러난다. 자신을 정복하려 위협하는 것을 정복하려고 노력할 때, 새로이 자신의 힘을 발견하고 기쁨을 느낄 것이다.

실제로 얻은 경험에서 진리와 하나가 된다면, 그 진리는 절대 무너질 수 없다. 왜냐하면 진리는 전복될 수 있는 것이 아니기 때문이다.

5월 24일

진리의 빛과 행복을 찾고자 한다면 외부세계와 등 뒤를 돌아보지 말고 자신의 내면을 들여다보아라.

우리는 꾸준하게 노력함으로써 앞으로 나아간다. 주어진 위치에서 노력해 성공함으로써 육체적 · 정신적 힘을 얻는다. 이것은 운동선수가 속도를 높이기 위해 지구력의 기술을 습득하고 훈련하는 것과 흡사하다. 노력은 지적인 면들과 함께 나타나고 비상한 재능과 천재성으로 이어진다. 그것은 정신적인 통로를 통해 지혜가 되거나 또는 초월적인 위대성으로 나타나기도 한다. 환경에 따라 더 큰 노력을 기울이거나 더 오랫동안 격심한 노력을 기울여야 한다고 해서 낙담하지 말라. 결과는 그것을 해롭게 생각하는 사람에게는 해롭지만 그 역경을 유익한 것으로 받아들이는 사람에게는 이로운 법이다.

좁은 범위의 도리에서, 심지어는 마음속 드러나지 않는 소박한 희생에서도 진실을 발견할 수 있다.

5월 25일

조급함이 사라지지 않으면 행복은 어디에도 없다.

낙담과 근심, 걱정과 성마름으로는 아픔을 치료할 수 없다. 그 것들은 아픔을 더욱 깊게 할 뿐이다. 삶의 행복이나 유용성의 척도를 산출해내려면, 확고부동하고 평온한 정신을 길러야 한다는 점을 간과해서는 안 된다. 신경질내지 않고 불안해하지 않는 성품을 갖게 되면, 사소한 일이나 성가신 문제는 곧 눈 녹듯 사라질 것이다. 개인적인 목표, 소망, 계획, 기쁨은 좌절되고, 방해를 받을 수도 있다. 현명하고 침착한 정신으로 이러한 좌절에 대처하는 것을 배운다면, 마음속의 영원한 행복을 진정 발견하게 될 것이다.

성급함과 조급함이 사라질 때, 강건하고 고요하며 평화로운 마음의 축복을 깨닫고 즐길 수 있다.

5월 26일

가장 위대한 축복은 가장 순수한 마음과 가장 고결한 생각을 자신의 정신에 심는 사람에게 주어진다.

행복이 물질적 소유나 어떤 특정 환경의 조합보다 정신의 습관이나 정신적인 특성에 있다는 것을 깨닫게 되면 현명해질 것이다. 만약에 누가 이것저것, 예를 들어서 약간 더 많은 돈이나 더 넉넉한 여가시간, 이런 사람의 재능이나 저런 사람의 기회, 또는 더 나은 친구 혹은 더 부유한 환경을 가진다면 완벽한 행복에 이를 것이라고 상상한다면, 그건 착각이다. 아! 그러한 헛된 소망을 꿈꾸면 결코 만족하지 못하는 비참함에 빠지게 될 뿐이다. 내 안에서 행복을 발견하지 못한다면, 외부세계에서도 결코 발견하지 못할 것이다. 현명한 정신의 행복은 흥망성쇠를 모두 겪으면서 깨닫게 되는 것이다.

자신의 전체 삶은 계속된 생각의 결과이고, 자신의 생각 속에 그 원인이 있는 것이다.

5월 27일

향기롭고 행복한 영혼은 경험과 지혜로 익은 과일과 같다.

자연에서 우리는 무한한 인내심을 발견할 수 있는데, 그것을 성찰해보는 것은 유익하다. 혜성은 수천 년에 걸쳐 자신의 궤도를 완결 짓고, 바다는 수만 년에 걸쳐 땅을 침식한다. 인류의 완전한 진화는 수백만 년이 걸릴 것이다. 이러한 것을 생각하면, 한 시간 또는 하루의 하찮은 것들을 참지 못하고 성급 해했던 우리들, 난리법석을 피운 일, 불평, 실망과 어리석은 자신감으로 가득 찬 우리 자신이 부끄러워진다. 인내심을 지니면 최고의 영광에 이르게 되고, 심오한 평화를 얻을 수 있다. 그것이 없다면, 삶은 그 힘과 영향력을 잃을 것이고 즐거움은 사라질 것이다.

그러므로 그대들은 질서정연한 힘으로, 성공의 틀 속에서 자신을 일으켜 세워라.

오고 가는 단지 몇 분까지도 유용하게 쓰려고 하는 사람은 영예롭고 지혜롭게 늙을 것이고, 번영이 함께 할 것이다.

5월 28일

순수한 생각이 없고, 이타적인 마음이 없다면 행복한 결과가 있을 수 없다. 행복의 종말만이 있을 뿐이다.

오늘 날씨가 춥고 어둡다면 그것이 절망의 원인인가? 앞으로 따뜻하고 밝은 날이 있을지 우리는 정녕 알지 못한단 말인가? 이미 새들이 노래하기 시작했고 그 작은 목에서 나오는 엄청난 지저귐은 새로 올 봄의 사랑이 다가옴을, 그리고 아직은 이 어두운 날, 요람에서 잠든 씨앗이지만 그 탄생은 확실하며 완전하게 성장할 것임을 예언한다. 노력을 하지 않으면 얻을 수 있는 것은 없다. 모두가 열망하는 봄이 가까이, 아주 가까이 다가왔고, 이 기적이지 않은 행동의 여름이 분명 올 것이다.

이기심은 사라지고 진실이 그 자리를 차지할 것이다. 불변의 오직 한 분, 분할할 수 없는 그 분이 내 안에서 그의 거처를 잡을 것이다. 보이지 않는 마음의 하얀 의복을 정화할 것이다.

마음속에 있는 당신의 일을 애정을 갖고 행하라. 그러면 근심 없이 활기차게 일을 할 수 있을 것이다.

5월 29일

모든 악은 개선되고 치료될 수 있다. 그러므로 그냥 내버려 두어서는 안 된다.

가장 진지한 자아성찰을 통해서만 이론을 정립하는 것은 아니다. 악은 지나가는 과정이며 자신이 만든 그림자이다. 모든 고통과 슬픔, 불운은 완벽한 법칙에 따라 그 과정을 통해서 당신에게 다가온 것이다. 그 불운을 당해 마땅하거나, 스스로 자초했기 때문에 그렇게 된 것이다. 그러므로 처음에는 견뎌내고, 나중에는 이해함으로써 더 강해지고, 더 현명해지고, 더욱더 고귀해진다. 완벽한 깨달음의 경지에 이를 때, 사람은 숙련된 손으로 운명의 구조를 새로 짜고, 모든 악을 선으로 바꾸고, 자신의 환경을 스스로 만드는 위치에 서게 된다.

경험의 학교에서 고집 센 아이가 되지 말라. 겸손과 인내심을 가지고 궁극적 완벽함을 향한 교훈을 배우기 시작하라.

5월 30일

거룩한 본질에 기초한 명상은 기도하는 사람의 가장 기초적인 자세이다.

당신이 빈번히, 그리고 열심히 생각하는 것에, 그러니까 침묵의 시간에 정신이 자연스럽게 흐르는 방향을 내게 말해보라. 그러면 나는 당신이 어떤 고통의 장소를 배회하는지 아니면 평온의 장소를 배회하는지, 신성을 닮아 가는지 아니면 야수를 닮아 가는지 말해 주겠다. 사람은 가장 빈번히 생각하는 것의 특징을 충실하게 구체화하려고 한다. 그러므로 명상의 목적은 아래가 아닌 위를 향하도록 하라. 그러면 매번 마음속으로 생각한 것을 돌이켜볼 때마다 당신은 고상해질 것이다. 그 어떤 이기적인 요소들과 섞이지 않도록 순수하게 명상하라. 그러면 당신의 마음은 정화되고 진리에 가까이 다가가게 될 것이다. 실수로 인하여 더럽혀지거나 희망을 잃고 뒤쳐지지 않게 될 것이다.

명상은 정신적 삶과 지식에서의 모든 성장의 비밀 열쇠이다.

5월 31일

끊임없이 순수하고 이타적인 것을 생각하면, 그렇게 될 것이다.

매일 지혜와 평화, 더욱 더 고귀한 순수함과 진실의 충만한 깨달음을 위해 기도하지만 당신이 기도하는 그 대상이 여전히 당신에게서 너무 멀리 있다면, 그것은 당신이 오직 한가지만을 위해 기도한다는 것을 의미한다. 당신이 마땅히 받지 못할 것을 달라고 하나님께 더 이상 요청하지 않는다면, 또는 당신 이 다른 사람들에게 주기를 거부한 사랑과 동정을 하나님께서 당신에게만 주기를 요청하지 않는다면, 그 대신 진리의 정신에 따라 생각하고 행동하기 시작한다면, 당신은 매일 매일 그 본질 속으로 성장하게 될 것이다. 그렇게 되면 결국 당신은 그런 본질을 지닌 사람이 될 것이다.

명상의 길로 들어가라. 그리고 삶의 궁극적인 목적이 진실이 되게 하라.

6월June

6월 1일

고통과 불안, 그리고 슬픔은 삶의 어두운 그림자이다.

　고통과 슬픔에서 빠져나올 방법은 없는 것일까? 고통과 슬픔의 길을 없애 버리는 것은 아무 의미 없는 것일까? 영원한 기쁨과 평화의 지속은 한낱 꿈에 불과한 것일까? 그렇지 않다. 나는 자신 있게 죽음과 슬픔을 배제할 수 있는 방법을 말할 수 있다. 그것은 불운한 상황 혹은 환경을 모두 한 구석에 영원히 넣어두고 절대 다시 되돌리지 않는 것이다. 온전하고 영원한 평화와 행복을 함께 실현할 수 있는 길이 있다. 그 영광스런 시작은 고통과 슬픔의 근본을 정확히 이해하는 것이다. 고통과 슬픔은 무시하고 부정한다고 되는 게 아니다. 고통과 슬픔 자체를 이해해야 한다.

　사람은 가르쳐 주려고 하는 것을 기꺼이 배우려하지 않기에 불행에 머무는 것이다.

6월 2일

사람은 자신을 드러내야 한다. 자신을 살펴보고 이해해야 한다.

악이란 제대로 이해하면, 이 세상의 무한한 힘 또는 원칙이 아니다. 단지 인간의 경험에서 스쳐지나가는 한 단계일 뿐이다. 그러므로 기꺼이 배우고자 하는 이에게는 그 가르침을 줄 수 있다. 악이란 외부에 드러나 있는 추상적인 것이 아니다. 악은 마음속에 있는 경험이다. 자신을 끈기 있게 시험해보고 단점을 고쳐 나감으로써 악의 근본과 본질을 차차 알아낼 수 있는 것이다. 그러면 악을 완전히 제거하게 될 것이다. 악은 무지의 결과가 아니며, 이 세상에서 사라져 버릴 수 있다. 우리가 그 교훈을 배워 더 높은 지혜로 나아갈 준비가 되어 있고, 또 의지가 있다면, 악은 완전히 소멸될 것이다.

모든 사람에게는 각자의 매력이 있다.

6월 3일

당신이 있는 곳이 당신의 세계이다.

당신이 분명하게 아는 모든 것들은 당신의 경험 속에 포함되어 있다. 당신이 알게 될 모든 것은 경험의 문을 통과할 것이다. 그렇게 해야 자신의 일부분이 된다. 당신 자신의 생각, 욕망, 열망이 당신의 세계를 이룬다. 아름다움, 즐거움, 은총, 추함, 슬픔, 고통 같은 보편적인 것들이 당신 안에 있다. 자신의 생각으로 당신의 삶, 세계, 우주를 만들 수도 있고 허물 수도 있다. 생각의 힘을 통해 내면세계를 구축함으로써, 당신의 외적 삶과 환경은 그에 따라 적절하게 형체를 갖추어 나가게 될 것이다. 마음의 가장 깊숙한 곳에 품고 있는 생각이 무엇이든 조만간 피할 수 없는 상호작용의 법칙에 따라 그것이 당신의 외적 삶을 형성하게 될 것이다.

모든 영혼은 경험과 생각들로 이루어진 복잡한 결합체이고, 육체는 다만 영혼의 표현을 위한 즉흥적인 전달 수단일 뿐이다.

6월 4일

최상의 선을 추구하는 사람에게는 모든 것이 현명한 결실을 맺게 된다.

자신에게 집착하는 사람은 자기 자신의 적이며, 적들에게 둘러싸여 있다. 반면 자신을 버린 사람은 자기 자신의 구원자이며, 안전하고 편안한 친구들에게 둘러싸여 있다. 순수한 마음이라는 천상의 찬란한 빛 앞에서는 어둠이 사라지고 구름이 없어진다. 이기심을 정복한 자는 우주를 정복한다. 그러니 자신의 빈곤에서 벗어나라. 자신의 고통에서 벗어나라. 자신의 고민, 한탄, 불평, 비탄, 외로움에서 벗어나라. 이기심이라는 낡고 하찮은 옷을 벗어 버리고 보편적 사랑이라는 새 옷을 입어라. 그러면 자기 안의 천국을 깨닫게 될 것이고, 그것이 모두 외적 삶에 반영될 것이다.

영광과 선이 기다리고 있다. 순종하라.

6월 5일

사람의 위업은 생각에서 처음 비롯되고, 그 후에 구체화된다.

생각의 힘이 최고의 법칙과 조화를 이룰 때 그 힘은 굳건히 지켜진다. 하지만 타락하면 그 힘은 허물어지고 자멸하게 된다. 선의 전능함과 우월함을 믿고 완벽하고 확고한 신념으로 생각하면 악은 사라진다. 믿으라. 그러면 당신은 살 것이다. 여기에 구원의 진정한 의미가 있다. 즉, 영구불변한 선의 현존하는 빛을 깨달으며 그 속으로 들어감으로써 어둠과 악의 부정을 통한 구원을 얻게 될 것이다.

모든 사물을 살아 있게 하는 것은 조용하고 완벽한 생각의 힘이다.

6월 6일

강렬한 신념과 움츠리지 않은 목표를 지니면 달성하지 못할 것이 없다.

아무리 커다란 어려움일지라도 꾸준한 사색의 힘 앞에서 무너지지 않는 것은 없다. 올바른 목표는 지식의 활용과 정신적 힘의 지도를 통해 빠르게 실현된다. 내면의 본질에 대해 면밀하게 관찰하기 전까지는 생각이 지닌 날카로운 힘, 생각과 외적·물질적 사물과의 관계, 또는 생각이 지닌 신비한 가능성에 대한 정확한 개념을 알 수 없다. 그때서야 모든 사물이 올바르게 놓이고 방향을 바로 잡고 삶의 상태를 변화시킬 수 있다. 당신이 생각하는 모든 사고는 외부로 방출된 힘이다. 사고의 본질과 그 강도에 따라 수용할 수 있는 마음의 거처를 추구하게 된다. 선과 악이 당신에게 달려 있다.

좋은 생각을 하라. 그러면 그 좋은 생각이 좋은 모양으로 삶에서 행동으로 나타날 것이다.

6월 7일

자신을 통제하고 명령하는 데 성공한 사람만이 명령하고 통제할 자격이 있다.

극복할 수 있는 힘을 얻으려면 침착함과 인내력을 키워야한다. 거대한 바위나 폭풍의 시련을 겪은 참나무는 그 고독한 웅장함과 불굴의 불변성으로 우리에게 그 힘을 말해 준다. 반면에 늘 옮겨 다니는 모래, 쉽게 구부러지는 잔가지들, 바람에 흔들리는 갈대들은 무리에서 떨어져 있을 때 얼마나 흔들리기 쉬운가로 그들의 유약함을 말해 준다. 남들이 집착과 감정에 흔들릴 때 흔들리지 않고 침착하게 남아 있는 사람이 강한 사람이다. 히스테리가 심한 사람, 두려움에 떠는 사람, 생각이 부족한 사람, 변덕이 심한 사람은 누군가 의지할 사람을 바란다. 하지만 의지할 수 없기에 쓰러지고 만다. 그러나 침착한 사람, 두려움을 모르는 사람, 사색하는 사람, 진지한 사람은 고독을 즐긴다. 그리고 자신의 힘에 더 많은 힘을 쏟는다.

한결같은 목표를 가져라. 올바르고 유용한 목적의식을 가져라. 그리고 아낌없이 그것에 몰두하라.

6월 8일

이기주의는 자기파괴 행위이다.

진정한 성공을 깨닫고자 한다면 많은 사람들이 그래왔던 것처럼 모든 게 잘못되어간다고 믿지 마라. 고결함의 신념을 뒤흔드는 경쟁이라는 말을 허하지 말라. 나는 사람들이 말하는 경쟁의 법칙에 신경 쓰지 않는다. 불변의 법칙을 알지 못하기 때문이다. 그것이 어느 날 사람들을 모두 완패시키고, 결국엔 고결한 사람의 삶과 마음까지 완패시키지는 않을까? 그것을 알기에 나는 평온한 침착함으로 모든 정직하지 못한 것들에 대해 사색할 수 있다. 파멸이 기다리고 있음을 알기 때문이다. 정의의 길에서 벗어난 자는 경쟁에 대항해 스스로 보호한다. 하지만 항상 정의를 추구하는 자는 그런 수비로 고생할 필요가 없다.

어떤 환경에서도 옳다고 믿는 것을 행하라. 하나님의 힘을 믿어라. 그러면 항상 보호받을 것이다.

6월 9일

완전한 사랑이야말로 완전한 힘이다.

신중하고 애정 깊은 마음은 권위를 행사하지 않고도 사랑을 이루어낸다. 사람들은 최상의 것에 복종하는 사람에게 복종하기 마련이다. 사고하라, 그리고 보라! 그러면 이미 이룬 것이다. 말하라, 그리고 보라! 세상은 사람의 단순한 말 한마디에 달려 있다. 자신의 생각을 불멸의 힘과 조화시킨 자에게는 유약함이나 불확실은 더 이상 존재하지 않는다. 모든 사고는 목표이다. 모든 행동은 성취이다. 그들은 위대한 법칙에 따라 움직이며, 보잘 것 없는 한 개인의 의지로 그 법칙에 저항하지 않는다. 이 경로를 통해 신성한 힘이 방해받지 않고 선행의 표현으로 흐르는 길에 이른다. 그래서 결국 힘 그 자체가 되는 것이다.

완전한 사랑이야말로 완전한 지혜이다.

6월 10일

진정한 진리를 찾으려 한다면, 기꺼이 진리를 성취하기 위해 노력할 필요가 있다.

먼저, 명상은 게으른 몽상과 구별되어야 한다. 명상에는 불명확하고 실용적이지 않은 것은 존재하지 않는다. 명상은 엄밀하고 철저한 사고의 과정으로, 완전한 상태의 진리 이외에는 그 어떤 것도 허용하지 않는다. 그러니 명상을 할 때는 편견 속에 자신을 세우려고 애쓰지 말라. 자신을 잊어 버려라. 그러면 자신이 진리를 추구하고 있다는 것을 기억할 것이다. 예전에 쌓아 두었던 과거의 오류들을 하나씩 하나씩 없앨 수 있다. 그러면 잘못은 지워지고 앞으로 다가올 진리의 계시를 끈기 있게 기다릴 수 있을 것이다.

진리가 명상의 궁극적 목적이 되도록 하라.

6월 11일

꽃이 아침 햇살을 쬐기 위해 꽃잎을 열 듯, 당신의 영혼을 영광스런 진리의 빛을 향해 활짝 열어라.

숭고한 명상과 자기수양은 분리될 수 없다. 그러므로 자기 자신을 이해하기 위해서는 명상을 시작해야 한다. 진리를 깨닫기 위해서 모든 실수를 완전하게 제거하는 것이 당신의 위대한 목표라는 사실을 분명히 기억하라. 자신의 동기, 생각, 행동을 자신의 궁극적 목적과 비교하라. 평온하고 공명정대한 눈으로 바라보면서 질문하라. 이렇게 하면 정신적·육체적 균형을 꾸준히 얻을 것이요, 그렇지 않으면 인생의 바다에서 한 낱 지푸라기가 될 뿐이다.

열망의 날개를 달고 위를 향해 날아오르라. 두려워말고 확실한 가능성을 믿어라.

6월 12일

시작은 원인이며, 결과가 분명히 따른다.

시작할 때의 충동의 본질이 언제나 결과의 대부분을 결정할 것이다. 시작은 또한 결과, 완성, 성취 혹은 목표를 전제로 한다. 입구로 들어가야 통로에 이르고, 통로를 지나야 특정한 목적지에 다다르게 된다. 그러므로 시작은 결과로 향하고, 결과는 완성으로 향한다. 올바른 시작과 잘못된 시작이 있을 수 있다. 그런데 시작에는 그와 똑같은 본질을 지닌 결과가 뒤따르기 마련이다. 철저한 사색을 통해 잘못된 시작을 피하고, 올바른 시작을 할

제임스 앨런의 365일 명상 ·

수 있다. 그리하여 나쁜 결과를 피하고 좋은 결과를 얻을 수 있는 것이다. 거룩한 삶을 지향함에 있어 올바르게 행해질 수 있는 가장 단순한 시작은 매일같이 실천하는 것, 다시 말해, 매일 매일의 삶을 시작하는 것이다.

결과는 언제나 원인만큼이나 당연한 것이다.

6월 13일

지혜는 일상에 존재하는 사소한 것들 안에 있다.

우주에 있는 모든 사물은 사소한 것들로 이루어져 있으며, 위대한 것의 완전함은 사소한 것들의 완전함에 기초하고 있다. 만약 우주의 어떤 부분이 불완전하다면, 이 세상 전체가 불완전해질 것이다. 어떤 미세한 조각이 빠졌다면, 그 총계는 합이 라 할 수 없다. 먼지의 티끌이 없다면 이 세상은 존재하지 않을 것이며, 먼지의 티끌이 완전하기 때문에 세상이 완전하다 할 수 있다. 그러니 사소하다고 무시한다면 위대한 것에서 혼란이 일어날 것이다. 눈송이는 별만큼이나 완전하며, 이슬방울은 위성만큼이나 균형 잡혀 있다. 미생물은 사람 못지않게 아주 정확한 조화를 이루고 있다. 돌 위에 돌을 쌓고, 하나씩 완전하게 맞춤으로써, 마침내 건축미를 갖춘 하나의 성전이 탄생하는 것이다.

하나하나가 완전하게 이루어질 때, 완전한 전체가 이루어지는 것이다.

6월 14일

사소한 일을 경시하거나, 형식적으로 그 일을 수행하는 것은 우둔하다는 증표이다.

위대한 사람은 한순간, 말 한마디, 인사, 식사, 옷, 서신, 휴식, 일, 공정한 노력의 결과, 순간의 의무, 주의를 기울여야 하는 수많은 사소한 일들, 다시 말해 흔하디 흔한 인생의 일상적인 것들에 엄청난 가치가 내재한다는 사실을 잘 알고 있다. 위대한 사람은 모든 것이 신성하게 배분되어 있음을, 축복받고 완전한 삶을 영위하기 위해서는 공평한 생각을 적용하고, 제각기 맡은 바에 따른 행동이 필요하다는 사실을 잘 알고 있다. 위대한 사람은 그 어떤 것도 무시하지 않으며, 서두르지도 않는다. 다만 실수와 어리석음을 피하려 애쓴다. 또한 위대한 사람은 가장 중요한 임무에 무조건 헌신함으로써 어린아이와 같은 단순성과 위대한 무의식의 힘을 얻는다.

지금 이 순간 열심히, 현명하게 행동하는 것 이외에는 정신력과 지혜에 이르는 길은 없다.

6월 15일

사소함을 정복하면 위대한 정신의 소유자가 될 수 있다.

어리석은 자는 사소한 잘못, 약간의 방종, 하찮은 죄는 중요하지 않다고 여긴다. 극악무도한 부도덕함을 범하지 않았기에 스스로를 덕이 높으며 심지어 거룩하다고 여긴다. 하지만 그로 인해 미덕과 거룩함을 잃게 된다. 세상은 모든 것을 알고 있다. 세상은 그를 숭배하지도, 존경하지도, 사랑하지도 않는다. 세상은 그에게 주목하지 않는다. 그 사람을 중요하게 평가 하지도 않는다. 그의 신비한 힘은 사라진다. 세상을 덕이 있는 곳으로 만들려는 노력, 동료에게 악을 포기하게끔 설득하려는 그 사람의 노력은 텅빈 그릇과 같아서 결실을 이루지 못한다. 그 사람이 사소하게 여겼던 악은 자신의 인격 전체에 스며들어 그 인격의 척도가 된다.

자신의 가장 사소한 과오를 가장 중요한 본질이라고 여기는 자가 현명한 사람이다.

6월 16일

진리는 사소한 것에 감싸여 있다.

일 년이 열두 달로 이루어져 있는 것처럼, 사람의 인품과 삶은 수많은 연속적인 생각과 행동으로 이루어져 있다. 그러므로 완성된 전체에는 부분의 흔적들이 새겨져 있기 마련이다. 자그마한 친절, 아량, 희생은 온화하고 관대한 인품을 형성한다. 진실로 정직한 사람은 자기 삶의 가장 사소한 것에도 정직하게 대한다. 고귀한 사람은 자신이 말하고 행동하는 모든 사소한 것들에서도 고귀하다. 삶을 전체로 살아서는 안 된다. 삶을 조각조각 쪼개서 살아야 한다. 이 조각들로부터 삶이라는 덩어리가 드러나는 것이다. 원하는 대로 삶의 조각들을 고귀하게 살 수 있다. 그 작은 부분들을 잘 해내면 완성된 전체의 삶에서는 티끌만큼의 미천함도 존재하지 않을 것이다.

철저하게 행동하는 것이 곧 지혜이다.

6월 17일

진리란 말로 표현하기는 어렵지만 영원히 지속될 수 있는 것임에는 틀림없다.

진리는 우주, 조화로운 정신, 완전한 정의, 영원한 사랑이 존재하는 오직 하나뿐인 본질이라 할 수 있다. 그 어떤 것을 보탤 수도, 뺄 수도 없다. 진리는 사람에게 의지하지 않지만 사람은 진리에 의지하기 마련이다. 이기심의 눈으로 밖을 내다보고 있는 동안에는 진실의 아름다움을 느낄 수 없다. 허영심이 강하면, 자신의 허영심으로 모든 사물을 덧칠하기 마련이다. 생각이 음탕하면, 우리의 마음과 정신은 집착의 화염과 연기로 가려질 것이다. 또한 모든 것이 그로 인해 일그러져 보일 것이다. 자만심에 싸여 자기 주장만 고집하면, 자기 생각의 중요성만을 볼 뿐 우주 전체를 보지 못할 것이다. 진리를 사랑하는 겸손한 자는 자기 개인의 의견과 진리를 구별할 줄 안다.

이 세상에는 오직 하나의 종교가 있을 뿐인데, 그것은 바로 진리라는 종교이다.

6월 18일

자비가 충만한 자는 진리 또한 충만하다.

자신의 마음과 행동을 조심스레 살펴보면, 자신이 진리의 자식인지, 이기심의 숭배자인지 쉽게 알 수 있다. 당신은 의심, 질투, 욕망, 자만심을 품는가? 아니면 이것들에 대항하여 정력적으로 싸우는가? 전자라면 당신이 말하는 신앙이 무엇이든 이기심에 속박되어 있는 것이요, 후자라면 비록 겉으로 어떤 신앙에 대해서 말하지 않을지라도 당신은 진실을 좇는 자임에 틀림없다. 당신은 애착이 강하고, 완고하며, 제멋대로이고, 자기중심적인가? 아니면 예의 바르고, 온화하며, 이타적이며, 제멋대로이지 않으려 노력하고, 또 자기 자신까지도 버릴 준비가 되어 있는가? 만약 전자라면 이기심이 당신의 주인이요, 후자라면 진리가 당신 애정의 대상임에 틀림없다.

진리를 사랑하는 자를 알아볼 수 있는 분명한 표시가 있다.

6월 19일

유혹은 사람의 열망에 잠복해 있다가 마침내 신성한 의식의 영역을 공격한다. 유혹은 그 경계 너머까지 쫓아올 수 없다. 인간이 열망하기 시작할 때, 유혹받기 시작한다. 열망은 모든 숨어 있는 선과 악을 불러일으킨다. 그로 인해 인간은 완전하게 자신을 드러내게 된다. 왜냐하면 자신에 대해 완전하게 알 지 못하면 자신을 극복할 수 없기 때문이다. 단지 유혹받았다는 이유로 단순히 동물적인 사람이라고 말할 수는 없다. 왜냐하면 유혹의 존재 그 자체는 보다 더 순수한 상태를 향한 노력이 존재한다는 것을 의미하기 때문이다. 동물적 욕망과 만족은 아직까지 열망으로 승화되지 않은 사람의 자연스런 상태라 할 수 있다. 그런 사람은 자신의 감각적 즐거움 이상의 것을 원하지 않는다. 그로 인해 현재에 만족하며 산다. 그런 사람은 추락에 대한 유혹을 받을 수 없다. 아직 오르지 않았기 때문이다.

열망이 우리를 천국으로 데려갈 수 있다.

6월 20일

유혹받은 자에게 이것을 알려라. 그 자신이 바로 유혹한 자이고 유혹당한 자라는 것을. 자신의 모든 적은 바로 자신 안에 있다. 유혹하는 아첨꾼, 마음을 아프게 하는 조롱, 타오르는 화염, 이 모든 것은 지금까지 더불어 지내온 자기 자신 안의 무지와 실수에서 나오는 것들이다. 이것을 제대로 알고 악에서 완전한 승리를 거두어라. 유혹받을 때, 슬픔에 빠지지 않도록 하라. 오히려 자신이 드러나고, 나약함이 노출되었다는 것을 기뻐하라. 참으로 자신의 나약함을 알고, 그것을 겸손하게 인정하는 사람은 머지않아 강인함을 얻을 것이기 때문이다.

용감하게 자신의 천박함과 직면할 수 없는 자는 욕망의 자제라는 험악한
고지에 오를 수 없다.

6월 21일

고결함에 이르는 길을 꾸준히 찾아라.

자신을 포기한다는 것은 단지 겉으로 보이는 것의 포기가 아니다. 그것
은 내 안의 죄와 실수를 단념하는 것이다. 허영의 옷을 포기하는 것, 재물
이나 특정한 음식을 단념하는 것, 달콤하게 남의 기분을 맞추는 말을 그만
두는 것, 단지 이런 것들을 행함으로써 진리를 얻을 수 있는 것이 아니다.
허영심을 포기 하는 것, 재물에 대한 욕망을 단념하는 것, 제멋대로의 욕망
을 자제하는 것, 모든 미움과 다툼과 비난 그리고 이기주의를 포기하는 것,
진심으로 자상하고 순수하게 되는 것, 이 모든 것을 행함으로써 진리를 얻
을 수 있는 것이다.

자기 자신을 버리는 것이 진리에 이르는 길이다.

6월 22일

집착의 노예가 되지 않는 자가 운명의 성전에서 주인이 될 것이다.

충동과 이기심의 경향을 자제하고, 내면세계에서 더 고귀하고 평온한 의
식에 의존하고, 원칙에 기초해 꾸준히 나아가기 시작할 때 힘을 발전시킬
수 있다.

의식 속에서 변하지 않는 법칙을 깨닫는 것이 바로 고귀한 힘의 비밀이며

원천이다.

수없이 탐색하고, 고민하고, 희생한 이후에야 영구불변의 원칙의 등불이 영혼을 비추고, 거룩한 고요가 뒤따르고, 말할 수 없는 기쁨이 마음을 즐겁게 해 준다.

그와 같은 원칙을 깨닫는 자는 의심을 멈추고 차분하고 침착한 상태가 된다.

불멸의 원칙에 입각해야 견뎌낼 수 있다.

6월 23일

진정한 힘과 영향력을 가진 자는 거의 없다.

소유의 쾌락에 빠져 있는 한, 자신이 평온, 형제애, 보편적 사랑의 원리를 믿고 지키고 있다고 스스로 확신하기는 쉽다. 그러나 자신의 쾌락이 위협받거나, 위협받는다고 상상할 때, 사람은 큰소리로 전쟁을 하려고 한다. 그러면서 자신이 굳게 믿고 지키는 것이 평온, 형제애, 사랑이 아니라 투쟁, 이기심, 증오심이라는 것을 드러낸다.

속세의 모든 것의 상실, 심지어는 명성과 삶이 빼앗길 위협을 받더라도, 자신의 원칙을 버리지 않는 자가 진정 힘을 지닌 사람이다. 그는 죽은 후의 명예와 존경을 추구하는 사람이다.

자기 자신을 내면적으로 불 밝히는 것 이외에 정신적 힘을 얻을 수 있는 방법은 없다.

6월 24일

모든 고통과 슬픔은 정신적인 궁핍이며, 열망은 양식에 대한 울부짖음이다.

사람의 기본적 본질은 눈에 보이지 않는 내면적이고 정신적인 것이다. 그것은 외부세계가 아닌 내면세계로부터 활력과 힘을 얻는다. 외부세계는 그 에너지가 소모되는 통로일 뿐이다. 에너지의 재생을 위해서는 내면세계의 침묵에 의존해야만 한다. 감각의 떠들썩한 쾌락으로 이런 침묵을 억누르려고 하는 한, 그리고 외부세계의 갈등에 안주하려고 하는 한, 사람은 결국 참을 수 없는 고통과 슬픔을 경험하게 된다. 그리고 내 안의 유령의 발 아래, 내부세계의 평화로운 고독의 제단으로 내몰리게 된다.

사람이 자기 자신을 그대로 드러내 보일 수 있는 때는 오직 고독할 때뿐이다.

6월 25일

마음의 조화는 정신적인 힘이다.

하나님의 섭리를 구하라. 그리고 철저한 이해에서 나온 결과를 가지고 조용하고 부지런히 명상하라. 자신의 습관, 자신의 행동, 다른 사람들과의 대화, 교제, 자신의 모든 은밀한 생각과 갈망을 명상의 밝은 빛으로 철저히 탐구하라.

인내로써 이것을 해낸다면, 거룩한 사랑은 보다 더 충만해질 것이며, 자신의 약점은 노력 속에서 스스로를 자극하며 생생 하게 드러나 더욱 명백해질 것이다. 그리고 그 불멸의 원리가 지닌 크나큰 위엄을 조금이라도 살펴보았다면 결코 나약함, 이기심, 불완전함에 머무르지 않을 것이다. 그 안에서 완벽한 조화를 얻을 때까지 사랑을 추구할 것이다.

영혼의 속옷이 순결해질 때까지 지체하지도, 편히 쉬지도 마라.

6월 26일

사람은 고독 속에서 인생의 어려움과 유혹에 대처할 수 있는 힘을 모은다.

육체가 힘을 회복하기 위해 휴식을 요구하는 것처럼, 정신도 에너지를 재생하기 위해 고독할 필요가 있다. 잠을 잘 때 몸이 안정되는 것처럼, 고독은 정신적 회복에 필수요소이다. 고독을 통해 나타나는 순수한 사고와 명상은 몸이 어떤 행동을 하는가에 따라 정신과 조화를 이룬다. 필요한 휴식과 수면을 취하지 않으면 신체의 균형이 무너지는 것처럼, 필수적인 침묵과 고독이 박탈당하면 사람의 정신은 무너진다. 정신적 존재인 사람은 영속적이지 못한 외부세계로부터 자신을 정기적으로 데리고 나와 불변의 영속적인 본질에 내적으로 접근하지 않으면 정신적 힘과 고결함, 평온함을 유지할 수 없다.

진리를 사랑하고 지혜를 바라며 추구하는 자는 많은 시간 홀로 있어야 한다.

6월 27일

인간애는 고귀한 사랑이 반영된 것이다.

이기심과 쓸쓸한 악의 그림자에 집착하는 사람은 고귀한 사랑을 하나님의 영역에 속한 것으로, 자신의 외부에 존재하는 그 무엇으로, 그리고 영원히 자신의 외부에 머물러 있는 것이라고 생각하는 버릇이 있다. 실로 고귀한 사랑은 이기심이 다다를 수 없는 곳에 있다. 마음과 정신에서 이기심을 비운다면, 욕심 없는 사랑, 궁극적인 사랑, 하나님의 사랑이 내면적이고 영속적인 본질이 된다.

그리고 이러한 고귀한 사랑의 내적인 깨달음은 바로 예수 그리스도의 사랑과 다를바 없다. 그것은 너무나도 많이 이야기되어왔지만 제대로 이해되지 못했다. 사랑은 죄로부터 영혼을 구제할 뿐만 아니라 유혹의 힘 그 이상으로 정신을 고양시킨다.

고귀한 사랑은 슬픔도, 변화도 알지 못한다.

6월 28일

혼자서는 법을 배우도록 해라.

자기 안에 평화가 없다면 과연 어디서 평화를 찾을 수 있을까? 홀로 남겨지는 것을 두려워한다면 동행이 있을 때 어떻게 자신의 신념을 확고부동하게 지켜낼 수 있을까? 스스로의 생각과 교제에서 즐거움을 찾을 수 없다면 어떻게 다른 사람과 만나는 두려움에서 벗어날 수 있을까? 자신의 내면세계에 서있는 방법을 발견하지 못한다면, 그 어디에서도 영원한 휴식의 장소를 발견하지 못할 것이다. 외부세계에는 변화, 쇠퇴, 불안정이 존재하며, 내면세계에는 확실함과 행복이 존재한다. 영혼은 그 자체로 충분하다. 결핍이 있는 곳에 충만함이 있다. 영원한 거처는 자기 안에 있다.

자신을 풍요롭고 완전하게 하라.

6월 29일

균형의 중심을 찾으면 홀로 서기에 성공할 수 있다.

홀로 설 수 있을 때까지는, 영혼과 운명과 하나님과 사람의 안내를 갈구하지 마라. 대신 자신 안의 진리의 빛을 스스로 따라가라. 당신은 속박에서 벗어나지도 않았으며, 자유롭지도, 행복하지도 않다. 그러니 교만함을 스스로에 대한 믿음으로 오해하지 마라. 무너진 교만함의 기초를 세우려는 시도는 이미 헛된 것이다. 교만한 사람보다 다른 사람에 더 많이 의존하는 사람은 없다. 그 사람의 행복은 완전히 타인의 손에 달려 있다. 하지만 스스로를 믿는 사람은 개인적인 자만심에 의존하지 않고 자신 안에 있는 변치 않는 법칙, 원칙, 이상, 진실에 의존한다. 이것으로 그 사람은 내적인 집착의 파도 또는 외적인 판단의 폭풍으로 인해 자신의 견고한 기반이 쓸려가는 것을 거부하며 균형을 유지한다.

자신의 힘으로 얻은 자유로부터 오는 즐거움, 신중한 침착함으로부터 오는 평온함, 타고난 정신력에 내재하는 행복을 찾아라.

6월 30일

지식 안에서 규율을 지키며 앞으로 나아가는 것 말고는 번영 혹은 마음의 평온을 이룰 확실한 발판이 없다.

어쩌면 가난에 대한 불만이 당신을 무겁게 짓누르고 있을지도 모른다. 당신은 친구도 없고, 혼자이며 당신의 짐이 가벼워지기를 오랫동안 강렬히 원했다. 그러나 짐은 여전하고, 당신은 점점 짙어지는 어둠에 싸여 있는 것처럼 보인다. 불평한다면, 당신은 당신의 숙명을 비탄하는 것이나 진배없다. 당신의 출생, 부모, 고용주 또는 당신에게 가난과 고난을 가져다 준 부당한 힘에 모든 탓을 돌린다. 불평과 고민을 그만 두어라. 당신이 탓하는 그 어떤 원인도 빈곤의 원인이 아니다. 원인은 당신 내부에 있고, 그 원인이 있는 곳에 해법이 있다.

우주의 법칙에 불평하는 자를 위한 공간은 없다. 걱정은 자신의 영혼을
스스로 죽이는 것이나 마찬가지다.

7월 July

7월 1일

숨겨진 곳에서 샘이 솟아오르듯 사람의 삶은 자신의 마음속, 은밀한 곳에서 솟아난다.

마음과 마찬가지로 삶도 그렇다. 내면세계는 끊임없이 외부세계가 된다. 드러나지 않은 채 남아 있는 것은 없다. 숨겨진 것은 시간이 지나면 무르익어 결국 밖으로 나온다. 씨앗, 나무, 꽃, 그리고 열매는 네 겹의 우주 섭리이다. 사람의 마음상태에 따라 삶의 환경이 생겨난다. 생각은 행동으로 꽃피우고, 행동은 성격과 운명의 결실을 낳는다.

삶은 내면에서 그것을 빛으로 노출시키고, 마음속에서 생겨난 생각은 결국 말과 행동, 그리고 성취된 것들로 그 모습을 드러낸다.

마음은 자신이 스스로 만든 옷을 입는다.

7월 2일

자기완성보다 고결한 일, 고귀한 지식은 없다.

삶이 마음에서 시작된다는 것을 깨달아라. 그리고 보아라! 은총의 길이 열려 있다. 당신은 마음을 다스리는 힘, 그리고 이상과 하나 되는 힘을 가졌다는 것을 알게 될 것이다. 그리하면 완전한 생각과 행동의 좁은 길을 강인한 정신으로 걷게 될 것이요, 삶이 아름답고 거룩하게 될 것이다. 조만간 모든 악, 혼돈, 그리고 고통은 사라질 것이다. 마음의 출구를 부지런히 지키는 사람에게는 해방과 계몽이 있을 것이요, 평화의 결핍으로 타락하게 되는 일은 불가능할 것이다.

차분하고 현명하며, 마음을 읽을 줄 아는 사람은 자신이 책임질 수 있는 고귀한 일을 한다.

7월 3일

끊임없이 반복되는 생각은 마침내 움직일 수 없는 습관이 된다.

반복된 경험을 통해 얻는 것은 자연스럽다. 처음에는 지키기 어렵고 새기기 힘든 생각이 끊임없이 마음에 남아 마침내 자연스레 습관이 되는 것이다. 예를 들면, 장사를 배우기 시작할 때 소년은 자신의 도구조차 제대로 다루지 못한다. 그러나 수많은 반복과 연습을 통해 숙달된 기술을 익혀 일을 부지런히 잘 해낼 수 있게 된다. 그렇게 처음에는 할 수 없을 것처럼 보이던 일도 인내와 연습을 통해 마침내 자연스러운 상태가 되는 것이다.

습관과 조건을 형성하고 개조하는 마음의 힘에는 사람을 구원할 구세주가 들어 있다.

마음이 순수할 때 다른 모든 것들도 순수해진다.

7월 4일

죄는 반드시 물리칠 수 있다.

사람의 삶은 마음으로부터 생겨나고, 마음은 습관이 된다. 마음은 또한 끊임없는 노력으로 바꿀 수 있으며 완벽하게 통제 할 수 있다. 이 점을 깨달아야한다. 그리하면 완전한 해방의 문을 여는 열쇠를 단번에 얻게 될 것이다.

죄로부터 해방된 삶은 외부에서 갑작스럽게 습득되는 것이 아니라 내면에서 꾸준하게 성장하는 것이다. 꿈, 그리고 가장 고귀한 이상에 이를 때까지, 매 시간마다 마음속으로 깨끗한 생각을 하고, 올바르고 냉정한 태도를 가질 수 있도록 훈련해야 한다.

고귀한 삶, 그것은 생각과 말과 행동을 고귀하게 하는 것이다.

7월 5일

도리를 다하지 않으면 고결한 미덕은 있을 수 없다.

사람의 도리는 거룩한 것 즉, 이타적인 행동의 규칙을 성실하게 실천하는 것으로 여겨야 한다. 도리를 실천하는 동안에는 개인적이고 이기적인 생각은 끊어 버려라. 그런 생각을 해서는 안 된다. 그리하면 도리는 더 이상 지루하게 여겨지지 않고 즐길 수 있는 것이 된다. 도리는 단지 이기적인 즐거움과 이익을 욕망하는 자에게는 지루하기 짝이 없다. 도리가 지루해 안달이 난 사람은 자신을 돌아보라. 그리하면, 그 지루함이 도리 자체가 아니라 도리에서 도망가려는 자신의 욕망에서 나온다는 것을 깨닫게 될 것이다. 도리를 저버리는 사람은 크거나 작거나, 혹은 공적이거나 사적이거나 도리의 미덕을 무시한다. 진실로 도리를 저버리는 사람은 미덕도 저버린다.

고결한 사람은 자신의 도리를 완벽하게 실천하려 마음을 집중한다.

7월 6일

사람은 자신의 행동을 스스로 만든다. 마찬가지로 자신의 성격도 스스로 만든다.

자신에게 일어나는 모든 일은 자신이 투영된 것이다. 운명이 사람을 따라다닌다. 노력한다고 해서 피할 수도, 기도한다고 해서 막을 수도 없다. 그건 마치 그릇된 행동을 하고 되돌리기를 요구하는 잔인한 도굴꾼과 같다. 저절로 다가오는 축복과 저주는 저절로 외부세계로 나가 울려 퍼지는 메아리이다.

우리는 연속적인 원인과 결과의 법칙에 놓여 있다는 사실을 알고 있다. 삶은 원인과 결과로 구성되어 있다. 씨를 뿌리고 수확을 한다. 각각의 행동은 원인이고 그것에 의해 결과가 생겨난다. 사람은 원인을 선택할 수는 있지만(이것은 자유의지이다), 결과는 선택할 수도, 바꿀 수도, 되돌릴 수도 없다 (이것은 운명이다). 그러므로 자유의지는 원인을 야기하는 힘을 상징하며, 운명은 결과와 관련되어 있다.

성격은 운명이다.

7월 7일

불행은 모두 그릇된 마음상태에서 생겨난다.

무지하기에 죄를 저지른다. 죄는 어둠과 미성숙의 상태이다. 그릇된 생각을 하는 사람과 그릇된 행동을 하는 사람은 아직 학교에서 배우지 못한 학생처럼 살아간다. 그 사람은 아직 어떻게 생각하고 어떻게 행동하는지,

즉 법칙대로 사는 것을 정확하게 배우지 못했다. 배우는 학생이 수업시간을 그르치면 만족스럽지 못하다. 죄가 극복되지 않고 남아 있는 한, 불행은 피할 수 없다.

삶은 수업의 연속이다. 어떤 사람은 배우는 데 부지런하며 순수하고 현명해 행복에 이르게 되지만, 어떤 사람은 게으르며 스스로 노력을 기울이지 않아 불결하고 멍청해 불행한 상태로 남게 된다.

행복은 정신적 조화를 의미한다.

7월 8일

마음의 평화를 얻으려는 이는 집착에서 벗어나야 한다.

이기심 또는 집착은 탐욕이라는 천박한 모습으로 존재할 뿐만 아니라 억제할 수 없는 마음의 상태로 존재한다. 그것은 또한 이기심의 뻔뻔스러움과 교묘하게 연결되어 있는 숨겨진 생각을 모두 알려 준다. 그것은 다른 사람의 이기심을 강조하도록 자극할 때 가장 유혹적이며 교활하다. 다른 사람의 이기심을 강조하는 사람은 결국 자기 자신의 이기심을 극복하지 못할 것이다. 다른 사람을 비난하면 이기심을 극복할 수 없을 뿐만 아니라, 우리 자신도 정화할 수 없다. 집착에서 마음의 평화에 이르는 길은 오직 자기 자신의 극복으로만 가능하다. 다른 사람의 이기심을 굴복시키기 위해 애쓴다면 우리는 집착상태로 남아 있을 수밖에 없다. 그러나 끈기를 가지고 스스로의 이기심을 극복하면 자유의 길에 오르게 된다.

올라가는 길은 언제나 가까이 있다. 그것은 자기 자신을 극복하는 것이다.

7월 9일

열망의 날개를 달고 사람은 땅에서 하늘로, 무지에서 지식으로, 어둠의 지하에서 저높은 빛으로 오른다. 열망이 없으면 사람은 세속적이고 방탕하며, 무지하고 미개한 동물에 지나지 않는다.

열망은 천상의 것에 대한 갈망이다. 즉, 이기적인 소유, 개인적인 우월, 천박한 기쁨, 그리고 육체적인 만족과 같은 세속적인 것에 대한 욕망이 아니라 정의, 동정심, 순수함, 사랑과 같은 고결함에 대한 갈망이다. 무언가를 열망한다는 것은 자신의 천한 위치에 만족하지 않는다는 것, 고결한 상태를 목표한다는 것을 의미한다. 열망은 짐승과 같은 혼수상태에서 깨어나 고귀한 목표달성과 충만한 삶을 깨닫는 확실한 표시이다.

열망은 모든 것을 가능하게 한다.

7월 10일

열망하는 자는 자신 앞에 놓인 천상으로 올라가는 길을 볼 수 있다.

열망의 큰 기쁨이 마음에 닿을 때, 마음은 기쁨을 정련하고 불순물의 찌꺼기를 버리기 시작한다. 열망이 마음을 지배하고 있는 동안 불순물은 그곳에 들어올 수 없다. 왜냐하면 우리의 생각은 불결한 것과 순결한 것에 동시에 몰두할 수 없기 때문이다. 그러나 열망의 노력은 처음에는 순간적이며 짧다. 마음은 습관적인 실수로 되돌아가기 때문에 끊임없이 반복적으로 새로 태어나야 한다.

고결함에 대한 갈망, 순수한 삶에 대한 갈망, 천사와 같은 열망의 날개를 타고 오르는 것, 이것이 지혜로 가는 올바른 길이다. 이것이 평화를 위한 올바른 노력이다. 이것이 거룩한 길의 올바른 시작이다.

순수한 삶을 사랑하는 이는 열망의 불꽃으로 매일 자신의 마음을 새롭게 한다.

7월 11일

실수는 채에 쳐져 빠져나가고, 진실이라는 황금만이 걸러진다.

정신의 변화는 사람과 사물에 대한 일상적인 이기적 마음가짐이 완전히 뒤바뀌는 것이다. 그리고 이 완전한 변화는 전적으로 새로운 경험을 가져다 준다. 쾌락에 대한 욕망은 사라지고, 근본부터 싹이 잘려 어느 곳에도 자리 잡을 수 없게 된다. 그러나 정신적 힘은 사라지지 않는다. 그것은 고결한 사고로 옮겨져 더욱 순결한 에너지의 모습으로 변모한다. 에너지 보존의 법칙은 물질에서처럼 정신에서도 흔하게 얻어진다. 그리고 천박한 성향을 차단하는 힘은 정신적 활동이라는 고귀한 왕국에서 발산된다.

정신적 계몽의 극치는 더없이 맑고 구름 한 점 없다.

7월 12일

변화의 초기단계에는 고통이 따른다. 그러나 그 고통은 일시적이다. 곧 순결한 정신의 기쁨으로 변하기 때문이다.

고결한 삶을 향해 숭고한 길을 따라가는 중간지대에는 희생이 필요하다. 그곳은 체념의 평원이다. 낡은 집착, 낡은 욕망, 낡은 포부, 그리고 낡은 사고는 저 멀리 버려진다. 그것은 변하지 않는, 더욱 아름다운 영원한 모습으로 다시 태어난다. 숨겨둔 채 소중히 아껴두었던 보석이 용광로에 녹아 들어가 멋진 장신구로 새로이 태어나는 것처럼 말이다. 처음, 생각의 연금술사는 오랫동안 소중히 여겼던 생각과 습관을 버리는 것을 싫어하지만 마침내 체념하고 새로운 재능과 소중한 힘, 그리고 순수하게 즐거운 모습으로 기쁘게 다시 돌아온다.

현명한 사람은 마음의 평온으로 집착을, 사랑으로 증오를, 선으로 악을 이겨낸다.

7월 13일

현재는 모든 과거의 총합체이다. 이제까지 생각하고 행동했던 최종적인 결과는 그 사람 안에 있다.

모든 사물에 적용되는 완전한 법칙, 모든 인간사에 작동되는 완전한 정의가 선한 사람으로 하여금 적을 사랑하게 하고, 모든 증오와 분노, 불평불만을 떨쳐버리게 한다. 선한 사람은 그 자신만이 문제에 맞설 수 있음을 알기 때문이다. 박해자에 둘러싸여 있어도 적은 단지 완벽한 복수를 위한 맹목적인 수단일 뿐이다. 그러므로 현명한 사람은 적을 비난하지 않는다. 조용히 자신에게 귀 기울이고, 꾸준히 자신의 도덕적 부채를 갚는다. 그러나 이것이 전부가 아니다. 단지 자신의 빚만 갚는 것이 아니다. 빚을 지지 않으려 애쓰고, 자신을 뒤돌아보며, 자신의 행동을 완벽하게 하려고 한다.

성격이란 굳어진 마음의 습관이요, 행동의 결과이다.

7월 14일

이 세상이 천국과 지옥이다.

청하지 않았는데 오는 것은 없으며, 그림자가 있는 곳에 물체가 있다. 개인에게 다가오는 것은 자신의 행동의 결과이다. 기분 좋게 일하면 큰일을 잘해낼 수 있는 것으로 이어져 점점 발전하게 된다. 불만에 가득차 꺼리거나, 어쩔 수 없이 해야 되는 일은 노동의 질을 떨어뜨리고 발전하지 못한다. 삶의 다양한 환경은 행동의 결과이다. 운명이란 개개인의 생각과 행동의 결과이다. 다양한 성격도 마찬가지다. 성격은 무한한 변화와 함께 무르익고, 행동의 원인이 익어 성장한 것이다. 수없이 많은 탄생과 죽음의 문턱을 가로지르는 무한한 인생을 통해 나아가는 원인이다. 그리고 그것이 끝없이 미래로 확장되어 행동의 달콤한 혹은 쓴 과일을 수확하게 된다.

삶은 성격의 발전을 돕는 훌륭한 학교이다.

7월 15일

마음의 정화는 순수한 것을 끊임없이 생각함으로써 얻어진다.

사람은 생각하는 존재이다. 삶과 성격은 습관적인 생각에 의해 형성된다. 실천, 관념, 그리고 습관으로 생각은 점점 더 자주 반복되는 경향이 있다. 그리하여 '습관'이라고 불리는 자동적인 행동으로 성격이 굳어진다. 매일매일 순수한 생각을 머금고 명상하는 사람은 순수하고 계몽적인 행동과 습관을 갖는다. 순수한 생각의 끊임없는 반복으로 마침내 순수한 생각을 하게 되어 순수한 행동을 하게 된다.

고귀한 지식은 실제 생활 속의 고귀한 순수함을 구체화시켜 얻어진 것이다.

7월 16일

자신을 통제하는 사람은 자신의 모든 고통을 멈추게 할 것이다.

자신이 스스로의 파괴자이며 구세주임을 알게 되는 날은 바로 축복받은 날이며, 결코 잊을 수 없는 날이다. 자신 안에 있는 것은 모두 자신의 고통, 지식의 부족으로 인한 것이며, 마음의 평온은 모두 거룩함으로 인한 것이다. 이기적인 생각, 불순한 욕망, 진실하지 않은 행동은 모두 고통의 샘에서 나온 해로운 씨앗이다. 이에 반해 사심 없는 생각, 순수한 열망, 그리고 달콤한 진리의 행동은 모두 은총이 자라는 곳에서 나온 씨앗이다.

이기심을 버리는 사람은 마음의 평화가 있는 거룩한 곳을 찾을 것이다.

7월 17일

자신을 정화하려는 사람은 자신의 무지를 모두 없애야 한다.

자신의 혀를 다스릴 줄 아는 사람은 정치판에서 성공한 연설가보다 위대하다. 그리고 완전한 복종으로 자신을 지키는 사람은 하나님이나 천사보다도 위대하다. 노예가 스스로 자신을 구제해야 함을 깨닫는 그 순간, 신성한 인격의 존엄성을 끌어 낼 수 있다. 그리하여 이렇게 말하게 될 것이다.

"이제부터 나는 이스라엘의 주인이 될 것이다. 나는 속박의 집에 사는 노예가 아니다."

꾸준히 내면의 삶을 정화하기 시작하기 전까지는, 영원한 평화에 이르는 길을 찾을 수 없다.

평온과 축복이 있는 완벽한 삶은 스스로를 관리하고, 스스로를 불 밝힘으로써 얻어진다.

7월 18일

조급함은 충동의 시녀이며, 절대 다른 이의 도움을 받지 않는다.

고매한 도덕적 주제와 매일의 삶에 전념하는 차분한 명상을 적어도 하루에 한 시간씩만 한다면, 당신은 큰 도움을 받을 것이다. 당신은 고요하고 평온한 힘을 배우게 되며 올바른 지각을 발달시켜 올바른 판단을 하게 될 것이다. 일을 서두르려 조급해하지 마라. 고결한 도리를 최대한 행하라. 규율을 지키고 자제하는 삶을 살아라. 충동을 극복하고, 감정이 아닌 도덕적·정신적 원칙에 입각해 행동하도록 하라. 때가 되면 자신의 목표가 완전하게 성취될 것임을 굳게 믿어라.

계속 나아가라. 점점 더 완전해짐에 따라 실수도 줄어들고 고통도 덜할 것이다.

7월 19일

진리의 왕관이야말로 고결한 삶이다. 그 왕관은 평화의 왕권이며, 그 왕좌는 사람의 마음속에 있다.

사람의 마음속에는 두 명의 왕이 있다. 한명의 왕은 왕권을 빼앗고 자신이 왕이라고 하지만, 사실은 폭군이다. 그 생각과 행동은 강한 욕망, 증오, 흥분 그리고 투쟁으로 가득 차 있다. 고귀한 지배자인 다른 한 명은 진리라고 불리고, 생각과 행동으로 순결함과 사랑, 순수와 평화를 상징한다. 형제, 자매들이여! 당신은 어떤 왕에게 굴복하겠는가? 당신은 마음속에 어떤 왕을 품고 있는가?

"나는 진실의 왕에게 순종한다. 나의 마음 깊은 곳에 평화의 왕을 왕좌에 앉혀 놓았다."고 말할 수 있다면, 그것은 영혼과 함께 한다는 뜻이다. 내면의 천국에서 고귀함의 왕을 발견하는 자, 마음속으로 그에게 순종하는 자, 진정 영원히 축복받을 것이다.

힘은 때 묻지 않은 마음속에 존재한다. 속세의 모든 것은 상징에 불과하다.

7월 20일

내면세계의 죄와 불순물을 제거함으로써 진리의 지식을 얻을 수 있다. 이것이야말로 지혜와 평화를 향한 길이다.

'진정한 평온'은 어떤 사건이나 상황도 뒤흔들거나 망쳐놓을 수 없다. 왜냐하면 '진정한 평온'은 단지 폭풍이 잠시 멈춘 순간의 일시적인 고요함이 아니라, 지식으로부터 태어난 영원한 평화이기 때문이다. 그런데 사람들에게는 이와 같은 평온함이 없다. 평온함을 이해하지도, 제대로 알지도 못한다. 자신의 죄와 불순물로 인해 맹목적이고 무지하다. 자신의 죄와 불순물을 포기하지 않으면, 냉철한 원칙을 알지 못한 채 남아 있을 수밖에 없다.

욕망에 집착하면서 동시에 지혜를 사랑할 수는 없다.

7월 21일

조금이라도 타인으로 고통 받는다면, 우리의 고통은 부당한 것이다.

고통과 갈등은 우리 스스로의 무지와 잘못된 행동의 결과일까? 아니면 부분적 또는 전적으로 타인, 그리고 외부세계의 상황에 의해 생겨나는 것일까? 우리의 고통은 자신의 무지, 실수, 잘못된 행동의 결과일 뿐이다.

"당신은 자신 때문에 고통 받는다. 그 누구도 강요하지 않는다."

누군가가 사악한 행동을 범하고 달아나 그 행동의 결과가 무고한 사람에게 영향을 미친다면, 정의의 법칙은 없는 것이다. 그리고 정의의 법칙이 존재하지 않는다면 이 세상은 단 한 순간도 존재할 수 없다. 모든 것이 혼돈에 빠질 것이다. 표면상으로 사람들은 타인들 때문에 고통을 받는 것처럼 보일 것이 다. 하지만 그건 어디까지나 표면상으로만 그런 것이다. 심오한 지식을 쫓아내는 겉모습일 뿐이다.

사람은 외부 상황의 결과물이 아니다. 외부 상황이 사람의 결과물이다.

7월 22일

진리의 지식이 있는 곳에 자유가 있다.

사람은 고결함을 사랑하지 않고 자신을 사랑함으로써 고통을 겪는다. 자신을 사랑함으로써 자신의 망상을 사랑한다. 그리고 거기에 얽매인다. 하지만 어느 누구도, 그 무엇도 빼앗을 수 없는 최고의 자유가 있는데, 그것은 바로 사랑과 고결함을 실천하는 자유이다. 이것이 모든 자유를 감싸 안는다. 거기에 서는 사슬에 묶여 채찍질 당하던 노예가 왕이 되어 자유를 얻고 사슬을 끊어 버린다. 압제자의 눈앞에서 벗어나 갈 길을 갈 것이며, 압제자는 노예를 가두어 둘 힘을 잃을 것이다. 왕 또한 자신을 둘러싸고 있는 사치의 치욕을 없애고 진정한 왕이 될 것이다.

어떤 외부의 압제자도 고결한 마음을 괴롭힐 수 없다.

7월 23일

죄 없는 자에게 기쁨이!

현명한 자는 안다. 근심, 공포, 실망감, 불안은 끝났으며, 그가 처한 처지나 상황이 어떤 것이든 그의 평온을 깨뜨리지 못할 것이며, 포용력과 지혜로 모든 것을 굴복시키고 스스로 통제할 수 있다는 것을 말이다. 그를 슬픔에 빠지게 하는 것은 없다. 친구가 죽을 때, 그는 친구가 여전히 존재함을 알기에 그들이 벗어던진 껍데기에 슬퍼하지 않는다. 그 어떤 것도 그에게 상처 줄 수는 없다. 그는 변화에 영향 받지 않기 때문이다.

결국 평온을 가져오는 지식은 불변의 원칙에 대한 지식이다. 그것은 순수한 선과 고결함을 실천함으로써 성취되는 것이다. 그리하면 불사의, 불변의, 불멸의 사람이 될 것이다.

순수한 이에게 평화를.

7월 24일

사랑, 온순함, 온유함, 자책감, 용서, 인내, 연민, 비난, 이런 것들은 정신의 작품이다.

육체는 아부하고, 정신은 질책한다.

육체는 맹목적인 기쁨을 주지만, 정신은 지혜를 단련시킨다. 육체는 비밀을 사랑하지만, 정신은 열려 있으며 깨끗하다. 육체는 친구의 상처를 기억하지만, 정신은 원수를 용서한다. 육체는 시끄럽고 거칠지만, 정신은 고요하고 정중하다. 육체는 분위기에 휩쓸리지만, 정신은 언제나 평온하다. 육체는 조급함과 분노를 자극하지만, 정신은 인내와 평온함으로 자제한다. 육체는 부주의하지만, 정신은 사려 깊다.

증오, 자존심, 가혹함, 비난, 복수, 분노, 잔인함, 아부, 이런 것들은 육체의 작품이다.

7월 25일

자신이 올라갈 수 있고 순수해질 수 있는 곳까지만 타인을 데려갈 수 있는 것이다.

진리는 처음에 지각되다가, 나중에 깨닫게 된다. 지각은 순간적이며 깨달음은 거의 언제나 점진적으로 다가온다. 아이처럼 자신을 사랑하는 것을 배워야한다. 그렇게 배워나가다 보면 고귀함이 자신에게 다가올 것이다. 오직 신성한 원칙으로써, 사랑에 대한 끊임없는 명상으로 사랑을 알 수 있으며, 매일 생각과 말로써 사랑을 실천할 수 있다. 자신을 가까이 들여다보아라. 순수한 이타적 사랑을 생각하고 말하고 행동하며, 그것을 통해 자신을 보호하리라 결심하라. 그렇게 함으로써 매일 조금 더 순수하고, 온화하고, 고결해진다. 사랑하는 것을 알게 되면 곧 자신 안에서 고결함을 깨닫게 될 것이다.

완벽한 사랑이 마음속에 드러나는 때를 하나님은 알고 있다.

7월 26일

신념을 갖고 내면세계의 빛이 이끄는 곳으로 따라가라.

자신의 단점을 아는 것은 쉽다. 단점을 깨닫고, 단점을 극복하려는 마음이 있으면 도리와 이타적인 사랑의 순수함 속으로 조만간 다가설 것이다. 미래의 우울한 것을 생각해서는 안 된다. 미래를 생각한다면 미래를 밝게 생각하라. 우선 매일 자신의 도리를 다하라. 기꺼이 헌신적으로 도리를 다하라. 그러면 매일 기쁨과 평화가 찾아올 것이고 결국 미래가 행복을 안겨줄 것이다. 자신의 단점을 극복하는 가장 좋은 방법은 자신의 도리를 충실히 수행하고 타인의 행복을 위해 최선을 다하는 것이다. 사람들에게 친절히 말하고 타인이 몰인정할지라도 앙갚음 따위를 하지 말라.

현재에 마음을 집중하여 현재에 충실하고, 매초, 매시간, 매일, 스스로를 다스려 순수해지도록 하라.

7월 27일

숨길 것이 없는 고결한 이는 비밀스런 행동을 하지 않으며, 타인에게 숨기고 싶은 욕망과 생각을 품지 않으며, 두려움이 없고 부끄러워하지 않는다. 그의 발걸음은 견고하고 육체는 올곧으며 말은 솔직하며 명확하다. 그는 모든 이의 얼굴을 바라 본다. 그릇된 행동이 하나도 없는데 무엇 때문에 두려움을 느끼겠는가? 아무도 속이지 않는데 왜 부끄러움을 느끼겠는가? 모든 그릇된 행동을 멈춤으로써 그는 결코 그르치는 일이 없을 것이며, 기만을 포기함으로써 결코 기만당하지 않을 것이다. 악이 선을 이기는 일은 불가능하다. 마찬가지로 고결한 사람은 결코 부당함으로 천박해지지 않을 것이다.

마음이 평화로운 이는 걱정과 불안 따위에 방해받지 않는다.

7월 28일

비난보다는 사랑이 낫다.

'고결한 분개'라고 불리는, 고결해 보이는 집착의 폭발이 있다. 하지만 행동의 보다 높은 개념에서 바라볼 때, 그것은 결코 고결해 보이지 않는다. 그릇됨과 부당함에 대한 분개에 고결함의 특정한 표시가 있는데, 그것은 분명 무관심보다 더 고귀하고 고상하다. 하지만 그것보다 더 높은 고결함이 있다. 그 곳에서 분개는 결코 필요하지 않아 보인다. 사랑과 온화함이 그 자리를 차지하게 되면, 그릇됨을 보다 더 잘 극복할 수 있다. 잘못을 저지른 사람은 동정을 필요로 한다. 분명 잘못을 저지른 사람은 동정할 필요가 있다. 그는 무지하게 고통의 창고에 누워 있기 때문이다. 뿌린 대로 거둘 것이다.

거룩한 동정의 충만함과 아름다움이 제대로 인식된다면, 분개와 집착은 그 영향력을 잃게 된다.

7월 29일

고결하게 행동하고 싶어 하면서도 행동으로 옮기지 않는 자는 고결해지기는커녕 품위를 잃기만 할 뿐이다.

선이란 개념은 지나치게 감상적인 것을 의미하지 않는다. 그것은 내부세계의 미덕이며, 정신력과 능력의 직접적인 결과물이다. 선한 사람은 나약하지 않으며 나약한 이는 선하지 않다.

우리는 타인의 영혼을 판단해서는 안 된다. 우리는 결과물로서의 우리 자신의 삶과 행동을 판단할 수 있다. 악을 행하는 자가 자신의 악이 비참함을 낳는 것을 보여 주고, 선한이가 선이 행복을 낳는다는 것을 증명해 주는 것보다 더 확실한 것은 없다.

'푸른 월계나무처럼 만발' 했으나 고결하지 않다면, 그 월계나무는 마침내 말라죽거나 잘려져 나가 고결함을 잃게 된다는 것 또한 우리는 기억해야 한다.

고귀한 삶에서 떨어져 나온 고귀한 존재는 상상할 수도, 존재할 수도 없다.

7월 30일

우리는 선보다 더 고매한 것을 알지 못한다.

인류의 스승은 없었다. 스승 없이 수천년이 흘러왔다. 진정한 스승이 나타났을 때 알아 볼 수 있는 것은 바로 그의 삶이다. 그의 행동은 다른 이들과 다르며, 그의 가르침은 다른 사람이나 책이 아닌 그 자신의 삶에서 나온 것이다. 스승은 먼저 자신의 삶을 실천하고 나서 다른 이들에게 어떻게 살아야 하는 가를 가르친다. 그 가르침의 증거와 증언은 그 자신 안에, 자신의 삶에 녹아 있다. 수많은 설교자 중 단 한 사람만이 인류로부터 진정한 스승으로 받아들여진다. 이렇게 인정된 고결한 사람은 바로 살아 있는 인간이다.

모든 종교의 최고의 목표는 어떻게 살 것인가를 가르치는 것이다.

7월 31일

사랑은 이기적인 논쟁 저 너머에 있으며, 그곳에서만 살아남을 수 있다.

예수는 모든 이가 하나님의 아들이 될 수 있으며, 완전한 삶을 살 수 있다는 믿음으로 세상에 규칙이라는 코드를 주었다. 이러한 규칙과 가르침은 매우 간단하며, 직접적이고, 오해의 소지 없이 완벽하다. 아주 쉽고 명백하기에 무지한 아이들도 별다른 어려움 없이 그 의미를 이해할 수 있다. 그 규칙은 모두 인간의 행동과 직접적으로 관련 있으며, 자신의 삶에 적용할 수 있다. 매일 매일의 삶에서 이 규칙의 정신을 수행하기 위해서는 삶의 신성한 도리를 수행하고, 각자 자신의 신성한 출발점과 본질을, 하나님과의 하나 됨을 완전히 자각해야 한다.

사람은 어디에 있든, 마음 가장 깊은 곳에서부터 선이 고결하다는 사실을 알고 있다.

8월August

8월 1일

인격과 영혼과 삶은 생각과 행동에서 나온다.

사람은 모두 자신의 생각과 행동, 마음상태, 삶을 책임져야 한다. 어떤 힘이나 사건, 환경도 사람을 사악하고 불행하게 강요할 수 없다. 스스로가 자기 자신에 대한 강요자이다. 사람은 스스로 생각하고 자신의 의지에 따라 행동한다. 아무리 현명하고 위대할지라도, 하나님조차도 사람을 선하고 행복하게 만들 수는 없다.

승리의 삶은 천박한 환경에 만족하는 자에게는 주어지지 않는다. 승리의 삶은 승리를 향해 목말라하고, 기꺼이 성취하려는 이들을 위한 것이다. 그들은 구두쇠가 금을 갈망하듯 고결함을 갈망하는 사람들이다. 승리의 삶은 언제나 가까이 있으며, 누구나 얻을 수 있다. 승리의 삶을 받아들이고 감싸 안는 이에게 축복이 있을 것이요, 그는 진리의 세계로 들어설 것이다. 그리하여 완전한 평온을 찾을 것이다.

죄를 짓고 고통받는 삶이 있는 반면, 위대하고 고상하며 고결한 삶이 있다.

8월 2일

사람은 존재한다. 생각하므로 존재하는 것이다.

사람의 삶은 실제적이다. 생각도, 행동도 실제적이다. 존재하는 사물을 연구하는 데 전념하는 것이 지혜에 이르는 길이다. 마음과 생각에서 멀리 떨어져 있는 것을 고찰하는 자는 위험하고, 실제적이지 않다. 존재하지 않는 사물을 연구하는 데 전념하는 것은 어리석음에 이르는 길이다.

사람은 마음에서 분리될 수 없다. 삶은 생각에서 분리될 수 없다. 마음과 생각과 삶은 빛과 광채처럼 불가분의 관계에 있다. 현실은 그 자체로 충분하고, 현실 속에는 모든 지식의 기본원리가 포함되어 있다.

산다는 것은 생각하고 행동한다는 것이요, 생각하고 행동한다는 것은 변화한다는 것이다.

8월 3일

사람의 마음은 변할 수밖에 없다. 사람은 '만들어져서' 마침내 완성되는 것이 아니다. 사람은 내면에 발전의 능력을 가지고 있다.

사람들에게 더 위대한 힘, 더 위대한 선, 더 위대한 행복의 왕국으로 승화시켜 주는 생각을 선택하도록 기운을 북돋우는 마음의 정화, 올바른 생각, 선한 행동을 고귀한 사고방식이라 부르지 않고 무어라 부를 수 있단 말인가?

열망, 명상, 헌신, 이것은 더 높은 곳에 도달하기 위해, 더 넓은 왕국에 도달하기 위해 꼭 필요한 최고의 수단이다. 사람은 '생각하는 모습 그대로' 이루어지며, 내면세계의 새로운 습관과 사색으로 자신의 어리석음과 고통에서 벗어나며, 새로운 사색으로 새사람이 되기 때문이다.

인간의 존재는 생각에 따라 변형되고, 경험이 그의 인격에 영향을 미친
다.

8월 4일

현명하게 생각하며, 현명하게 행동해야 지혜에 이를 수 있다.

대중들, 정신적 본질을 깨닫지 못한 대부분의 사람들은 생각의 노예이
다. 그러나 현명한 이는 사색의 주인이다. 대중은 맹목적으로 따라다니지
만 현명한 사람은 총명하게 선택할 줄 안다. 대중은 순간적인 충동에 휩쓸
리며 일시적인 쾌락을 생각하지만, 현명한 사람은 충동을 억제하고 이겨내
어 절대 진리에 안주한다. 대중은 정당한 법을 어기고 맹목적인 충동에 휩
쓸리지만, 현명한 사람은 충동을 억제하고 고결함의 법칙에 순종한다. 현
명한 사람은 삶의 본질을 직시한다. 현명한 사람은 생각의 본질을 깨닫고,
존재의 법칙을 이해하며 이를 따른다.

생각하는대로 성격, 환경, 지식이 태어난다.

8월 5일

법칙은 공평하다. 복종하지 않으면 고통을 받겠지만 복종하면 행복을 누
린다.

올바른 행동으로 기쁨을 느끼는 것과 마찬가지로 그릇된 행동으로 고통
을 받게 된다.

만약 무지와 죄의 결과에서 벗어날 수 있다면, 그 어떤 보호수 단도 사라
질 것이고, 그 어떤 안전지대도 존재하지 않게 될 것이다. 그렇게 되면 지
혜와 선의 결과도 똑같이 사라질 것이요, 그러한 체계가 질투와 잔인함의

하나가 될 것이다. 하지만 법칙은 정의와 호의로 이르는 길이다. 최고의 법칙은 무한한 친절과 완전한 활동, 꾸준한 노력의 원리인 것이다. 그것은 그리스도인이 노래하는 '영원한 사랑, 끝없는 충만함, 영원히 풍족한 자유', 그리고 불교인이 경전과 운문에서 말하는 '측은지심'과 다르지 않다.

우리가 겪는 모든 고통은 고결한 지혜를 좀 더 가까이 알게 해 줄 것이다.

8월 6일

우주의 조화를 아는 자는 슬퍼하지 않는다.

부처는 우주의 도덕법칙을 선의 법칙이라고 이야기했다. 어떠한 악의 씨앗, 어떠한 냉혹함의 요소도 존재할 수 없기 때문이다. 약자를 압도하며 무지한 것을 파괴하는 강철 심장의 괴물은 우주에 없다. 대신 알을 품듯, 악으로부터 상처받은 사람을 감싸고, 강자들의 파괴적인 힘으로부터 보호하는 부드러운 사랑만이 있을 뿐이다. 사랑은 사악한 것을 파괴하고 선을 보호한다. 사랑은 아주 자그마한 생명도 감싸 안고, 악을 파괴한다. 이것을 아는 것은 행복을 뛰어넘은 복의 비전이며, 축복받은 은총이다. 이것을 알고 받아들인 사람은 평화를 얻고 더 많은 기쁨을 누릴 것이다.

현명한 자는 자신의 의지를 굽히고, 우주의 섭리에 자신의 욕망을 맡긴다.

8월 7일

죄의 유혹을 떨쳐 버려라. 그리하면 고결한 의식, 초월적인 삶 속으로 들어갈 것이다.

악이 줄어들고 선이 늘어나는 변화의 시간이 올 때, 마음에는 새로운 비전과 새로운 깨달음, 새로운 사람이 보이기 시작할 것이다. 이것이 성취되었을 때 온화한 사람은 현명하게 되고, 속세의 삶에서 초월적인 삶으로 들어가게 된다. 그 사람은 다시 태어난 것이며 새로운 경험이 시작된다. 새로운 힘을 발휘 하게 되며, 그의 정신 앞에 새로운 우주가 열린다. 이것이 초월의 단계이다. 나는 이것을 '초월적 삶'이라고 부른다.

초월에 도달하게 되었을 때 결점 투성이의 성품에서 벗어나, 거룩한 삶을 알게 된다. 악은 초월되고 선이 전부가 된다.

집착이 이기적인 삶의 기본이듯, 평온함이 초월적 삶의 기본이다.

8월 8일

완전한 선을 깨달으면, 평온한 비전을 얻을 것이다.

초월적 삶은 집착이 아닌 원칙에 따라 사는 것이다. 덧없는 욕망이 아닌 영원한 법칙에 기초하는 것이다. 맑고 깨끗한 환경 속에서 인류의 질서 정연한 이치가 나타나고 슬픔, 걱정, 미련은 사라지게 된다. 자기 자신의 집착에 매달리는 동안 슬픔, 걱정, 미련에 마음을 쓰고, 고통을 받는다. 그들은 자기 자신의 하찮고, 괴롭고, 고통스런 성품에 아파하고, 자신의 덧없는 쾌락, 쾌락의 유지와 보존, 영원한 안전과 지속을 갈망한다. 하지만 이제 현명하고 선한 삶속에서는 이 모든 것이 초월될 것이다. 개인적인 관심은 보편적인 우주의 목적으로 대체되고, 쾌락과 운명에 관한 걱정, 고민, 근심은 한여름 밤의 열병과도 같은 꿈처럼 사라질 것이다.

완전한 선을 깨달으면, 보편적 선이 보일 것이다.

8월 9일

악이 우주에 존재하는 하나의 독립된 힘이라면, 그 어떤 것으로도 초월될 수 없을 것이다. 하지만 악은 하나의 힘으로서 실재하는 것이 아니라 상황과 경험으로서 실재한다. 모든 경험에는 실재적인 특징이 있기 때문이다. 그것은 무지의 상태, 미지의 상태이며 지식의 빛 이전의 상태로 물러나거나 사라지는 것과 같다. 또는 빛이 솟아오르기 전에 어둠이 사라지는 것과 같다.

새로운 선의 경험이 들어와 의식을 지배할 때, 고통스런 악의 경험은 사라진다.

8월 10일

자신이 초월한 자기 삶을 되돌아보며, 신성한 광명을 찾은 이는 자기 삶의 모든 불행이 자신을 가르친 스승이었으며, 자신을 높은 곳으로 이끌어 주었음을 깨닫는다. 자신이 그 의미를 이해하고, 그것을 초월한 만큼 과거 삶의 고통이 자신에게서 떠났음을 깨닫는다. 그에게 교훈을 주었던 과거 삶의 임무는 끝났으며, 그를 승리의 스승으로 남겨놓았다. 미천한 것은 고귀한 것을 가르칠 수 없고, 무지는 지혜를 가르칠 수 없고, 악은 선을 가르칠 수 없기 때문이다. 또한 학생이 스승을 가르칠 수 없기 때문이기도 하다. 초월된 것은 초월한 자에게 영향을 줄 수 없다. 악은 단지 자신이 스승으로 받아들여지는 왕국에서만 교사 행세를 할 수 있다. 선의 왕국에서 악은 어떤 임무도, 어떤 권위도 지니지 못한다.

진리라는 큰길에 서있는 강인한 여행자는 악에 대한 복종을 모른다. 선에 대한 복종만을 알 뿐이다.

8월 11일

다른 사람을 정복한 자는 용감하지만 자기 자신을 정복한 자는 최고로 고결하다.

자기 자신을 정복하는 것이야말로 완전한 평온에 이르는 길이다. 악과 싸우는 고귀한 전쟁을 시작할 필요성을 느끼기 전에는 완전한 평온함을 알 수도, 이해할 수도 없다. 세상의 적은 내부에 있다는 것을 깨달은 자는 이미 고결한 길에 들어선 것이다. 지배되지 않은 생각은 불화와 혼동의 원천이고, 부정한 욕망은 평화와 인류평화의 침입자인 것이다. 집착과 분노, 증오와 자만심, 이기심과 탐욕을 정복한 자는 세계를 정복한 것 이다.

남을 이겨 승리를 거둔 이는 마찬가지로 그렇게 패배를 경험할 것이다. 그러나 자신을 극복한 이는 절대 패배하지 않는다.

8월 12일

폭력과 반목은 집착과 공포를 불러일으키지만 사랑과 평화는 마음을 변화시킨다.

폭력에 굴복당한 자는 마음으로 굴복당한 것이 아니다. 그는 이전보다 더 강한 적이 될지도 모른다. 하지만 평화의 마음으로 굴복당한 자는 진심으로 변화한다. 적이 친구가 된다.

고결한 마음과 현명함을 가진 자는 자신의 마음속에 평화를 갖는다. 마음은 행동으로 파고들어 삶에서 움직인다. 그 마음은 반목보다 더욱 강력하다. 마음이 승리하는 곳에서는 폭력이 패배한다. 마음의 날개로 고결함을 보호하고, 그 보호 아래 순결함은 아무런 해도 입지 않는다. 이기적인 투쟁의 마음에서 벗어날 수 있는 안식처를 가져다 준다. 그곳은 패배한 자의 피난처이고, 길 잃은 이를 위한 안식처이며, 깨끗한 마음을 가진 이를 위한 성전이다.

고결한 선을 실천하는 삶은 은총으로 가득하다. 선한 이에게 은총은 자연스러운 것이다.

8월 13일

고결한 사랑을 깨달은 이는 새 사람이 된다.

사랑, 지혜, 평화, 마음과 정신의 평온한 상태는 이기심을 포기할 의지가 있고, 이기심의 포기와 관련된 모든 것을 겸손히 받아들일 준비가 되어 있는 이에게 주어진다. 우주 안에 제멋 대로의 힘은 존재하지 않으며, 운명이라는 강력한 굴레는 스스로가 만드는 것이다. 사람들은 스스로 그렇게 되고자 욕망하기에, 자신의 굴레를 사랑하기에, 자신의 사리사욕이라는 작고 어두운 감옥이 달콤하고 아름답다고 생각하기에 고통을 야기하는 운명의 굴레에 속박당해 있는 것이다. 그 감옥을 버리면 자신이 가치를 두는 모든 것을 상실하지나 않을까 두려워한다.

"자신으로 인해 고통 받는 것이다. 다른 이가 강요할 수도, 다른 이가 살릴 수도 죽일 수도 없다."

현명한 이에게 있어 지식과 사랑은 하나이며, 떼려야 뗄 수가 없다.

8월 14일

세상 사람들은 헌신적인 사랑을 이해하지 못한다. 자신의 기쁨을 추구하는데 정신을 빼앗기고 있기 때문이다.

사물의 형태에 따라 그림자가 생기는 것처럼, 불을 피우면 연기가 피어오르는 것처럼, 결과는 원인이 있고, 고통과 축복은 사람의 생각과 행동 안에 있다. 원인을 숨기고 드러내지 않는 결과란 없다. 원인은 절대적인 고결함과 일치한다. 자신이 나쁜 씨앗을 뿌렸기에 고통의 수확을 거두어들이는 것이다. 자신이 좋은 씨앗을 뿌렸다면 행복한 결과를 수확할 것이다.

이 점을 명상하고 이해하고 노력하라. 그러면 좋은 씨앗을 뿌리기 시작할 것이고, 마음의 정원에 자란 잡초를 없앨 수 있을 것이다.

고귀한 사랑의 완전한 실현을 향해 이 세상은 움직인다.

8월 15일

자신의 마음을 정화하고자 하는 이는 세상에서 가장 위대한 후원자이다.

세상은 이타적인 사랑의 깨달음이라는 황금시대로부터 멀어져 있다. 앞으로도 그럴 것이다. 하지만 당신이 하고자 한다면 이기적인 자아를 초월함으로써 그곳에 들어갈 수 있다. 편견, 증오, 비난에서 벗어나 온화하며 용서하는 사랑으로 다가갈 것이다.

미움, 증오, 비난, 다툼이 있는 곳에 이타적인 사랑은 머무르지 않는다. 사랑은 비난을 포기한 마음속에만 존재한다.

사랑이 가장 중요하다는 것을 아는 사람, 그 사랑이 지닌 고통의 힘을 깨달은 사람의 마음속에는 비난이 들어설 자리가 없다.

사람들이여, 이 길을 가보아라! 황금의 시대가 가까이 있다.

8월 16일

오직 마음이 순수한 자만이 하나님을 볼 수 있다.

최고의 사랑에 마음을 집중하고 있는 이는 타인을 낙인찍거나 등급매기지 않는다. 자기 뜻대로 타인을 개조하려고도 않는다. 자기 방식의 우월성을 납득시키려 하지도 않는다. 사랑의 법칙을 알고, 사랑으로 살며, 사물을 대함에 있어 차분한 마음과 유쾌한 태도를 항상 유지한다. 타락한 것과 고결한 것, 어리석은 것과 현명한 것, 배운 것과 배우지 못한 것, 이기적인 것과 이타적인 것은 모두 똑같이 그의 평온한 생각의 축복이라 할 수 있다.

이 신성한 사랑, 최고의 지식은 끊임없는 수양과 자기 자신을 초월하는 승리를 얻음으로써 자기 것이 되는 것이다.

새롭게 태어나라. 그리하면 영원한 사랑을 깨달을 것이요, 평화를 얻을 것이다.

8월 17일

순수한 마음을 알아야 사랑이 완전하고 충만하게 실현된다.

편견 없는 온화한 생각으로 마음을 강하게 단련하라. 순수함과 동정심으로 마음을 단련하라. 침묵과 오점 없는 진실된 언어로 말을 단련하라. 그러면 청순한 평화의 길에 들어가 영원한 사랑을 깨닫게 될 것이다. 그렇게 살면 남을 굳이 개종시키려 하지 않아도 사람들로 하여금 깨닫게 할 것이다. 남을 설득 하려 하지 않아도 가르치게 될 것이다. 야망을 지니지 않아도 현명한 자가 당신을 찾아낼 것이다. 사람들의 평가를 얻으려고 애쓰지 않아도 그들의 마음을 정복할 것이다. 사랑에는 모든 것을 정복할 수 있는 전지전능한 힘이 있기 때문이다. 사랑의 생각과 말과 행동은 결코 소멸하지 않는다.

이것이 이타적인 사랑의 깨달음이다.

8월 18일

기뻐하라! 아침이 다가오는 것을 진리가 우리를 깨우고 있다.

눈을 뜨고 있으면, 실수의 어두운 밤은 더 이상 존재하지 않는다. 오랜 시간 우리는 고민에 빠져 잠들어 있었다. 오랜 시간 우리는 악몽과도 같은 악과 고통스럽게 싸워왔다. 그러나 이제 우리는 정신과 진리로 깨어 있다. 악마와의 싸움은 끝나고 선을 찾았다.

우리는 잠들어 있었지만 잠들어 있었다는 사실을 알지 못했다. 꿈속에서 고통스러워했지만 아무도 우리를 깨울 수가 없었다. 모두가 우리처럼 꿈꾸고 있었기 때문이다. 하지만 잠시 동안 꿈꾸기를 멈추었고, 우리의 잠 또한 멈추었다. 진리가 우리에게 말을 걸었고, 우리는 듣고 보았다! 우리는 눈을 뜨고 보았다. 우리가 꾸벅꾸벅 졸 동안 우리는 보지 못했다. 우리가 잠자는 동안 우리는 알지 못했다. 하지만 이제 우리는 잠에서 깨어나 보고 있다. 참으로 우리는 우리가 깨어 있음을 안다. 고결함을 알고, 죄를 더 이상 사랑하지 않기 때문이다.

진리는 얼마나 아름다운가! 진리의 왕국은 얼마나 거룩한가! 청순한 희열을 어떻게 말로 표현할 수 있겠는가!

8월 19일

진리에 대한 착각, 본질에 대한 환상을 버려라.

죄를 범하는 것은 일생을 헛되이 보내는 것이다. 죄를 사랑하는 자는 어둠을 사랑하는 것이요, 어둠을 사랑하는 자는 어둠의 세계에 있는 것이다.

그는 아직 빛을 보지 못했다. 빛을 본 사람은 어둠속에서 걷는 것을 선택하지 않는다. 진리를 아는 것은 진리를 사랑하는 것이다. 실수에는 아름다움이 없다. 일생을 헛되이 보내는 자는 지금은 즐거울지 모르지만 고통 속에 지낼 것이다. 지금은 자신감에 차 있을지 모르지만, 곧 두려움에 사로잡힐 것이다. 안정성이 없는 자는 영속적인 거처를 지니지 못할 것이다. 보복과 후회의 괴물이 쫓아오면 어디로 갈 수 있을까? 일생을 헛되이 보내는 사람이 자신의 꿈과 맞서 싸우게 하라. 그가 자신이 찾는 욕망의 세계를 깨닫게 하라. 보라! 그리하면 진리와 빛의 세계에 대한 정신의 눈을 뜨게 될 것이다. 행복하고, 온유하고, 평온하게 될 것이고, 사물을 있는 그대로 알게 될 것이다.

진리는 우주의 빛, 마음의 빛이다.

8월 20일
진리의 지식은 영속적인 평온함이다.

다른 모든 것이 실패한다 할지라도 진리는 결코 실패하지 않는다. 마음이 외롭고 휴식할 여유가 없을 때, 진리는 평화로운 안식처와 조용한 휴식을 제공한다. 삶의 근심은 많다. 삶의 근심걱정은 수없이 많고, 인생행로는 수많은 어려움에 둘러싸여 있다. 하지만 진리는 근심 걱정보다 더 위대하며 어려움보다 더 높은 자리에 있다. 진리는 무거운 짐을 가볍게 한다. 진리는 기쁨의 광휘와 함께 우리의 길을 밝혀 준다. 사랑하는 사람이 죽고, 친구가 떠나가고, 재산이 소진된다면 어디에서 위로의 말을 듣는단 말인가? 어디에 위안의 속삭임이 있단 말인가 진리는 쓸쓸한 자에게 위안을 주고 버려진 자에게 위로를 준다. 진리는 죽지도, 떠나가지도, 소진되지도 않는다. 진리는 영속적인 평화의 위안을 가져다 준다. 주의하여 들어 보라.

그리하면 진리의 부름, 위대한 깨우침의 목소리가 들릴 것이다.

진리는 고통으로부터 받은 상처를 없애주고 고난을 사라지게 한다.

8월 21일

망상에 집착하는 자, 이기심과 죄에 집착하는 자는 진리를 발견할 수 없다.

진리는 슬픔에서 기쁨을, 혼돈에서 평화를 가져온다. 진리는 이기적인 사람에게 선의 길을, 죄인에게 신성한 길을 이끌어 준다. 진리의 정신은 고결함을 행하는 것이다. 성실하고 충실하게 행함으로써 우리에게 위안을 가져다 준다. 순종은 평화의 왕관을 가져다 준다. 나는 진리 속에서 안식을 취한다. 그렇다. 나는 선의 정신에서, 선의 지식에서, 그리고 선을 행함으로써 그곳에 머무른다. 그러면 기운이 나고, 마음이 편안해 진다. 마치 악이 존재하지 않았던 것처럼 증오가 사라진다. 욕망은 저 심연의 어둠속에 갇혀 있기에 진리의 초월적 빛 속에서는 들어설 자리가 없다. 자존심은 눈 녹듯 녹아 없어지고, 허영심은 안개처럼 사라진다. 나는 완벽한 선을 바라보며, 나의 발걸음은 청렴결백한 길로 향한다. 이것으로 나는 위로받는다.

나는 진리로 인해 강인해지고 위로받으며, 그곳에서 안식처를 발견한다.

8월 22일

순수한 마음과 청순한 삶은 큰 도움이 된다. 그것은 기쁨과 평화로 가득 차 있다.

우리의 선한 행동은 우리와 함께 남아 있다. 선한 행동은 우리를 구원하고 보호해 준다. 악한 행동은 죄악이다. 악한 행동은 우리를 따라다니며 우리를 유혹의 시간 속으로 끌어들인다. 사악한 행동을 하는 자는 슬픔에 그대로 노출되지만 선한 행동을 하는 자는 악으로부터 보호받는다. 어리석은 자는 자신의 사악한 행동이 "숨어서 드러나지 않을 것이다."라고 말하지만, 사악한 행동은 이미 드러났으며, 그는 분명 후회할 것이다. 우리가 사악함 속에 있다면, 무엇이 우리를 보호할 것인가? 무엇이 불행과 혼란으로부터 우리를 지켜 줄 것인가? 남자와 여자, 부와 권력, 하늘과 땅, 그 어떤 것도 우리를 혼란으로부터 보호해 줄 수 없다. 악의 결과물에서 도망칠 수 없다. 그 어떤 피난처도, 그 어떤 보호자도 없다. 하지만, 우리가 선 안에 있다면 무엇이 우리를 압도할 것인가? 무엇이 우리에게 불행과 혼란을 가져오겠는가? 남자도 여자도, 가난도 질병도, 하늘도 땅도 우리에게 혼란을 가져다주지 못한다.

그곳에 올바른 길과 조용한 휴식이 있다.

8월 23일

진리를 사랑하는 이들이여, 슬퍼하지 말고 기뻐하라! 슬픔은 새벽안개처럼 사라질 것이다.

제자

스승의 스승이시여, 제게 가르쳐 주십시오. 저는 책을 많이 읽었으나 여전히 무지합니다. 학교의 가르침을 열심히 공부했지만 현명해지지 않았습니다. 마음속 깊이 성경을 새겼지만 제게 평화는 없습니다. 오, 스승이시여, 지식의 길을 알려 주십시오. 거룩한 지혜의 길을 알려 주십시오. 당신의 제자를 평화의 길로 이끌어 주십시오.

스승

지식의 길은 마음속 깊이 있다. 제자여! 지혜의 길은 고결함의 실천으로 얻을 수 있는 것이다. 죄 없는 삶이 평화의 길을 가르쳐 줄 것이다.

영원한 사랑이 드러나지 않고 안식을 취하는 곳을 바라보라! (저 멀리 떨어져 있는 듯 보이는 불명의 사랑!) 하잘 것 없는 마음이라 할지라도, 오늘 결백한 삶을 사는 자에게는 영원한 사랑이 그 모습을 드러낼 것이다.

8월 24일

당신이 시작한 극복은 위대하다. 당신 자신에 대한 강력한 극복은 더욱 위대하다. 성실하게 행하면 분명 극복할 수 있다.

제자

스승이시여, 저를 이끌어 주십시오! 저는 암담합니다. 이 어둠은 진정 사라지는 것입니까? 시련이 승리로 끝나는 것입니까?

스승

마음이 순수하면 어둠은 사라질 것이다. 마음이 집착에서 벗어날 때, 시련의 끝에 이를 것이다. 자기 본위의 생각이 사라지면, 슬퍼할 이유 또한 더 이상 존재하지 않을 것이다. 지금 그대는 단련과 정화의 길에 있다. 나의 모든 제자들은 반드시 그 길을 걸어야 한다. 지식의 순수한 불빛 속으로 들어가기 전에 모든 불순물은 정화되어야 한다. 망상을 떨쳐 버려야 한다. 진리의 신념을 늦추지 않아야 한다. 진리가 영원한 최고의 가치임을 잊지 말라. 기억하라! 나, 진리의 주인은 너를 내려다 보고 있다.

충직하게 견뎌내라. 그러면 내가 모든 것을 가르쳐 줄 것이다.

8월 25일

진리에 순종하는 자, 축복을 받을 것이다. 절대 쓸쓸하게 남아 있지 않을 것이다.

제자

보다 더 위대한 힘은 무엇이고, 덜 위대한 힘은 무엇입니까?

스승

다시 내 말을 들어라, 제자여! 포기하지 말고, 단련과 정화의 길을 열심히 걸으며 금욕적인 생활을 하라. 그러면 제자로서의 세 가지 덜 위대한 힘을 얻게 될 것이다. 또한 세 가지 보다 더 위대한 힘도 얻게 될 것이다. 이것들은 모두 견디기 힘들지도 모른다. 자제, 자기 신뢰, 신중, 이 세 가지가 덜 위대 한 힘이다. 확고부동함, 인내, 온화함, 이 세 가지가 보다 위대한 힘이다. 마음이 제대로 제어될 때, 진리만을 의지하게 될 때, 생각과 행동을 끊임없이 조심할 때, 그러면 궁극적인 빛에 다가갈 것이다.

어둠은 영원히 끝날 것이다. 기쁨의 빛이 계단에서 기다리고 있다.

8월 26일

부단히 노력하라. 강한 인내심을 가져라. 굳게 결심하라.

쾌락에 대한 갈망, 세속적인 것에 대한 집착, 이기심에 대한 애착, 육체의 즐거움에 대한 탐욕, 이 네 가지가 마음을 더럽힌다. 이 네 가지에서 모든 죄와 슬픔이 솟아난다. 마음을 씻어라. 속세의 갈망을 버려라. 소유욕을 버려라. 자기방어와 자만심을 버려라. 욕망을 모두 벗어 버리면 만족을 얻을 것이요, 세속적인 것에 대한 애착에서 마음을 거두어 내면 마음의 평화에 이를 것이다. 순수한 사람은 욕망으로부터 자유롭다. 그는 속세의 동요를 바라지 않는다. 영속적이지 않은 사물에 가치를 두지 않는다. 그에게는 부와 가난, 승리와 패배, 성공과 실패, 생명과 죽음이 모두 같은 것이다. 그는 행복해질 것이며, 마음의 평화가 그에게 찾아올 것이다.

사랑을 단단히 품어라. 사랑이 행동으로 실천케 하라.

8월 27일

영원과 조화를 이루는 행동을 나에게 가르쳐 달라. 그리하면 나는 조심스러워지고 실패하지 않을 것이다.

고결하지 않은 사람은 자신의 감정에 휩쓸린다. 좋고 싫음이 그의 주인이다. 선입견과 편애가 그의 눈을 멀게 한다. 욕망과 고통, 갈망과 슬픔, 자제를 알지 못해 불안만 크다. 하지만 고결한 사람은 자기 마음가짐의 주인이다. 좋고 싫음을 어리석은 것으로 단념했기에 선입견과 편애는 사라졌다. 그는 아무 것도 갈망하지 않으므로 고통스러워하지도 않는다. 자기 통제에 철저하므로 평화가 항상 그와 함께 있다.

비난하지도 화내지도 보복하지도 말라. 논쟁하지도 한쪽에 치우치지도 말라. 항상 평온함을 유지하라. 공정하게 진리만을 말하라. 온유하고 부드럽게 행동하라. 무한한 인내심을 가져라. 사랑을 단단히 부여잡고 사랑이 행동으로 실천케 하라.

깊이 생각하고 현명해져라. 강인하고 친절한 마음을 가져라.

8월 28일

늘 경계를 늦추지 마라. 그러하면 그 어떤 이기심의 생각도 몰래 다시 들어와 당신을 더럽히지 못할 것이다.

이기심을 버려라. 타인과 이 세상의 선함만을 생각하고, 쾌락이나 자기 자신에 대한 보답을 생각하지 마라. 그리하면 당신은 더 이상 사람들과 떨어져 있지 않고 모두와 하나가 될 것이다. 자신을 위해 더 이상 싸우지 말라. 모든 사람을 측은히 여겨라. 그 누구도 당신의 적으로 생각하지 마라. 그리하면 모두와 친구가 될 것이다. 모두와 더불어 평화를 유지하라. 살아 있는 것에 연민을 느끼고 무한한 자비가 당신의 말과 행동을 감싸도록 하라. 그것이 진실로 기쁨의 길이요, 영원을 따르는 행동이다. 고결한 행동을 하는 사람은 기쁨으로 가득 차 있다. 그는 변하지도, 소멸하지도 않는 행동의 원칙에 따라 행동한다. 그는 영원한 것과 하나가 되기에 불안은 더 이상 존재하지 않는다. 고결한 사람의 평화는 완전하다. 일시적인 변화에 방해받지 않는다.

영원한 빛에 눈을 떠라.

8월 29일

지식은 찾는 자를 위한 것이다. 지혜는 노력하는 자를 왕위에 앉힌다. 완전한 고요 속에서 평화가 울려 퍼진다. 모든 것이 멸망하고, 오직 진리만이 살아남는다.

자신의 힘과 자기 신뢰를 키워라. 마음이 의지에 복종토록 하라. 주변의 분위기에 휩쓸리지 말고 자기 자신을 지배하라. 당신의 가벼운 욕망이 아니라 섬세한 열정이 당신을 지배하게 하라. 천박함으로 뛰어 들지도, 자신이 그곳에 내던져지도록 하지도 말라.

일어서라. 그리고 천박함에서 인성을, 지옥에서 지혜를 얻어라. 고결함을 제외하고 그 어느 것에도 굴복하지 말라. 상을 받으려고 열심히 달리는 운동선수처럼 최선을 다했을 때, 그 때 기뻐하라.

미덕이 이끄는 높고 숭고한 곳으로 따르라. 순수함이 이끄는 곳에 귀를 기울여라. 순수함의 불을 끄지 마라. 보라! 그리하면 본질을 보게 될 것이다. 위로 오르는 자는 모든 욕망에서 벗어날 것이다.

8월 30일

죄악과 슬픔, 눈물과 고통을 싸워 나가는 자, 마침내 해방을 얻을 것이다.

육욕과 갈망과 탐닉, 실망과 불행과 슬픔, 두려움과 의심과 비탄의 노예가 되지 말고 침착하게 자기 자신을 지배하라. 자기 자신의 주인이 되라. 집착이 당신을 지배하게 하지 말고 당신이 집착을 지배하라. 집착이 평온함으로 변하고, 지혜가 그 자리를 차지할 때까지 당신 스스로를 지배하라. 그리하면 당신은 고지에 이를 것이요, 고지에 이름으로써 알게 될 것이다.

당신의 내면을 보아라. 변화의 중심에서 바라보아라! 확고부동한 것을 받아들여라. 그리하면 반목의 한 가운데서 완전한 평화가 응답할 것이다.

나는 무지하지만 깨닫기 위해 노력한다. 깨달음을 얻을 때까지 노력을 멈추지 않을 것이다.

8월 31일

당신이 생각하는 것이 당신의 실제 모습이다.

우리 주변의 세상은 생물이든 무생물이든, 생각의 옷을 입고 있다.

부처는 이렇게 말했다.

"우리의 모든 존재는 우리가 생각한 것에 대한 결과이다. 그것은 우리의 생각을 기초로 만들어졌다."

사람이 두려움에 휩싸였는지 혹은 공포가 없는지, 바보스러운지 혹은 현명한지, 문제에 휩싸였는지 혹은 차분한지, 모든 상태의 원인은 결코 외부 세계가 아닌 사람의 내면에 있다. 지금 나는 이런 외침소리를 듣는 것 같다.

"당신은 정말 외부적인 환경이 마음에 아무런 영향도 주지 않는다고 말하는 것인가?"

나는 그렇게 말하지 않는다. 그러나 이것만은 말할 수 있다. 나는 이것이 의심할 수 없는 확고한 진리임을 안다. 당신이 허락하는 만큼만 환경이 당신에게 영향을 미칠 뿐이다.

생각의 본질, 생각의 효용, 생각의 힘을 제대로 이해하지 못했기 때문에 환경에 흔들리는 것이다.

9월 September

9월 1일

마음을 편안하게 하라! 그리하면 축복의 비전에 도달할 것이다.

에오라우스Eokaus(옮긴이 주:그리스 신화에 등장하는 헤라클레스의 친구이자 동료)〉

슬픔이 집착을 따라온다는 것을 압니다. 세속적인 기쁨이 있는 곳에 슬픔, 공허함, 상심이 있다는 것을 압니다. 그래서 저는 슬퍼합니다. 진리는 분명 있으나, 나는 찾을 수가 있습니다. 그리고 비록 지금은 슬픔에 잠겨 있지만, 내가 진리를 찾을 때 즐거워할 것을 알고 있습니다.

예언자

진리의 기쁨보다 더한 즐거움은 없다. 마음이 순수한 자는 슬픔과 고통이 없는 은총의 바다에서 헤엄친다. 누가 우주를 보고 슬픔에 빠질 수 있겠는가? 진리의 기쁨을 알면 행복해진다. 완전함을 얻고 즐거워한다. 바로 그가 진리를 깨닫고 사는 사람이다.

9월 2일

고결함을 깨닫지 않고서는 그 어떤 곳에서도 영원한 만족을 발견할 수 없다.

모든 이는 스스로 자각을 하든 못하든 고결함을 추구한다. 나름대로의 길로, 나름대로의 지식으로 그 열망을 채우려고 노력한다. 고결함에 대한 열망은 하나요, 고결함 또한 하나이다. 하지만 고결함에 이르는 길은 무수히 많다. 그것을 자각하고 그 길을 찾으려는 사람은 축복받을 것이요, 머지 않아 진리의 길을 알게 될 것이다. 자각을 하지 못한 채 그 길을 찾으려는 사람은 비록 얼마 동안은 기쁨의 바다에서 헤엄칠지라도 축복 받지는 못하리라. 그는 찢겨지고 상처 입은 발로 고통의 길을 걸어갈 것이다. 그는 잃어버린 유산, 즉 고결함의 영원한 유산을 간절히 바라게 될 것이다.

진심을 다해 지혜롭게 구하는 자, 축복 있으라.

9월 3일

이기심의 폭정에서 벗어나 자유로워진 눈부시게 빛나는 환희!

하나님의 왕국으로의 여행이 길고 지루할 수도, 짧고 빨리 끝날 수도 있다. 일 분이 걸릴 수도, 천 년이 걸릴 수도 있다. 모든 것은 구하는 자의 믿음과 신념에 달려 있다. 대다수는 '믿지 않기 때문에 들어갈 수 없다.' 실현될 가능성을 믿지 않는데 어떻게 고결함을 깨달을 수 있단 말인가? 고결함은 자신의 도리를 헌신적인 실천함으로써 깨달을 수 있다. 높이 오르고픈 신념을 가진 사람은 조만간 승리에 이를 것이다. 속세의 도리에 둘러싸여 있다 할지라도, 약해지지 않을 것이다. 선의 이상을 잃지 않으며 흔들리지 않고 완성에 이르게 될 것이다.

외부세계의 삶은 내면세계의 음악과 조화를 이룬다.

9월 4일

행동의 통제와 정화.

반목의 왕국에서 사랑의 왕국까지의 완전한 여행은 '행동의 통제와 정화'라는 말로 요약될 수 있다. 그 과정을 꾸준하게 밟으면, 틀림없이 완전함에 다다를 것이다. 그리하면 자기 안에 있는 힘을 지배할 것이고, 이 힘의 영역에서 움직이는 법칙을 알게 될 것이다. 자신 안에 존재하는 원인과 결과의 끊임없는 작용을 바라보고 이해함으로써, 인간의 몸 안에서의 보편적 조화를 이해하게 될 것이다.

이것은 또한 마음을 단순화하는 과정이고, 인격에서 가장 중요한 것을 골라내는 과정이기도 하다.

스스로를 위해 살지 않고 타인을 위해 살아가면 가장 고귀한 축복과 가장 심원한 평화를 누리게 될 것이다.

9월 5일

그리스도의 가르침을 실천하려고 부단하게 노력하지 않으면, 진실한 삶은 어디에도 없다.

선한 사람은 인류의 꽃이다. 그는 이기심을 극복해 하나님과 같이 매일 좀 더 순수하고 고결해진다. 그리하여 고결한 마음 가까이에 이르게 된다.

"나의 제자가 되어 매일 이기심을 버려라."

이것은 아무도 오해할 수도 잘못 적용할 수도 없는 말이다. 선을 얻기 위한 한 가지 방법은 선과 반대되는 모든 것을 포기하는 것이다. 이기적인 욕망은 반드시 근절되어야 하고, 순결하지 않은 생각은 반드시 없애야 하며, 아집에 매달리는 것도 반드시 근절되어야 한다. 이렇게 하는 것이 그리스도를 따르는 길이다.

사랑하는 마음과 자기희생의 마음은 그 어떤 신조와 믿음, 소신보다 우월하다.

9월 6일

항상 사랑 안에 머무르며 나아가는 것이야말로 진실한 삶을 사는 것이요, 삶 그 자체이다.

모든 이가 겸손하고 충실하게 그리스도의 예언을 실천한다면, 그리스도가 살았듯이 그렇게 살 수 있다. 이것을 거부하고 자신의 갈망과 격정, 집착에 매달리는 한 그리스도 제자의 자리에 오를 수는 없다. 그런 사람은 자기 자신의 제자에 불과할 뿐이다.

"참으로, 참으로 나는 너희에게 말하노니, 죄를 저지르는 사람은 누구나 죄의 노예가 되리라."

이것은 그리스도의 엄중한 선언이었다. 나쁜 기질과 육욕, 무자비한 말과 판단, 개인적인 증오, 사소한 다툼과 아집에 대한 믿음에 현혹되지 마라. 그리스도를 따르라. 사람과 사람을 갈라놓고, 사람을 선으로부터 갈라놓는 것은 그리스도가 아니다. 그리스도는 사랑이기 때문이다.

죄와 그리스도는 함께 살 수 없다. 지고지순한 그리스도의 삶을 받아들

177

이는 이는 죄에서 멀어질 것이다.

9월 7일

그리스도를 거부하면 그리스도를 잃게 된다.

불결한 욕망에 사로잡히는 것 못지않게 아집에 집착하는 것도 이기적이며 죄가 된다. 이것을 아는 선한 사람은 사랑의 정신 앞에 자기 자신을 무조건적으로 포기하고 모두를 향한 사랑 안에 산다. 누구와도 다투지 않으며 누구도 비난하거나 미워 하지 않는다.

"자기 생명을 사랑하는 자는 그것을 잃을 것이다."(옮긴이 주: 요한 복음 12:25)

영원한 사랑은 하찮고, 비열하며, 죄에 집착하고, 다툼을 조장 하는 개인적인 이기심을 기꺼이 포기한 자의 것이다. 그렇게 하는 것만으로 크고 아름답고 자유롭고 영광스러운 충만한 사랑의 삶을 시작할 수 있기 때문이다. 여기에 삶의 길이 있다. '좁은 문' (옮긴이 주: 마태복음 7:14)은 선의 문이기 때문이다.

좁은 문은 자제의 길이며 자기희생의 길이다.

9월 8일

스스로 배우려 하지 않으면 아무것도 배울 수 없다.

"다른 사람에게 어떻게 행동하고 있는가?"

"다른 사람을 위해 무엇을 하고 있는가?"

"다른 사람을 어떻게 생각하고 있는가?"

"다른 사람에 대한 나의 생각과 행동이 이타적인 사랑에 의한 것인가? 아니면 개인적인 반감, 사소한 복수, 편협한 고집과 비난의 결과인가?"

영혼의 고결한 고요함 속에 있는 이는 이런 엄중한 질문에 자문하고, 자신의 모든 생각과 행동을 그리스도의 근본적인 가르침의 정신에 집중시킨다. 그의 지식은 밝게 빛나기에 무엇이 잘못되었는지 알 수 있다. 그리고 마음과 행동을 고치기 위해서는 어떻게 해야 하는지도 알 수 있다.

악은 견딜 가치가 없다. 선의 실천이 가장 뛰어난 것이다.

9월 9일

개인적인 반감은 야수와 같은 사람에게는 너무나도 자연스런 것일지는 몰라도, 거룩한 삶에서는 들어설 자리가 없다.

악에 저항할 것을 호언장담하는 사람은 집착과 선입견에 휩싸여 있다. 그 마음자세의 직접적인 결과로서 그는 다른 사람들로부터 악의 저항을 받는다. 타인과 정당, 종교와 정부를 악으로서 저항한다면, 당신도 악의 저항을 받을 것이다. 자신이 벌 받고 비난받는 것을 커다란 재앙이라고 생각한다면, 남을 박해하고 비난하는 걸 중단하라. 자신이 악이라고 여기는 모든 것에서 벗어나 선을 찾아 나서도록 하라. 이 가르침은 너무나 심오하고 원대하다. 이 가르침의 실천은 정신적 지식과 성공의 저 높은 곳으로 우리를 인도할 것이다.

그리스도의 가르침을 따르는 이는 스스로를 극복하며 거룩히 빛날 것이다.

9월 10일

인간은 본질적으로 고결하다.

사람은 오랫동안 죄의 그늘에서 살아왔기에 마침내 그 죄의 상태가 자연스러운 것이라고 여기게 되었다. 신성한 근원이 자신으로부터 멀리 떨어진 외부세계에 존재한다고 믿었기에 그것으로부터 벗어나 있었다. 사람은 정신적인 존재다. 그러므로 우리가 하나님이라고 부르는 영원한 정신, 영원불변한 속성이 우리에게도 있다. 죄가 아닌 선이야말로 사람의 당연한 조건이다. 불완전함이 아닌 완전함이야말로 우리의 유산이다. 이러한 조건을 인정한다면, 우리는 그 속으로 들어가 깨달을 수 있다. 그것은 자기 자신, 즉 성 바울St Paul이 '자연스런 인간'이라고 불렀던 개인의 들뜬 욕망, 자만심에 빠진 의지, 이기주의, 자기본위를 부정하고 포기하는 것이다.

고귀한 선이신 그리스도는 사람의 마음이 선함을 알고 있다.

9월 11일

진심으로 선을 찾으려 한다면 다른 사람의 '악'에 대한 생각과 의심을 벗어 버려라. 그리고 자신 안에 있는 선을 찾아 실천하라.

자신 안에 거룩한 힘이 있으므로 당신은 죄와 수치스러움과 슬픔을 떨쳐 버리고 가장 고귀한 정신적 성취를 이룰 수 있다. 최고의 선이신 하나님의 뜻을 실천할 수 있다. 그리하면 내적인 어둠의 힘을 정복하고 찬란하게 서게 된다. 세상을 정복하고 하나님의 고매한 정상을 가늠할 수 있다. 이것은 선택과 결정, 그리고 거룩한 힘으로 성취할 수 있는 것이다. 오직 복종 안에서, 복종에 의해서만 성취할 수 있다. 마음의 참을성과 겸손함을 선택해야 한다. 평화를 위해 반목을 버려야 하며, 순수함을 위해 집착을 버려야 하고, 자기희생을 위해 이기주의를 버려야 한다.

이것이 진리의 거룩한 길이다. 안전하고 영원한 구원이다. 이것은 그리스도의 멍에요 짐이다.

9월 12일

그리스도의 복음은 삶과 실천의 복음이다.

그리스도가 온유하고, 겸손하고, 상냥하고, 인정 많고, 순수하다는 사실은 너무나도 아름다운 사실이지만, 그것만으로는 충분하지 않다. 당신 자신 또한 온유하고, 겸손하고, 상냥하고, 인정 많고, 순수할 필요가 있다. 그리스도가 자신의 의지를 굽히고 아버지 하나님의 의지에 복종했다는 것은 영감을 불러일으키지만, 그것으로 충분하지 않다. 당신 또한 절대 선을 위해 당신의 뜻을 굽힐 수 있어야 한다. 그리스도의 자비, 아름다움, 선이 당신의 마음속에 없다면, 그것은 당신에게 아무런 가치도 없고 이해할 수도 없다. 당신이 그 가치를 실천하기 전까지는 결코 마음속에서 선을 진정으로 느낄 수 없다. 실천하지 않고서는 선의 자질이 당신에게 생기지 않기 때문이다.

순수한 선은 종교이다. 순수한 선 이외의 종교는 존재하지 않는다.

9월 13일

거룩한 가르침에 따라 행동하는 이가 하나님의 뜻에 따라 행동하는 사람이다.

다른 사람(그것이 하나님이라 할지라도)의 선으로부터 도출되는 충족, 축복, 평화란 없다. 스스로 꾸준한 노력을 통해, 우리의 존재 속으로 구체화하기 전까지는 그 축복과 평화를 알 수 없다. 그러므로 그리스도의 고귀한 본질을 숭배하는 사람은 그리스도의 본질을 스스로 실천하라. 그리하면 당신도 고귀하게 될 것이다.

그리스도의 가르침은 사람에게 고결함과 올바른 행동은 전적으로 개인 행동의 문제이며, 각자가 스스로 고결해야 한다는 지극히 단순한 진리에 대한 가르침이다. 각자는 자신의 말을 행동에 옮겨야 한다. 마음의 평화와 기쁨을 가져다 주는 것은 그 사람의 행동이다.

용서의 달콤함을 맛본 자만이 용서를 실천할 수 있다.

9월 14일

그리스도는 사랑의 마음이다.

그리스도가 "나 없이 너희는 아무것도 할 수 없다."고 말했을 때, 그는 깨지기 쉬운 형태가 아닌 보편적인 사랑의 정신을 이야기했다. 그의 행동이 그 완전한 표현이었으며, 그의 이런 외침은 단순한 진리에 대한 설명이었다. 개인적인 목표를 위한 일은 헛되고 가치 없다. 개인적인 만족을 위해 살아가는 한, 일시적인 존재로 어두움과 공포와도 같은 죽음 속에 남아 있을 것이다. 사람 안의 야수의 특성은 거룩함에 응답하지도, 거룩함을 알지도 못한다. 사랑만이 사랑을 알고, 사랑만이 사랑과 연결된다. 사람은 거룩하다. 사람이 사랑의 본질이기 때문이다. 그러므로 그동안 맹목적으로 따라왔던 불순하고 개인적인 요인들을 정복한다면 깨닫게 될 것이다. 그리하여 그리스도 정신의 냉철한 본질로 다가갈 수 있을 것이다.

이 사랑의 원칙에는 모든 지식과 이해, 지혜가 담겨 있다.

9월 15일

사랑은 실천할 때 비로소 완성된다.

그리스도의 가르침은 실천하기에 앞서 조건 없는 희생을 요구 한다. 진리가 아닌 것에 집착하면 진리를 알 수 없는 것과 마 찬가지로 실수에 집착하면 진리를 실천할 수 없다. 사람이 욕 망, 미움, 자만, 허영, 방종, 탐욕을 소중히 여기면 아무것도 이룰 수 없다. 이와 같은 죄악의 요소를 담고 있는 모든 것은 거짓이고 일시적이기 때문이다. 오직 사랑의 정신 안에서 의지할 때 끈기 있고, 온화하고, 순수하고, 인정 많아지고, 오직 사랑의 정신 안에서 관대해질 때 고결한 일을 할 수 있으며, 삶의 결실을 거둘 수 있는 법이다. 가지가 없으면 포도 넝쿨은 넝쿨이 아니다. 가지가 열매를 맺고 나서야 비로소 결실이 완성되는 것이다.

매일 같이 마음과 정신과 행동 속에서 최선을 다해 사랑을 실천하면 존재의 영구불변의 원칙을 발견할 수 있다.

순수한사랑이야말로 죄로부터의 유일한 안식처이다.

9월 16일

사랑의 완전한 실현을 망치는 습관들을 모두 무조건 버려야 사랑이 영구불변의 본질임을 깨달을 수 있다.

반목과 증오, 비난, 불순한 자만, 이기심을 버리고 사랑을 실천함으로써 사랑의 포도 덩굴과 자신을 연결지을 수 있다. 그렇게 함으로써 십자가에 못 박았던 거룩함의 본능을 내면에서 깨울 수 있다. 사람은 이기심에 굴복할 때마다 그리스도를 부정하고 사랑에서 멀어진다. 그리스도는 사악한 존재로부터 순결한 존재로 변하려고 부단히 노력하는 자, 그리하여 이성적이며 자애롭고 평화로우며, 사랑을 베푸는 순결한 자에게만 드러난다.

그런 영광스러운 깨달음은 성숙함의 절정이며, 존재의 궁극적 목표이다.

9월 17일

이기심이 반목과 고통을 만드는 뿌리이듯 사랑이 평화와 은총을 만드는
뿌리이다.

하나님 나라의 평안함 속에 있는 사람은 그 어떤 외부세계의 소유물에서
행복을 찾지 않는다. 소유물을 단지 요구하면 당연히 오는 결과물로서, 소
용을 다하고 나면 사라지는 것으로 생각한다. 실제 삶의 부속물이나 결과
로만 여긴다. 그리하여 걱정이나 고통에서 자유로워지고 사랑에서 안식과
행복을 얻고, 순수함과 연민, 지혜의 영생을 얻는다. 하나님과 하나라는 사
실을 깨닫고 사물의 본질을 바라보기에 어디에서도 비난의 여지를 찾아볼
수 없다.

사람은, 비록 자신의 본질을 깨닫지 못한다 하더라도, 본질적으로 모두
고귀하다.

9월 18일

소위 악이라는 것은 무지에 뿌리를 두고 있다.

하나님 나라의 아이들이 편하고 게으르게 산다고 생각하지 말자(이 두 죄
는 하나님 나라에 들어갈 때 우선 뿌리 뽑아야 할 것이다). 그들은 평화롭게 산다.
오직 그들만이 진실한 삶을 산다. 걱정, 슬픔, 공포의 이기적인 삶은 진실
한 삶이 아니기 때문이다. 그들은 이기심을 버리고 부지런히 자신의 도리
를 실천한다. 그들은 자신들을 둘러싸고 있는 세계와 다른 사람들 속에서
고결한 하나님의 왕국을 건설할 강인한 힘과 능력이 있다. 이것이 그들이

할 일인 것이다. 처음에는 본보기로, 다음엔 가르침으로 말이다. 그들에게는 더 이상 슬픔이 존재 하지 않기에 영원한 환희 속에서 산다. 비록 그들이 세상의 고통을 겪는다 할지라도 최후의 환희와 영원한 안식처를 얻게 될 것이기 때문이다.

준비된 자는 반드시 얻을 것이다.

9월 19일

천국은 무덤 너머에 있는 공상의 세계가 아니라 실제로 영원히 존재하는 마음속 천국이다.

그리스도가 인정하고 가르쳐 준 유일한 구원은 속세의 죄와 죄의 결과로부터의 구원이다. 이와 같은 구원은 죄의 완전한 포기의 결과임에 틀림없다. 그렇게 되면, 하나님의 왕국은 완전한 지식, 완전한 은총, 완전한 평화의 상태로 마음속에서 실현된다.

"다시 태어나지 않으면 하나님의 왕국을 볼 수 없다."

사람은 새로운 창조물이 되어야만 한다. 옛것을 완전히 버리지 않고 어떻게 새로워질 수 있겠는가? 낡은 이기심을 계속 고집하면, 나아질 수 없다. 그런 사람은 특정 이론이나 종교의 탈을 쓰고 자신을 '새로운 창조물'이라고 내세울 뿐이다.

천국은 사랑이 지배하는 곳이며, 항상 평화가 충만한 곳이다.

9월 20일

믿고, 겸손하고, 진실한 이에게는 '완전한 하나'라는 장엄한 비전이 그 모습을 드러낼 것이다.

실로 기쁜 소식은 당신의 거룩한 능력을 인간에게 드러내신 그리스도의 메시지이다. 이 메시지는 죄에 사로잡힌 사람에게 이렇게 말한다.

"일어나 네 자리를 들고 걸어가라."

이는 사람이 더 이상 어둠과 무지와 죄의 피조물로 있을 필요가 없다는 것을 말한다. 오직 선만을 믿고 따르면 마침내 완전 무결한 선이 이루어진다. 이렇게 믿고 극복한 사람은 그리스도의 가르침을 통해 드러난 완전한 법칙의 안내자일 뿐만 아니라 '진리의 정신'이라는 내면세계의 안내자가 될 수 있다.

'모든 사람을 비추고, 이 세상으로 다가온 빛'을 따르면, 그 거룩한 가르침을 틀림없이 보게 될 것이다.

불멸이신 그리스도의 완전한 선을 깨달아라.

9월 21일

천국에는 완전한 믿음, 완전한 지식, 완전한 평화가 있다.

하나님 나라의 아이들은 그 삶으로 알 수 있다. 그들은 어떠한 환경에서도 정신의 열매인 '사랑, 기쁨, 평화, 인내, 친절, 선량, 성실, 온순, 절제'로 분명하게 드러난다. 그들은 분노, 공포, 의심, 질투, 변덕, 걱정, 그리고 슬픔에서 완전히 자유롭다. 하나님의 고결함 안에 살며, 다른 사람들과 분명히 다르게 산다. 그들은 어떤 권리도 요구하지 않는다. 하나님을 방어하지도 않는다. 보복하지도 않는다. 자신을 반대하고 공격하는 이들에 대해서도 친구를 대하듯 온화한 정신을 보여 준다. 사람을 판단하지 않는다. 어떤 사람도 어떤 제도도 비난하지 않는다. 그리고 모두와 함께 평화롭게 산다.

하늘의 왕국은 모든 이의 마음 안에 있다.

9월 22일

매일 노력하고 꾸준히 일하며 하나님의 나라를 찾아라.

고결함의 성전은 순수함, 지혜, 측은지심, 사랑이라는 네 개의 기둥으로 지어진다. 평화는 그 지붕이며, 마루는 확고부동함이다. 출입문은 헌신적인 도리이며, 영감으로 분위기는 무르익을 것이다. 그곳의 음악은 완전한 기쁨이며, 그곳은 영원하여 흔들리지도 파괴되지도 않는다. 내일 일어날 일을 걱정하여 근심할 필요가 없다. 하늘의 왕국은 마음에 세워지는 것이므로 삶에서 물질적인 필수품을 구하려 더 이상 애쓰지 않아도 된다. 최상의 것을 발견하고 나면 원인에서 결과가 나오듯, 생존을 위한 투쟁은 끝나고 정신적·이지적·물질적 욕구는 우주의 풍요로움으로 매일 채워질 것이다.

대가를 지불하라. … 아무런 조건없이 이기심을 버려라.

9월 23일

모든 것은 지금, 오직 지금 이 순간 가능하다.

지금 이 순간이야말로 시간이 포함된 본질이다. 지금은 시간 그 이상으로, 변하지 않는 본질이다. 과거도 미래도 알지 못한다. 다만 영원히 확고하고 견고하다. 매분, 매초, 매년은 시간이 지나감에 따라 꿈이 된다. 그것이 지워지지 않는다면, 기억 속에서의 불완전하고 비현실적인 모습으로 남아 있게 된다.

과거와 미래는 꿈이요, 지금 이 순간이야말로 본질이다. 모든 것이 현재에 존재하는 것이다. 모든 힘, 모든 가능성, 모든 행동은 지금이다. 지금 행하고 성취하지 못하면 결코 성취하지 못한다. 과거의 후회와 과거의 꿈속에서 사는 것은 어리석다. 후회하지 않고, 미래의 닻을 올리고, 지금 이 순간 행동하는 것이야말로 지혜로운 삶이다.

사람은 지금 이 순간에 힘이 있다.

9월 24일

저승으로 유혹하는 그 어떤 길도 걸어가지 말라.

사람은 지금 이 순간에 힘이 있다. 하지만 이것을 알지 못 한채 이렇게 말한다.

"내년이 되면, 아니, 몇 년 후에는, 아니, 한참을 살아야 완전해질 거야."

지금 하나님의 나라에 살고 있는 사람들은 이렇게 말한다. "나는 지금 완전하다."

그들은 지금 죄를 짓지 않으며, 끊임없이 마음의 문을 수호하고, 과거와 미래에 연연하지 않으며, 이리저리 고개를 돌려 기웃거리지 않고, 영원히 거룩한 축복 속에서 산다.

"지금 이 순간이 허락된 시간이며, 지금 이 순간이 구원의 날이다."

자신에게 이렇게 말하라.

"나는 지금 이 순간 나의 이상 속에서 산다. 지금 이 순간이 나의 이상이 될 것이다. 나를 이상에서 멀어지도록 하는 그 어떤 유혹의 목소리도 듣지 않을 것이다. 나는 오직 내 안의 이상의 목소리에 귀 기울일 것이다."

이렇게 결심하고 행동한다면, 당신은 고귀한 삶에서 벗어날 일이 결코 없을 것이며, 영원히 진리를 구현할 것이다.

고귀한 천성의 힘을 지금 드러내라.

9월 25일

결심하라. 한 가지 목표를 세워라. 결심을 매일 다시 새롭게 하라.

유혹을 받을지라도 바른 길에서 벗어나지 말라. 자극받지 말라. 집착이 일면 집착을 잠재워라. 마음이 산만할 때는 더 높은 목표로 마음의 안정을 되찾아라. 이렇게 생각하지 말라. '스승으로부터, 혹은 책으로부터 진리를 얻을 수 있다.'

오직 실천으로만 진리를 얻을 수 있다. 스승과 책은 단지 방향을 제시해 줄 뿐이다. 진리의 길을 가는 것은 당신이요, 진리는 쌓아 올리는 것이다. 자연현상, 혹은 죽은 영혼과의 교류에 이끌리지 마라. 진리의 실천으로 선행, 지혜, 최고의 원칙을 얻어라. 스승을 믿어라. 법칙을 믿어라. 고결함의 길을 믿어라.

의심과 유혹을 떨쳐 버리고, 무한한 신뢰를 가지고 지혜의 교훈을 실천하라.

9월 26일

과장하지 마라. 진리는 그 자체로 충분하다.

오직 진실된 말만 하라. 말과 겉모습, 행동에 속지 마라. 싸움에 빠지지 않기 위해서는 서로 물고 늘어지는 뱀처럼 남을 비방하지 말라. 다른 사람을 비방하는 사람은 평화의 길을 찾지 못할 것이다. 남을 헐뜯지 마라. 다른 사람의 사적인 일을 떠들어 대지 말라. 세상 사람의 방식에 대해 논하지도, 뛰어난 사람들을 비난하지도 말라. 다른 이의 실수를 추궁하지 말라.

대신 청렴결백한 행동으로 모든 잘못을 대하라. 고결한 길을 걷지 않는 사람들을 비난하지 말고 연민으로 감싸 주며 스스로 고결한 길을 걸어라. 진리의 순수한 물로 분노의 정염을 꺼 버려라. 겸손하게 말하며, 거칠고 천박하고 흉한 농담 따위는 하지 마라. 엄숙과 존경은 순수와 지혜의 표시이다.

진리를 비난하지 말라. 대신 진리와 더불어 살라.

9월 27일

금욕과 금주, 자제심은 선하다.

자신의 도리를 최대한 성실하게 수행하되 보상받을 생각은 버려라. 도리를 유혹하는 쾌락과 이기심을 버려라. 다른 이의 도리를 방해하지 말라. 모든 것을 올바로 하라. 혹독한 시련에서 행복이나 삶이 위태로운 듯 해도 정도를 벗어나지 말라. 정복될 수 없는 고결함을 지닌이는 위대하다. 그는 당황하지 않고 의심과 혼란의 미로에서 빠져나올 수 있다. 만약 누군가 당신을 이용하고 비난하고 험담한다면, 침묵을 지키고 자제하라. 당신이 복수하지 않으면, 그릇된 행동을 하는 자가 당신에게 상처 줄 수 없다. 또한 그러한 그릇된 마음을 갖지 않도록 하라.

순수한 정신의 소유자는 '나는 타인한테 상처 받았다.' 라고 생각하지 않는다. 그는 자신을 제외한 그 어떤 적도 알지 못한다.

9월 28일

친절함이 이기심을 삼켜 버릴 때까지 관대함을 향상시켜라.

악의를 품지마라. 화를 다스리고 증오를 이겨내라. 변함없는 친절과 측은지심으로 행동하라. 신랄함이나 분노의 말에 굴복하지 말고, 침착함으로 분노를 대하라. 인내심으로 조롱을 대하고, 사랑으로 증오를 대하라. 어느 한 쪽에 치우치지 말고, 평화를 실천하는 사람이 되라. 자신과 다른 스승이나 믿음, 학파를 비방하지 말라. 부자와 가난한 자 사이에, 고용주와 종업원 사이에, 지배자와 피지배자 사이에, 주인과 하인 사이에 장벽을 쌓지 말라. 모두에게 그들의 도리를 일깨우면서 한결같은 마음으로 대하라. 끊임없이 마음을 자제하고, 신랄함과 분노를 자제하고, 꾸준히 친절하려고 노력하면, 선의의 정신이 마침내 태어날 것이다.

강해져라. 정열적으로 행하라. 확고해져라.

9월 29일

올바른 마음, 총명함, 순수한 시각을 지녀라.

모든 것을 이성적으로 생각하라. 모든 것을 시험하라. 알고 이해하려고 애써라. 논리적으로 생각하려고 노력하라. 말과 행동에 있어서 일관성을 지녀라. 마음에 지식을 비추도록 불을 밝혀라. 면밀하게 들여다보고 스스로에게 질문하라. 믿음, 성찰, 그리고 지식을 얻어라. 실천을 통해 얻은 지식에 서있는 이는 초라하지 않은 숭고한 확신으로 가득차 있으며, 진리의 말을 힘주어 할 수 있다. 혜안을 길러라. 마음의 눈을 떠 정신적·물질적인 모든 것에 있어 연속적이고 질서정연하게 일어나는 원인과 결과를 보라. 그러면 쾌락과 죄를 추구하는 것이 얼마나 의미 없는 것인지 알게 될 것이다. 숭고한 미덕과 티 없는 순수함의 기쁨과 영광이 있을 것이다.

진리는 존재한다. 그곳에는 어떤 혼돈도 존재하지 않는다.

9월 30일

육체적인 눈이 아닌 하나 밖에 없는 순수한 진리의 눈으로 보라. 그리하면 자신의 본성을 이해할 수 있을 것이다. 정신적 존재로서의 본질을 이해할 수 있을 것이다. 당신이 어떻게 수 없이 많은 경험의 시대를 지나왔는지, 어떻게 끊임없이 낮은 곳에서 높은 곳으로, 그리고 더욱 더 높은 곳으로 삶의 노정을 통과해 올라왔는지, 어떻게 생각과 행동에 의해 변함없는 마음의 경향이 확립되었는지, 그리고 어떻게 행동이 현재의 당신을 만드는지 말이다. 이처럼 자신의 본성을 이해하게 되면, 모든 사물의 본성을 이해하게 될 것이고, 그리하면 항상 측은지심을 갖게 될 것이다. 보편적이고 추상적일 뿐만 아니라 개개인들에게 하나하나 적용되는 '위대한 법칙'을 이해하게 될 것이다. 그리하면 이기심은 종언을 고하고 진리가 이 세상의 전부가 될 것이다.

증오, 이기심, 슬픔이 찾아올 여지를 두지 마라.

10월 October

10월 1일

현명한 사람은 항상 배우려고 할 뿐, 가르치려고 하지 않는다.

힘, 지혜, 지식은 자신의 내면에 있는 것이지, 이기심에서는 결코 보이지 않는다. 오직 순종과 흔쾌한 마음속에서 그것을 볼 수 있다. 고귀한 것에 순종해야 한다. 천한 것에서 자신을 영광스럽게 여기지 말아야 한다. 이기적인 사람은 질책과 가르침, 경험의 교훈을 거부하기에 반드시 멸망할 것이다. 아니, 이미 멸망했다. 위대한 스승은 자신의 제자들에게 이렇게 말했다.

"스스로에게 등불이 되고자 하는 자, 오직 자신에게 의지할 뿐, 다른 외부의 도움에 의지하지 않으며 오직 진리에서 구원을 추구하는 자, 자신을 제외한 어느 누구에게도 도움을 청하지 않는 자. 그렇게 하는 자가 최고의 높은 곳에 도달하게 될 것이다. 하지만 기꺼이 배우려는 의지가 있어야 한다."

진정한 스승은 모든 사람의 가슴 안에 있다.

10월 2일

흩어지면 약하고, 뭉치면 강하다.

사물과 생각의 부분들이 강하고 총명하게 집중되어 있을 때, 사물은 유용하며, 생각은 강하다. 목표는 고도로 집중된 생각이다. 정신적인 에너지는 모두 목표의 성취에 맞추어져 있고, 사색가와 그 목표를 가로막는 방해물은 하나하나 무너지고 극복된다. 목표는 성취라는 성전의 초석이다. 목표는 흩어지면 아무 쓸모도 없어질 것들을 단단하게 묶어 준다. 목표에는 공허한 변덕, 덧없는 공상, 막연한 욕망, 심란한 결심이 설 자리가 없다. 목표를 이루려는 한결같은 결심에는 열등한 생각을 삼켜 버리고 승리를 향해 나아갈 무적의 힘이 있다.

성공하는 사람은 목표가 있는 사람이다.

10월 3일

당신이 당신 자신을 만들기도 하고, 망치기도 한다는 사실을 깨달아라.

의심, 걱정, 불안은 이기심의 밑바닥에 있는 비현실적인 그림자이지만, 영혼의 평온한 고도에 오르려는 사람에게는 더 이상 문제가 되지 않는다. 슬픔 또한 자신의 존재의 법칙을 이해하고자 하는 사람에게는 더 이상 문제가 되지 않는다. 이것을 이해한 사람은 삶의 최고의 법칙을 찾을 수 있을 것이요, 사랑, 불멸의 사랑이 삶의 최고의 법칙임을 알게 될 것이다. 증오와 어리석음에서 해방된 마음으로 그는 사랑이 주는 완벽한 보호를 받을 것이다. 아무 것도 요구하지 않으며, 상실로 고통 받지 않을 것이다. 쾌락을 좇지 않고, 슬픔에 빠지지 않을 것이다. 자신의 모든 힘을 봉사의 도구로 사용함으로써 그는 축복과 은총이라는 가장 높은 상태에서 살게 될 것이다.

현재의 당신에 만족하면 당신은 노예요. 자신을 만들어가고자 한다면 당신은 주인이다.

10월 4일

참을성을 깨닫는 것은 신성을 깨닫는 것이다.

산은 가장 사나운 폭풍에도 허리를 굽히지 않고, 어린 새와 양떼들에게 방패가 되어 준다. 사람들이 모두 밟고 지나가지만 산은 그들을 보호하며, 자신의 영원한 품으로 보듬어 안아준다. 참을성 있는 사람도 마찬가지다. 그 어떤 것으로도 흔들리지 않고, 측은지심으로 가장 미천한 생명의 방패가 되어 준다. 경멸을 당할지라도 모든 사람을 들어올려 사랑으로 보호한다.

고요한 힘을 지닌 산과 마찬가지로 고요한 참을성의 고결한 사람은 눈부시게 아름답다. 그의 상냥한 동정심은 풍부하며 숭고하다. 산기슭처럼 그의 몸은 계곡과 안개 속에 갇혀 있지만, 그 존재의 정상은 구름 한 점 없는 영광 속에 영원히 잠겨 있다. 그리고 침묵 속에 산다.

참을성이 있는 사람은 고결한 지각을 깨달으며 스스로가 고결함을 안다.

10월 5일

참을성이 있는 사람은 두려움이 없다. 가장 높은 곳을 알고 있기에 자신의 발 아래에 가장 낮은 것을 둔다.

참을성이 있는 사람은 어둠 속에서 빛이 나고, 불확실한 곳에서 성공한다. 참을성은 자랑하지도, 선전하지도 않으며, 이기를 구하지도 않는다. 참을성은 훈련되어지는 것으로, 보이되 보이지 않는 것이다. 그것은 정신적 자질이기에 오직 영혼의 눈으로만 볼 수 있다. 마음의 눈을 뜨지 못한 사람은 그것을 보지도, 사랑하지도 못한다. 그들은 속세의 겉모습과 외관에 현혹되어 눈이 멀어 있다. 또한 역사는 참을성 있는 사람에 대해 기록하지 않는다. 역사는 천상의 행동이 아닌 속세의 영광만을 연대기에 기록한다. 하지만 세상에 알려져 있지 않다 하더라도, 그는 세상에 드러날 수밖에 없다 (어떻게 빛을 숨길 수 있단 말인가?). 그는 세상 사람들에게서 물러난 후에도 계속해서 빛을 발한다. 그리고 그를 알지 못하는 세상 사람들로부터 숭배받는다.

참을성 있는 사람은 시련이 닥치면 알 수 있다. 다른 사람이 시련에 굴복할 때, 그는 시련을 극복한다.

10월 6일

참을성 있는 사람은 그 어떤 것에도 저항하지 않는다. 모든 것을 극복한다.

타인으로 상처받을 수 있다고 생각하는 사람, 타인에게 저항해 자신을 방어하고 정당화하고자 하는 사람은 참을성을 삶의 본질적 의미를 이해할 수 없다.

"그 사람이 나를 학대하고, 나를 때리고, 나를 망가뜨리고, 나를 강탈한다."

이와 같은 증오의 생각을 품고 있는 사람에게서는 결코 증오가 사라지지 못한다. 이웃이 당신에게 거짓말을 하고 있노라고 말할 수 있을까? 글쎄, 그게 무엇일까? 거짓말이 당신에게 상처 줄 수 있는가? 거짓말은 거짓말일 뿐, 그 끝이 분명 존재한다. 이웃이 당신에게 거짓말을 한다는 것은 당신에게 아무 런 의미가 없다. 당신이 그에게 저항한다는 것이 더 큰 의미가 있다. 그렇게 함으로써 당신 자신을 정당화하려고 한다. 이웃의 거짓말에 생명과 활력을 불어넣어 준다. 이렇게 당신은 상처받으며 비탄에 빠지는 것이다.

마음속의 모든 악을 버려라. 그리하면 다른 사람의 어리석음이 보일 것이다.

10월 7일

목표의 힘은 위대하다.

목표는 이해력과 함께 한다. 이해력의 정도에 따라 더 하찮고 더 위대한 목표가 있는 것이다. 위대한 마음에는 항상 위대한 목표가 있지만, 나약한 이해력에는 목표가 없을 것이다. 정처 없이 떠다니는 마음은 아직 성숙하지 못하다는 것을 나타내는 것이다.

인류의 운명을 개척한 사람은 목표가 강한 사람들이었다. 자신의 길을 닦은 고대 로마인처럼, 그들은 분명한 길을 따라가며 고문과 죽음에 마주칠 때조차도 옆으로 비키려 하지 않는다. 인류의 위대한 지도자는 마음의 길을 닦아 준 사람들이다. 인류는 그들이 개척하고 다져놓은 영혼과 정신의 길을 따라간다.

목표에 힘을 불어넣어라. 그러면 환경이 목표의 힘에 굴복할 것이다.

10월 8일

모든 사물은 고요하고 저항할 수 없으며, 모든 것을 지배하는 '목표'에 굴복하기 마련이다.

오해를 받았다고 슬퍼하는 나약한 사람은 위대한 성취를 이루어낼 수 없다. 다른 사람을 기쁘게 하고, 다른 사람의 지지를 얻기 위해 결심을 접어둔 허영심 강한 사람은 고귀한 성취를 이루어낼 수 없다. 자신의 목표를 굽힐 수 있다고 생각하는 결심이 서지 않는 사람은 분명 실패할 것이다.

오해와 잘못된 비난, 아첨과 말뿐인 약속, 그 어떤 것이 쏟아질지라도 확고한 목표를 지닌 사람은 조금도 흔들리지 않으며, 탁월함과 성취, 성공과 위대함, 그리고 힘을 갖는다.

목표의 세기는 우리가 부딪히는 장애물의 크기가 커짐에 따라 더 강해진다.

10월 9일

일을 성공적으로 해내면 기쁨은 저절로 따라온다.

비참한 사람들, 그중 게으름뱅이가 가장 비참하다. 노동과 노력을 기울여야 하는 일을 회피하면서 쉽게 행복을 찾으려는 마음은 항상 불편하고 혼란스러우며, 수치심으로 부담을 갖게 되고 인간다움과 자존심을 잃게 된다.

칼라일Carlyle은 이렇게 말했다.

"능력에 따라 일하지 않는 자, 빈곤으로 굶어 죽으리라."

도리를 회피하고, 능력을 최대한 발휘해 일하지 않는 사람은 결국 도태되는 것이 도덕의 법칙이다. 삶과 행동은 동의어이다. 육체적 또는 정신적인 노력을 회피하자마자 곧바로 타락하게 된다.

일을 완벽하게 끝마치면 휴식과 만족이 언제나 뒤따른다.

10월 10일

삶의 대가는 노력이다.

세속적인 것일지라도 모든 성공적인 성취에는 기쁨의 대가가 따른다. 정신적인 것에서의 목표달성에 뒤따르는 기쁨은 확고하고, 심오하고, 영속적이다. 수없이 많이 실패한 이후의 성공이 가져다주는 진정한 기쁨은 비록 말로 다 표현할 수 없을지라도 엄청나다. 고매한 성품을 세우는 고귀한 임무에 종사하며 미덕을 추구하는 자는 이기심을 극복할 때마다 기쁨을 만끽한다. 그 기쁨은 언제나 그와 함께 있으며, 그의 천성에 꼭 필요한 일부가 된다.

성취의 보상은 기쁨이다.

10월 11일

모든 일에는 그만한 근거가 있다.

생각하는 대로 나아가고, 사랑하는 대로 몸이 움직인다. 오늘 당신은 당신의 생각이 데려다준 곳에 있으며, 내일 당신은 당신의 생각이 데려다 줄 곳에 있게 될 것이다. 당신은 당신 생각의 결과를 피할 수 없으며 오직 견디며 배우고, 받아들이고 기뻐할 뿐이다.

당신은 항상 당신의 사랑이 있는 곳에 있게 될 것이다. 당신의 사랑이 천하다면 당신은 천한 곳에 머무를 것이고, 당신의 사랑이 아름답다면 아름다운 곳에 머무를 것이다.

당신은 당신의 생각을 바꿀 수 있다. 마찬가지로 당신의 환경도 바꿀 수 있다. 당신은 무력하지 않고 강하다.

정해진 운명이란 없다. 모든 것은 만들어 가는 것이다.

10월 12일

생각, 말, 행동이 진실한 사람 주위에는 진실한 친구들이 가득하고, 진실하지 못한 사람 주위에는 거짓의 친구들만 가득하다.

현명한 사람에게는 자연의 모든 진리와 과정에 도덕적인 가르침이 담겨 있다. 인간의 마음과 인간의 삶에서 동일한 확실성으로 작용하지 않는 법칙은 이 세상에 없다. 그리스도의 모든 우화는 이 진리를 잘 보여 주는데, 이것은 자연의 단순한 사실에서 나온 것이다. 거기에는 마음과 삶에 씨를 뿌리는 과정이 있다. 영혼의 씨를 뿌리는 것은 어떤 씨앗을 뿌리느냐에 따라 수확이 달라진다. 생각과 말과 행동이 후에 성격을 만드는 씨앗이다. 증오로 가득찬 생각은 그 사람에게 증오를 가져다 주고, 사랑으로 충만한 생각은 사람을 사랑받게 한다.

자신에 대해 알게 되면, 인생에 일어나는 모든 일이 똑같이 동등하고 공평하게 비중을 차지한다는 것을 깨닫게 될 것이다.

10월 13일

축복받고자 하는 이는 축복을 나누어 주라.

농부는 자신이 가진 모든 씨앗을 땅에 뿌리고 모든 것을 자연의 순리에 맡겨야 한다. 만약 농부가 자신의 씨앗을 욕심스럽게 몰래 감추어둔다면, 씨앗도 농작물도 잃게 될 것이다. 씨앗은 뿌릴 때 사라지지만, 그 사라짐을 통해 더 큰 풍요를 가져온다. 삶도 이와 마찬가지다. 뿌린 만큼 거두는 법이다. 세상이 그것을 받을 수 없기 때문에 자신이 가진 지식을 나누어 줄 수 없노라고 말하는 사람은 지식이 없는 사람이거나, 아니면 가지고 있다 할지라도 곧 지식을 빼앗길 것이며, 아니면 이미 빼앗긴 사람이다. 감추면 잃는 것이다. 자신의 것이라고 꼭꼭 쥐고 있으면 완전히 잃을 것이다.

행복하고자 하는 이는 다른 사람들의 행복을 생각하라.

10월 14일

뿌린 만큼 거둔다.

만약 당신이 고통받고, 혼란스럽고, 슬프고, 불행하다면 스스로 물어보라.

"내가 어떤 마음의 씨앗을 뿌려왔던가?"

"내가 어떤 씨앗을 뿌리고 있는가?"

"타인을 향한 나의 태도는 어떠한가?"

"내가 어떤 고난, 슬픔, 불행의 씨앗을 뿌렸기에 내가 이런 모진 시련을 수확해야만 하는가?"

안에서 찾아라. 그러고 나서 모든 이기심의 씨앗을 버려라. 지금부터는 진리의 씨앗을 뿌려라.

농부로부터 단순한 지혜의 진리를 배워라. 그리고 친절, 관대함, 사랑을 널리 퍼뜨려라.

평화와 축복을 얻는 방법은 평화스럽고 축복어린 생각, 언어, 행동을 뿌리는 것이다.

10월 15일

이기심의 우상을 파괴하면 위대하고 조용한 '사랑의 마음'으로 한 발 더 가까이 다가갈 수 있다.

우리는 인간의 이기심과 망상이라는 그릇된 우상의 덧없음을 증명하는 시대에 살고 있다. 하나의 보편적인 진리의 계시가 이 세상에 나타나기 시작했다. 그 엄중한 불빛은 이기심의 그림자 아래에서 똬리를 틀고 있던 헛된 우상들을 깜짝 놀라게 만들었다.

사람들은 숭배자의 소원을 들어주기 위해 우주의 질서를 무시하는 신에 대한 믿음을 잃었다. 그래서 마음속에 새로운 불빛을 지닌 채 법칙의 신을 향하고 있다. 자신의 개인적인 행복과 만족을 위해서가 아니라 지식, 이해력, 지혜, 그리고 이 기심의 속박으로부터의 해방을 위해 신에게 의존한다.

법칙에 대한 복종의 길로 들어서라.

10월 16일

완전한 법칙에 대한 지식은 그것을 진지하게 구하려는 모든 이에게 열려 있다.

최고의 법칙의 길로 들어선다는 것은 더 이상 비난하지도, 더 이상 의심하지도, 더 이상 초조해하거나 실망하지도 않는다는 것이다. 왜냐하면 하나님이 옳음을, 보편적인 법칙이 옳음을, 우주가 옳음을, 하지만 자신은 옳지 않다는 것을 알고 있기 때문이다. 자신이 옳지 않다면, 자기 자신, 자기 자신의 노력, 선한 것에 대한 수용과 악한 것에 대한 거부에 자신의 구원이 달려 있다. 더 이상 듣기만하지 말고 행동으로 옮김으로써 이해력을 얻고, 지혜를 드높이고, 이기심의 속박으로부터 영광스런 해방의 삶 속으로 들어가게 된다.

자기절제의 삶을 살라.

10월 17일

하나님이 사람으로 변하지 않는다. 왜냐하면 이것은 완전함이 불완전하게 됨을 의미할 것이기 때문이다. 사람이 하나님으로 변해야 한다.

진리의 아이들은 지금 세상 안에 있다. 진리의 아이들이 세상 안에서 생각하고, 쓰고, 말하고, 행동하고 있다. 그렇다. 심지어 예언자도 우리들 중에 있으며, 그의 영향력은 지구 전체에 미친다. 면면히 흐르는 고결한 기쁨은 세상의 힘을 모은다. 그리하여 모든 사람들은 새로운 희망의 열망으로 움직이며, 심지어 보지도 듣지도 못하는 사람들이 마음속으로 보다 더 낫고 충만한 삶에 대한 낯선 갈망을 느낀다.

법칙이 우리의 마음과 삶을 지배한다. 우리의 마음과 삶은 법칙이 지배함을 이해하며 이타심이라는 정당한 길을 걸음으로써 진실한 하나님의 거처를 추구한다.

법칙이 사람을 위해 무너질 수는 없다. 그렇지 않다면 혼란이 일 것이다. 법칙은 화합, 순리, 고결함과 조화를 이룬다.

10월 18일

사람의 취향에 따라 좌우되는 것보다 더 고통스러운 속박은 없다.

법칙은 정신을 맑게 하고 마음을 새로 태어나게 한다. 또한 이기심이 죽고 사랑이 전부가 될 때까지, 모든 존재가 사랑에 순종하게 한다. 왜냐하면 법칙의 지배는 사랑의 지배이기 때문이다. 사랑은 필요한 것이기에 지금 당장 실천해야 한다. 왜냐하면 사랑은 모든 것의 유산이기 때문이다.

아, 아름다운 진리여! 지금 사람이 자신의 고결한 유산을 받아들이고 하늘의 왕국으로 들어가고 있구나!

오, 안타까운 죄여! 사람이 이기심에 대한 애착 때문에 사랑을 거부하고 있구나!

자신의 이기적인 성향에 굴복하는 것은 진리의 빛을 어둡게 하는 고통과 슬픔을 자료로 해서 자신의 영혼에 먹구름을 그려 넣는 것이다. 이것은 진정한 축복에서 자아를 차단하는 것이다. 왜냐하면 '사람은 뿌린 대로 거두기 때문이다.'

존재의 법칙에 복종하는 것보다 더 위대한 자유는 없다.

10월 19일

정신의 세계는 완전한 균형으로 유지된다.

그렇다면 이 세계에는 어떠한 부당함도 없을까? 있을 수도, 없을 수도 있다. 그것은 삶의 종류와 의식의 상태에 달려 있다. 이를 통해 사람은 세상을 바라보고 판단을 내린다. 집착 속에서 사는 사람은 어디에서나 부당함을 보지만, 자신의 집착을 극복한 사람은 모든 이의 삶 속에 고결함이 움직이는 것 을 본다. 부당함은 혼란스런 열병과도 같은 집착의 꿈이며, 집착을 꿈꾸는 자에게는 그것이 현실이다. 정의는 삶의 영원한 본질이며, 이기심의 고통스런 악몽에서 깨어난 사람에게는 영광스럽게 보인다.

정신의 세계에서 부조화는 사라진다.

10월 20일

집착과 이기심을 극복하기 전까지 우주의 섭리를 깨달을 수 없다.

'나는 무시당했다. 상처받았다. 모욕을 느꼈다. 나는 부당한 취급을 받았다.'라고 생각하는 사람은 정의가 무엇인지 알 수 없다. 이기심에 눈이 먼 사람은 순수한 진리의 법칙을 인식할 수 없으며, 악행을 품는 사람은 끊임없이 비참하게 산다.

집착의 왕국에는 끊임없는 힘의 갈등이 있어 모두에게 고통을 준다. 그곳에는 작용과 반작용, 행위와 결말, 원인과 결과가 있다. 하지만 마음속에는 아주 정확하게 힘의 균형을 맞추고 아주 섬세하게 원인과 결과의 균형을 맞추는 '고결한 정의'가 있다.

갈등에 휩싸인 사람은 정의를 인지하지도, 인지할 수도 없다.

10월 21일

도덕의 영역에서 원인과 결과를 알지 못하면, 순간적으로 지나가는 정확한 과정을 보지 못한다.

사람들은 스스로 고통스러워하며 집착과 분노의 삶을 살면서, 진실한 삶의 길을 찾지 못한 채 무작정 괴로워한다. 증오는 증오를 낳고 집착은 집착을 낳으며, 반목은 반목을 낳는다. 남을 죽이는 사람은 죽임을 당하고, 남의 것을 빼앗고 사는 도둑은 결국 자기 것을 빼앗길 것이다. 남을 먹고사는 짐승은 사냥감이 되어 죽임을 당할 것이며, 고발하는 자는 고발당할 것이고, 비난하는 자는 비난받을 것이며, 박해하는 자는 박해받을 것이다.

"이렇게 살해자의 칼은 자기 자신을 찌르게 될 것이며, 부당하게 심판하는 사람은 지지자를 잃게 될 것이며, 그릇된 말을 하는 입은 거짓말을 할게 뻔하며, 몰래 숨어다니는 도둑과 약탈자는 결국 강도 짓을 당할 것이다." "이것이 법칙"이다.

무지는 증오와 반목을 키워 준다.

10월 22일

'원인과 결과의 법칙'의 결과를 피할 수는 없다.

모든 분노와 복수, 이기심을 이겨낸 사람은 마음의 평정 상태에 도달하며, 그로 인해 영원한 우주의 평정을 인식하게 된다. 집착의 힘을 극복하면 그 힘을 이해하게 되고, 조용하게 스며드는 통찰력으로 주의 깊게 관찰하게 된다. 발아래로 지나가는 폭풍의 갈등을 내려다보는 높은 산위의 고독한 은둔자처럼 말이다. 그에게 부당함은 사라지고, 한쪽에는 무지와 고통이, 한쪽으로는 계몽과 축복이 있음을 보게 된다. 그는 바보와 노예뿐만 아니라 사기꾼과 압제자도 똑같이 동정심이 필요하다는 것을 알게 된다. 그는 그들을 향해 측은지심을 베푼다.

완전한 정의는 모든 것 위에 있다.

10월 23일

이성의 심지를 다듬으려 하지 않는 사람은 진리의 빛을 결코 감지하지 못할 것이다.

진리를 찾기 위해 이성의 불빛을 밝히는 사람은 결코 황량한 어둠속에 남아 있지 않을 것이다.

"지금 오라. 함께 얘기해 보자. 하나님을 말해보자. 당신의 죄가 암흑과 같이 어두울지라도 눈처럼 새하얘질 것이다."

남자나 여자나 모든 사람들은 자신의 이성을 거부하기에, 이성의 희미한 빛도 떨쳐버리는 그 어두운 망상에 매달리기에, 고통을 겪다 마침내 죄 안에서 숨을 거두는 것이다. 은총과 평화의 하얀 옷을 위해 고통과 죄의 붉은 옷을 바꾸려는 사람은 기꺼이 철저하게 이성적이어야 한다.

이성의 빛을 무시하는 자는 진리의 빛을 무시한다.

10월 24일

사람은 자기수련을 시작할 때까지는 살아 있는 것이 아니다. 단지 존재할 뿐이다.

세상 속에서 무언가를 이루기에 앞서, 우선 마음속에서 어떤 성공을 얻어야 한다. 이것은 2 더하기 2가 4인 것만큼이나 아주 당연한 이치이다. 왜냐하면, '마음속에서 삶의 문제가 나오기 때문이다.'

만약 내면의 자신을 다스리는지 못하면, 사람은 눈에 보이는 삶을 형성하는 외부세계의 활동을 단단히 움켜잡지 못할 것이다. 반대로 자신을 다스리는 데 성공하면, 그는 점점 더 큰 힘과 성공을 얻을 것이다. 지금까지 그의 삶은 목적이나 의미가 없었다. 그러나 이제 그는 자신의 운명을 이루기 시작한다. 그는 '옷을 입었다. 새로운 마음의 옷을'

자기 수양을 실천해야 살아가기 시작하는 것이다.

10월 25일

자기 수양 단계는 세 가지다. 자제, 정화, 그리고 체념이다.

사람은 그동안 자신을 지배해 왔던 집착을 이제는 자신이 지배하면서 자기 수양을 시작한다. 그는 유혹에 저항하며, 그동안 너무나도 편하고 자연스럽게 느껴졌던 자기만족의 모든 것들에 저항한다. 그는 자신의 식욕을 자제해 이성적으로 식사를 한다. 자신의 몸을 순수한 도구로 만들어 인간다운 삶을 살기 위해 신중하게 음식을 선택한다. 더 이상 미각적 쾌락으로 신체의 품위를 떨어뜨리지 않는다. 그는 말과 기분, 아니 자신의 모든 동물적 욕망과 성향을 조심한다.

모든 사람의 마음에는 '욕심 없는 근원'이 있다.

10월 26일

모든 사람들에게 내재한 고결함과 영원함이여!

자기 극복을 실천하면 사람은 점점 더 내면의 실존에 가까이 다가가게 되고 집착, 슬픔, 쾌락과 고통에 점점 덜 흔들리게 되며, 강인한 힘과 인내를 드러내면서 착실하고 정의로운 삶을 살게 된다. 그러나 집착의 다스림은 단지 자기 수양의 초기 단계일 뿐, 곧 정화의 과정으로 이어진다. 이렇게 사람은 자신을 순수하게 함으로써, 마음과 정신에서 집착을 제거한다. 단지 집착을 억제하는 것만으로는 평화에 이를 수도, 자신의 이상을 구체화할 수 없다. 집착은 없애야만 하는 것이다.

자신의 낮은 본성을 정화할 때, 사람은 비로소 강인해지고 하나님을 닮게 된다.

10월 27일

순수함은 사려 깊은 보호, 진지한 명상, 그리고 고귀한 열정의 영향을 받는다.

참된 용기, 힘, 그리고 유용함은 자기정화의 결과이다. 생각과 행동이 순수한 삶은 에너지를 보존하는 삶인데 반해, 불순한 삶은 에너지를 낭비하는 손실의 삶이다. 순수한 사람은 강인하기에 불순한 사람보다 계획을 성취하고, 목표를 달성하는 데 보다 더 잘 어울린다. 불순한 사람이 실패하는 곳에서 순수 한 사람은 더 차분한 마음과 더 위대한 무한성과 투철한 목표로 자신의 에너지를 움직이기 때문에 앞으로 나아가 승리를 거둘 것이다.

순수함의 성장과 더불어 강인하고 고결한 사람의 됨됨이를 구성하는 요소가 발달한다.

10월 28일

자기 수양을 통해 사람은 점점 더 높은 곳에 오르며, 고결함에 보다 더 가까이 다가간다.

사람은 순수해짐에 따라 악은 힘을 잃는다. 자기 수양을 하면서 사람은 고결한 삶으로 들어가는 것이며 지혜, 인내, 복종, 측은지심, 사랑 같은 분명하고 고결한 자질을 드러내는 것이다. 이곳에서 사람은 정신적인 영원한 삶을 누리게 되며, 삶의 모든 동요와 불확실성을 초월하게 되고, 지적이며 안정적인 평화의 삶을 산다.

자기 수행을 통해 사람은 모든 미덕과 성스러움을 얻을 수 있고, 마침내 하나님의 정화된 아들이 될 수 있으며, 모든 사물의 중심이 되는 마음으로 불변성을 깨닫게 된다.

10월 29일

결심하지 않는 삶은 목적 없는 삶과 같다. 목적 없는 삶은 방황하며 표류한다.

결심한다는 것은 자신의 환경에 만족하지 않고, 더 나은 기량을 발휘하고픈 생각으로 스스로를 관리하기 시작한다는 것을 의미한다. 자신의 결심에 충실하면 그는 곧 자신의 목적달성을 이루게 될 것이다.

성인들의 맹세는 승리를 향한 성스러운 결심이고, 고결한 인간의 아름다운 성취는 고결한 스승의 영광스런 정복이다.

결심, 고귀한 목표의 동료이며 고결한 이상이여!

10월 30일

진실한 결심은 오랫동안의 사고를 거쳐 나온다.

진실하지 않고 설익은 결심은 결코 결심이라고 할 수 없으며, 역경이 닥치자마자 산산이 부서지고 말 것이다.

결심할 때는 천천히 해야 한다. 자신의 위치를 면밀하게 살펴보고 자신의 결정에 따르는 모든 상황과 어려움들을 고려해야 한다. 또한 철저히 대비해야 한다. 반드시 결심의 속성을 완벽하게 숙지하고 자신의 마음이 확고한지, 그리고 그 문제에 대해 티끌만한 의심도 없는지 확신해야 한다. 그렇게 준비를 해야 마음먹은 결심은 빗나가지 않을 것이며, 그 결심의 도움으로 머지않아 강한 목표를 이루어 낼 수 있을 것이다.

성급한 결심은 무익하다.

10월 31일

스스로를 믿어라. 자신에 대한 믿음이 이기적인 것이 되지 않도록, 그리고 성인답게 되도록 하라.

어리석음과 지혜, 나약함과 힘은 모두 자신 안에 있는 것이지 외부세계에 있는 것이 아니다. 외부적인 원인으로 생겨나는 것은 아무것도 없다. 사람은 남을 위해서가 아닌 자기 자신을 위해서 강해질 수 있다. 다른 사람을 위해 극복하는 것이 아니라 자기 자신을 위해 극복할 수 있다. 다른 사람을 통해 무언 가를 배울 수 있을지라도 스스로 이루어 내야 한다. 외부의 지지자를 없애고 당신 안의 진리에 의지하라. 종교는 유혹의 시간에 사람을 지켜 주지 않는다. 유혹을 끊을 수 있는 내면의 지식을 지녀야만 한다. 사색적인 철학은 재난의 시기에 공허하다는 것이 입증될 것이다. 슬픔을 종식시키기 위한 내면의 지혜를 가져야 한다. 무한한 지혜는 순수한 생각과 올바른 행동의 끊임없는 실천으로 얻을 수 있는 것이다.

선은 모든 종교의 목표이다.

11월 November

11월 1일

자기희생적인 행동의 동기는 우주의 이론 안에 존재하는 것이 아니다. 그것은 사랑의 마음 안에 있다.

완전한 정의가 이 세상에서 가장 위대한 힘을 갖는 정신력이라는 사실을 깨닫는다면, 사랑의 마음이 줄어들지 않을 것이다. 오히려 사랑의 마음은 늘어나고 더욱 강해질 것이다. 왜냐하면 사람은 무지로 인해 실수하고, 알지 못하기에 고통을 겪는다는 것을 알기 때문이다. 이 절대적인 정의의 가르침은 부자보다는 가난한 사람에게 더 큰 용기를 북돋아 준다. 이기적이고 억압적이며, 자신의 부호를 남용하는 부자들에게는 그들의 행동의 결과가 응당 받아야 하는 것임을 알려 주는 반면, 고통받고 억압받는 사람들에게는 그들이 이전에 뿌린 것을 지금 수확하고 있으며, 분명히 순수함과 사랑과 평화라는 훌륭한 씨앗을 뿌림으로써 곧 훌륭한 수확을 거두어들일 것임을 알려 주기 때문이다.

모든 이기주의의 고통스런 결과는 부딪혀 이겨내야만 한다.

11월 2일

사람이 행복을 만들기도, 불행을 만들기도 한다.

확고한 마음가짐이 행동의 방향을 결정지으며, 행동의 방향으로부터 행복과 불행이라고 부르는 결과가 나온다. 그러므로 반응을 이끌어내는 생각을 바꾸어야 생각에 반응하는 상황을 바꿀 수 있다. 불행에서 벗어나 행복해지기 위해서는, 불행의 원인인 확고한 마음가짐, 습관적인 행동을 바꾸려는 노력이 필요하다. 그 변화의 결과는 마음과 삶에서 나타날 것이다. 이기적으로 생각하고 행동하면 행복해질 힘이 없는 것처럼 이타적으로 생각하고 행동하면 불행해질 이유가 없다. 원인이 어디에 있든 결과는 나타나기 마련이다. 사람이 결과를 바꿀 수는 없지만 원인을 바꿀 수는 있다. 자신의 본성을 정화할 수 있고, 자신의 성격을 개조할 수 있다. 자신을 정복해나가는 데에는 위대한 힘이 있다. 자신을 개조해나가는 데에는 커다란 기쁨이 있다.

모든 사람은 자기 자신이 생각하는 그대로 된다.

11월 3일

어떻게 생각하느냐에 따라 미천하게 살수도, 고결하게 살 수도 있다.

의심에 차 있고, 탐욕스럽고, 남을 시기하는 사람을 생각해보라. 그에게 보이는 모든 것이 얼마나 미천하고 비열하고 슬프겠는가! 자신에게 고상함이 없으니 그 어디에서도 고상함을 찾을 수 없다. 무식하기에 그 어떤 존재에서도 고상함을 발견하지 못한다. 자신이 이기적이기에 모든 이타적이고 고결한 행동도 천하고 하찮은 동기로 간주한다.

이번에는 관대하고 도량이 넓은 사람을 생각해보라. 그는 사람들을 진실로 대하며, 사람들이 진실하다고 생각한다. 그 앞에서는 미천한 자들도 자신의 본성을 잊고, 그 순간 그와 같이 된다. 사물의 고상한 질서, 무한의 고귀한 삶에 대한 일시적인 고양을 잠시나마 맛보게 된다.

마음속에 품은 사악하고 증오에 가득 찬 생각을 버려라. 밝고 아름다운 생각을 하라.

11월 4일

마음이 좁은 사람과 마음이 넓은 사람은 비록 이웃에 살고 있다 할지라도 두 개의 서로 다른 세상에 살고 있는 것이다.

천상의 왕국은 결코 폭력으로 장악되지 않는다. 하지만 왕국의 원칙을 따르는 자는 통행증을 받을 것이다. 악당은 자기 세계에서 움직이고, 성자에게는 고귀한 음악이 그의 동료이다.

모두가 제한된 자기 생각의 틀 안에서 움직인다. 그 틀의 밖은 자신에게 존재하지 않는 것이다. 그는 단지 자신이 어떤 존재가 되었는지 알 뿐이다. 틀의 경계선이 좁으면 좁을수록, 더 이상의 경계선이 없다고 확신한다. 작은 것은 큰 것을 담아낼 수 없으며, 위대한 마음을 이해할 방법이 없다. 그와 같은 지식은 오직 성장을 통해서만 얻어지는 것이다.

사람은 자신의 무지 혹은 지식이 그에게 부여해 준 기준에 따라 자신을 발견한다.

11월 5일

사물의 세계는 내면세계의 다른 한 면이다.

내면세계가 외부세계를 일깨운다. 위대한 것은 미천한 것을 감싼다. 문제는 마음의 거울이요, 결과는 생각의 흐름이다. 환경은 생각의 결합이다. 외부세계의 상황, 타인의 행동은 자기 자신의 정신적 필요, 성장과 직접적인 관계가 있다. 사람은 주변 환경의 일부이다.

사람은 외부의 상황을 자신의 일시적인 기분과 소원에 적합하도록 바꿀 수는 없지만, 일시적인 기분과 소원을 버릴 수는 있다. 타인의 행동에 영향을 줄 수는 없지만, 그를 향한 자신의 행동을 올바르게 바꿀 수는 있다.

외부세계는 생각에 따라 달라진다. 생각을 바꾸라. 그리하면 사물이 새로운 조화를 받아들일 것이다.

11월 6일

자기 자신의 행동을 완벽하게 하는 것은 가장 고귀한 도리이며, 가장 숭고한 성취이다.

자신의 구속과 해방의 원인은 모두 자신 안에 있다. 타인에게서 받은 상처는 자신의 행동이 되돌아온 것, 스스로의 생각이 반사된 것에 불과하다. 여타의 것은 모두 매개일 뿐, 당신 자신이 모든 것의 원인이다. 운명은 익은 과일과 같다. 쓰기도 하고 달기도 한 삶의 열매는 각자가 정당하게 받는 것이다. 고결한 이는 자유롭다. 아무도 그에게 상처를 줄 수 없다. 아무도 그를 파괴할 수 없다. 아무도 그에게서 평화를 빼앗아갈 수 없다. 사람들이 주는 그 어떤 상처도 해가 되지 않으며, 상처를 주는 사람들에게 그대로 되돌아가기 마련이다. 그가 행하는 선은 끊임없는 행복의 샘이며, 영원한 힘의 근원이다. 그의 뿌리는 평온이며 그의 꽃은 기쁨이다.

외부세계의 사물과 행동이 당신에게 상처줄 수 없다.

11월 7일

사람들은 부족한 돈, 모자라는 시간, 미미한 영향력, 자유를 속박하는 가족이라는 끈과 같은 환경에 방해받지 않는다면 위대한 일을 할 수 있을 것이라 생각한다. 하지만 사람은 이런 환경에 아무런 방해도 받지 않는다.

사람을 방해하는 진짜 '결핍'은 올바른 마음가짐의 결핍이다. 환경을 자신의 자질을 자극할 수 있는 것이라 생각하고, 소위 말하는 '결점'이 업적을 성공적으로 촉진시킨다면, 필요는 발명의 어머니가 되고 '걸림돌'은 협력자로 변하게 된다.

모든 것을 환경 탓으로 돌리는 자는 아직도 갈 길이 멀었다.

11월 8일

그 무엇도 우리 삶의 목적달성을 방해할 수 없다.

사람에게는 구별하고 선택할 수 있는 능력이 있다. 사람은 보편적인 조건이나 법칙의 한 조각도 새로 창조하지 못한다. 이것은 아주 중요한 원칙이며, 만들 수도 만들어질 수도 없는 것이다. 만드는 것이 아니라 깨닫는 것이다. 깨닫지 못하는 것이야말로 이 세상 모든 고통의 뿌리이다. 보편적인 법칙에 도전하는 것은 어리석음이며 굴종이다. 나라의 법률을 무시하는 도둑, 나라의 법률을 따르는 정직한 시민 중 누가 더 자유로운 사람인가? 다시 말해, 자기가 하고 싶은 대로 살 수 있다고 생각하는 바보와 옳다고 생각하는 일을 선택하는 현명한 사람 중 누가 더 자유로운 사람인가?

사람은 습관적인 존재이며, 이 사실은 누구도 바꿀 수 없다. 그러나 습관은 바꿀 수 있다. 자연의 법칙을 바꿀 수는 없으나 그 법칙에 자신을 적용할 수는 있다.

선한 생각과 선한 행동의 습관을 가진 이가 선한 사람이다.

11월 9일

고귀한 것을 섬김으로써 미천한 자의 주인이 될 수 있다.

사람은 똑같은 생각과 행동과 경험을 계속해서 반복한다. 그 결과로 생각과 행동과 경험이 자신의 존재로 구체화되고, 자신의 성격으로 굳어진다. 진화는 정신의 축적이다. 현재의 나는 생각과 행동이 수없이 되풀이 된 결과이다. 사람은 생각과 행동의 축적물이다. 본능적으로, 아무런 노력 없이 드러나는 개성은 생각의 연장이며, 행동은 오랫동안 반복됨으로써 자동적으로 습관이 된다. 습관의 속성이 무의식적으로 반복되어 그 습관의 소유자는 아무런 선택도 노력도 할 필요가 없게 된다. 그렇게 되면 결국은 습관이 개개인의 완전한 소유자가 되고, 습관에 대항할 개인의 의지는 무력해진다.

습관은 반복이다. 굳어진 습관이 능력이 된다.

11월 10일

생각이 사람을 가둔다.

사람은 정신력의 수단이라는 것은 사실이다. 아니, 좀 더 정확히 말하면, 사람이 곧 정신력이다. 눈이 있으므로 새로운 길로 정신력을 이끌 수도 있다. 다시 말해, 스스로를 지배할 수 있으며, 습관도 다시 길들일 수가 있다. 타고난 성격이 있다는 것, 성격이란 살아가면서 수없이 많은 변화와 노력으로 만들어진 삶의 산물이라는 것 또한 사실이다. 그러므로 새로운 경험으로 삶이 상당부분 달라질 수 있다.

겉으로 보기에 나쁜 습관, 혹은 나쁜 성격의 노예가 되어 전혀 쓸모없어 보이는 사람일지라도, 정신만 깨어 있으면 이런 나쁜 습관과 성격에서 빠져나와 자유로워질 수 있다.

'마음가짐'이 달라지면 성격도, 습관도, 삶도 달라진다.

11월 11일
몸은 마음을 보여 준다.

도덕의 원칙, 평화의 원칙에 기초해 마음을 움직이기 시작할 때, 육체가 고통스러운 사람은 즉시 회복되지 않을 것이다. 실제로 한동안, 몸이 위기에 직면하면서 과거의 부조화의 결과로 병이 더 악화된 것처럼 보일지도 모른다. 아주 드문 경우를 제외하고 적응을 위한 고통의 시간을 통과해야만 한다. 아주 드문 경우를 제외하고 곧바로 육체의 완전한 건강을 얻을 수도 없다. 정신의 재구성에서와 마찬가지로 육체의 재구성을 위해서는 시간이 필요하다. 완전한 건강에 이르지는 못할지라도 가까이 다가갈 수는 있을 것이다. 많은 사람들이 육체에 최고의 중요성을 부여하지만, 마음이 강건해진다면 육체의 조건은 부차적인 문제일 뿐이다.

정신의 조화, 또는 도덕적 완전함이 육체의 건강을 만든다.

11월 12일
'무한한 것'을 이해하라!

속세의 쾌락이 기쁨을 가져다 준다고 헛되이 상상한다면, 고통과 슬픔이 사람의 헛되고 불충분한 본성을 끊임없이 상기시켜 줄 것이다. 완전한 만족이 물질적인 것에서 얻어진다고 믿는다면, 이러한 믿음에 대한 내면적·영속적 반감을 알게 될 것이다. 이런 반감은 자신의 근본적 도덕률에 대한 반증이다. 또한 불멸의 무한한 것에서만 영속적인 만족과 온전한 평화를 발견할 수 있다는 영구불변의 증거이다.

사람은 본질적·정신적으로 고귀하고 영원하며, 도덕률과 불안에 사로잡혀 있으며, 자신의 진정한 본질을 자각하려고 노력한다.

믿음의 공통된 기초, 모든 종교의 뿌리와 기원, 그것은 바로 사랑의 마음이다!

11월 13일

영원한 마음의 평화로운 본질.

사람의 정신은 무한한 것과 떨어질 수 없고, 무한한 것이 부족 하다면 그 어떤 것에도 만족할 수 없다. 고통의 무게는 사람의 마음을 짓누르고, 슬픔의 그림자는 그 길을 어둡게 한다. 하지만 마침내, 환상의 세계를 방황하지 않고 '영원함'이라는 본질적인 집으로 돌아온다.

대양에서 떨어져 나온 아주 작은 물방울에도 대양의 본질이 스며 있는 것처럼, 무한한 것으로부터 그 의식이 떨어져 나온 사람에게는 무한의 본질이 스며있다. 그러므로 작은 물방울이 자연의 법칙에 따라 스스로 대양으로 돌아갈 길을 찾아 대양의 깊은 침묵 속에서 스스로 소멸하듯, 사람도 자신의 본성이라는 확실한 법칙에 따라 마침내 자신의 근원으로 돌아가 위대한 하나님 안에서 자기를 버려야 한다.

무한한 존재가 되는 것이 사람의 목표이다.

11월 14일

영원의 법칙으로 완전한 조화의 세계로 들어가라. 이것이 지혜와 사랑, 그리고 평화이다.

이와 같은 고귀한 상태가 존재하며, 영원해야 함을 미천한 사람은 이해할 수 없다. 개성, 분열, 이기심은 하나이며 동일한 것이다. 그것은 지혜와 고귀함과 정반대의 것이다. 개성의 무조건적인 포기를 통해 분열과 이기심은 종언을 고하게 된다. 그리하면 영원한 생명과 무한의 시간이라는 고귀한 유산을 얻게 된다.

그러한 개성의 포기는 최고의 축복이며, 본질적이고 영속적이며 유일한 성취라 할 수 있다. 존재의 내적 법칙과 자기 삶의 본질과 운명에 눈뜨지 못한 마음은 영속적이며 실질적인 가치를 지니지 못하는 덧없는 겉모습에만 집착한다. 그렇게 집착함으로써, 그 환상의 파괴 한가운데에서 곧바로 사라져 버린다.

사랑은 보편적이고, 궁극적이고, 그 자체로 충분하다. 이것이 이타적인 사랑의 깨달음이다.

11월 15일

사람의 영혼이 이기심으로 흐려질 때, 마음의 판단력은 사라지고, 영원함과 일시적인 것 사이에서 방황하게 된다.

사람들은 마치 영원히 지속될 것처럼 육체에 집착한다. 하지만 아무리 죽음이 가까이 있으며, 죽음을 피할 수 없다는 것을 잊으려 애써도 죽음의 불안과 자신이 그토록 집착하는 것을 잃을지도 모른다는 불안은 자신의 가장 행복한 시간에 암운을 드리운다.

일시적인 안락과 사치가 쌓여감에 따라 우리 안에 있는 고귀함은 마비되

고, 물질과 감각이라는 소멸하기 쉬운 삶 속으로 깊이 더 깊이 침잠해 들어
간다. 그곳에는 육체의 불멸을 확실한 진리로 간주하는 수많은 지식인과
이론이 있다.

우주 안에서 변하는 것은 결코 영원한 것이 될 수 없다. 영구불변의 것은
결코 사라지지 않는다.

11월 16일

사람은 육체에 영원성을 부여할 수 없다.

무수한 삶의 형태에 존재하는 모든 속성은 가변적이고, 비영구적이며,
비지속적이다. 단지 속성의 '유용한 원칙'만이 지속적일 뿐이다. 속성은 여
러 가지이며, 구별되는 특징이 있다. 그러나 유용한 원칙은 한 가지이며,
통일성의 특징이 있다. 자신 안에 존재하는 감각과 이기심을 극복해 속성
을 극복하게 되는 것이고, 사람은 개성과 착각의 번데기로부터 나와 개성
을 벗어난 영광의 빛으로 날아오른다.

그러므로 극기를 실천하라. 동물적 성향을 정복하라. 사치와 쾌감에 사
로잡히지 말라. 나아가 성인이 되는 마지막 순간까지 덕을 연마하고, 매일
점점 더 높은 미덕을 쌓아라. 그리하면 마침내 거룩하게 되리라.

오직 신성을 깨달음으로써 사람은 불멸의 길로 들어갈 수 있다.

11월 17일

자신을 잊고 모든 것을 사랑으로 대하는 것이야말로 진정으로 유익하다.

끊임없이 자신의 이기심과 싸우고, 모든 것을 사랑으로 대하려 노력하는

사람은 누구나 성인이다. 고귀한 것을 향해 나아가기를 열망하는 속인들에게 성인들은 영광스럽게도 영감을 전해 준다. 하지만 그처럼 황홀한 광경은 평온하고 거룩하게 앉아 있는 현명한 자, 후회와 양심의 가책으로 괴로워하지 않는 자, 죄와 슬픔을 정복한 자의 것이다. 그에게는 유혹 또한 다가설 수 없다.

또한 현자는 이타적인 행동으로 자신의 지식을 적극 드러내고, 인간에 대한 측은지심에 자신을 깊이 던져 신성을 강하게 드러내어 구세주의 영광스러운 비전에 다가간다.

오직 이기심을 벗어남으로써 진정한 삶을 살 수 있다.

11월 18일

아무리 하찮은 것일지라도 이기심에서 벗어나 기꺼이 희생의 도리가 행해지는 곳에는 진실한 유용함과 영원함이 있다.

이 세상 사람들은 '완전한 이타심'이라는 위대하고 고귀한 교훈을 배워야한다. 성인과 현자, 그리고 구세주는 언제나 이 임무에 복종하며, 실천해 온 사람들이다. 이 세상의 모든 경전은 이 한 가지 가르침에 맞추어져 있다. 위대한 스승들이 이것을 끊임없이 가르쳐 주었다. 이것은 너무나 단순하기에 세상 사람들은 이 교훈을 경멸한 채, 이기심의 복잡한 길 안에서 허둥대고 있다.

이와 같은 고결함을 추구하는 것은 진리와 평화의 길을 걷는 것이요, 이 길로 들어가는 것은 곧 탄생과 죽음과 상관없는 영원한 생명이 존재한다는 사실을 깨닫는 것이다.

순수한 마음은 모든 종교의 끝이며 신성의 시작이다.

11월 19일

외부세계에는 혼란과 변화와 불안이 끊임없이 존재한다. 하지만 모든 사물의 마음에는 평온한 휴식이 존재한다. 이 깊은 고요 안에 영원함이 거주하고 있다.

대양에는 사나운 폭풍이 도달할 수 없는 깊은 바다가 있듯, 사람의 마음 속에는 죄와 슬픔의 폭풍이 결코 방해할 수 없는 고요하고 거룩한 깊은 바다가 있다.

외부세계에서는 불화와 반복이 일상적으로 일어난다. 하지만 우주의 중심에는 무너지지 않는 온전한 조화가 그곳을 지배하고 있다. 사람의 영혼은 죄 없는 상태의 조화를 향해 맹목적으로 나아가고, 그 평화 속에서 자각하며 살고자 한다. 잠시 동안 외부의 것으로부터 떨어져 나와 마음 가장 깊은 곳으로 들어가 보라. 그곳에서 이기적인 욕망처럼 거룩함을 더럽히는 모든 방해물로부터 자유로워질 것이며, 내면의 완전한 진리에 눈을 뜰 것이다. 그리하면 있는 그대로의 사물을 볼 수 있게 된다.

어린아이처럼 되라.

11월 20일

증오가 삶을 단절하고 박해를 조장하며, 나라를 무자비한 전쟁으로 몰아넣는다.

사람들은 평화가 없는 곳, 오직 부조화와 불안, 분쟁만이 있는 곳에서 평화를 외친다. 평화를 달라! 자기희생과 지혜에서 멀어지면 본질적이고 영원한 평화란 있을 수 없다.

상냥한 위로, 일시적인 만족, 혹은 말 못할 승리에서 나온 평화는 본질적으로 일시적이다. 오로지 고결함만이 영원한 평화의 원천이다. '자기극복'

이 고결함으로 이끌어 주고, 언제나 밝게 빛나는 지혜의 빛이 순례의 길을 이끌어 준다. 고결함은 선의 길에 들어서면 곧바로 어느 정도 나누어 가질 수 있다. 하지만 완전한 삶을 실현해 이기심이 사라져야 비로소 그 충만함을 깨달을 수 있는 것이다.

이 내면의 평화, 이 고요함, 이 조화, 이와 같은 사랑이 곧 천국이다.

11월 21일

결코 꺼지지 않을 진리의 빛을 깨달아라!

오, 독자여! 당신은 무한한 기쁨과 방해받지 않는 고요함을 깨닫게 될 것이다. 당신의 죄, 슬픔, 걱정, 어려움, 혼란을 영원히 뒤에 남겨놓고자 한다면, 구원의 삶, 최고의 영광스런 삶에 동참하고자 한다면, 이기심을 정복하라. 당신의 생각, 추진력, 욕망이 당신 안에 있는 고귀한 힘에게 완전하게 복종하도록 하라. 이것 말고는 평화에 이르는 길은 없다. 당신이 이 길을 걷기 싫다면 당신이 했던 수많은 기도는 아무런 결실을 맺을 수 없을 것이며, 하나님도 천사도 당신을 도울 수 없을 것이다. 오직 극복한 자에게 재생의 삶이라는 순백의 돌이 주어질 것이다. 그 돌에는 말로 형언할 수 없는 새로운 이름이 쓰여 있다.

당신의 마음속에 있는 신성한 곳이 당신의 본질이고 영원한자아이다. 그것은 당신 안에 있는 고결함이다.

11월 22일

정신의 법칙은 오랫동안 선을 추구하고 실천한 후에야 얻을 수 있다.

스승은 제자에게 처음부터 추상적인 수학의 원리를 가르치지 않는다. 먼저 아주 간단한 덧셈, 뺄셈을 설명하고 난 후, 추상적인 수학의 원리를 가르친다. 실패를 반복하고 노력을 거듭한 후에 제자는 제대로 배우게 된다. 거기에 더 어려운 과제가 주어지고, 그 과제가 해결되면 더 어려운 과제가 주어진다. 그렇게 되면 제자는 자신이 수년간 부지런히 전념했다는 사실을 생각하기도 전에 수학에 대한 모든 가르침을 통달하고, 수학의 기초 원리를 이해하게 된다.

아무리 평범한 세상의 것일지라도 훈련은 언제나 지식보다 앞서 있다. 정신적인 것, 고결한 삶 속에서도 이 법칙은 엄격하게 적용된다.

11월 23일

진리는 매일, 매 시간 미덕의 가르침을 행함으로써 도달할 수 있다.

제대로 된 가정이라면, 아이에게 가장 먼저 가르쳐야 할 것은 순종과 어떤 상황에서도 올바르게 대처할 수 있는 능력이다. 왜 그렇게 해야 하는지 그 이유를 말해 주지 않고 무조건 명령하는 것과, 무엇이 옳고 적절한 것인지를 알려 주고 나서 명령하는 것에는 엄청난 차이가 있다. 어떤 아버지도 자기 자식에게 윤리의 원칙을 가르치기도 전에 자식으로서의 도리와 사회적인 미덕의 실천을 강요하지는 않을 것이다.

미덕은 행동을 통해서만 알 수 있고, 진리에 대한 지식은 완전한 선행의 실천을 통해서만 도달할 수 있다. 그리고 실천과 선행의 습득을 통해 얻은 완전함은 진리에 대한 지식을 완전하게 한다.

패배를 두려워 말고, 역경을 통해 더욱 강해져라.

11월 24일

미덕의 가르침을 배워라. 그리하여 지식의 힘을 쌓아올려라.

사랑이 있는 곳에, 선이 머무는 곳에, 그 곳에 그리스도가 있다. 그리스도는 매일 이기심에 맞서려고 한다. 진리와 순수함을 위해 마음을 다잡고, 마음 깊은 곳에서 지배자의 존재를 분명히 찾아낸다. 하나님은 자신의 삶을 이겨내고, 삶을 하나님과 같이 거룩하게 하고 모든 반목을 이겨낸 사람과 함께 할 것이다.

죄를 이겨낸 이는 고통과 슬픔에서 영원히 해방되어 행복하다. 마음이 순수한 이에게 하나님이 다가와 그 안에 함께 산다. 선의 길을 따르는 자만이 하나님 안에서, 그리스도의 품에 안기는 삶을 찾을 것이다.

"마음을 순수하게 하면, 삶을 풍요롭고, 향기롭고, 아름답고, 투쟁으로부터 벗어날 것이다."

11월 25일

항상 조심하고 심사숙고 하라.

나태함을 극복하는 것이 마음 수행의 첫 번째 단계임을 알게 될 것이다. 이것은 가장 쉬운 단계이며, 완전히 마치지 못하면 다음 단계를 수행할 수가 없다. 나태함을 가까이 두는 것은 진리의 길에 커다란 장벽을 세우는 것과 같다. 나태함은 편하려고 필요 이상으로 잠을 자게 하고, 모든 것을 회피하게 하며, 급히 해야 할 것들을 주저하게 한다. 어서 일어나 몸을 일으켜 세워라. 최소한 회복에 필요한 잠 이외는 자지 말라. 모든 일과 도리를 곧바로 실천하라. 그렇게 함으로써 이런 나태한 상황을 이겨내야 한다. 살아가면서, 아무리 사소한 것일지라도 말이다.

육체적 욕망, 미각의 욕망을 마음에서 벗어 버려라.

11월 26일

게으른 마음으로는 성공을 이룰 수 없다.

성공은 목표를 향한 마음에 그 뿌리를 두고 있다. 그것은 개인의 성격에 따른 것이지 특별한 상황이나 환경에 따른 것이 아니다. 환경은 진실이고 성공의 한 부분이지만, 그런 것을 꿰뚫어 보고 활용하지 못하면 아무 소용이 없다.

모든 성공의 뿌리는 잘 갖추어진 에너지의 형태이다. 성공은 꽃과 같다. 꽃은 어느 날 갑자기 피어나는 듯 보이지만, 사실은 오랫동안 준비한 노력 끝에 나온 산물이다. 사람은 성공을 보긴 하지만, 성공을 위한 준비, 즉 무수히 많은 정신의 과정은 제대로 보지 못한다.

노력 없이는 아무것도 할 수 없다.

11월 27일

더 고귀한 성공을 이루기 위해서는 불안, 초조, 조급함을 버려야 한다.

주어진 길을 따라 앞으로 끊임없이 나아가면, 분명 그 길과 명확하게 이어져 있는 목적에 다다를 것이다. 노력하고, 노력하고, 한층 더 노력하는 것이야말로 성공의 기본이다. 단순하고 오래된 다음과 같은 속담이 있다.

"첫 술에 배부르랴."

성공한 사업가들의 모든 가르침은 '행동하기'이다. 현명한 스승의 가르침도 '행동하기'이다. 행동에 옮기기를 포기하는 것은 삶의 섭리에서 유용성을 포기하는 것이다. 행동한다는 것은 노력과 수고를 의미한다.

지치고 포기하고픈 마음을 이겨내 깊고 깊은 에너지로 변화시켜라.

11월 28일

과묵하고 침착한 사람은 소란스럽고 침착하지 못한 사람보다는 먼저 성공할 수 있다.

구리동전을 은으로, 은을 금으로 바꿀 때 그것의 소용을 포기하는 것이 아니다. 무거운 동전 덩어리를 더 가볍고 작지만, 더 가치 있는 것으로 바꾸는 것이다. 마찬가지로 성급함을 사려 깊음으로 바꿀 때, 이것은 비효율적인 에너지를 좀 더 효율적인 에너지로 바꾸는 것이다.

노력 없이는 더 높은 것을 얻을 수 없다. 어린아이는 걷기 전에 기어야 하고, 말하기 전에 옹알이를 해야 하며, 쓰기 전에 말할 수 있어야 한다. 사람은 나약함으로 시작해 강인함으로 끝난다. 처음부터 끝까지 그가 힘 쏟는 노력과 추진하는 수고로써 나아가는 것이다.

성공의 근간은 성격에 달려 있다.

11월 29일

우리를 벌하는 법칙은 우리를 지켜주는 법칙이다.

무지한 자가 자신을 파괴하고자 할 때 비록 그것이 고통스런 보호일지라도, 법칙의 영구불변한 힘은 무지한 자에게 사랑을 향해 나아가게 해 준다. 우리가 겪는 모든 고통은 고귀한 지혜를 알 수 있도록 좀 더 가까이 데려다 준다. 우리는 배우면서 나아가고, 고통 받으면서 확실한 곳으로 올라감을 배우게 된다. 마음이 사랑으로 무르익을 때, 사랑의 법칙은 황홀한 친절함을 알아차리고, 지혜를 얻으면 평화가 더 확실해진다.

우리가 고결하고 완전한 사물의 법칙을 바꿀 수는 없지만, 우리 자신을 개조하여 그와 같은 완전함을 이해하고, 그 위대함을 우리 것으로 만들 수는 있다.

완전함을 불완전함으로 끌어내리는 것은 어리석음의 극치이지만, 불완전함을 완전하게 하려는 노력은 최고의 지혜이다.

11월 30일

우주의 섭리를 깨달은 자는 사물의 속성을 슬퍼하지 않는다.

우주의 섭리를 깨달은 자는 완전한 전체로써 우주를 보지, 불완전한 부분으로 보지 않는다. 위대한 스승은 영원한 즐거움과 천국 같은 평화를 지닌 사람이다.

반면 불결한 욕망에 맹목적으로 사로잡힌 이는 이렇게 울부짖는다.

"오! 사랑이여, 당신과 내가 하나님과 함께 세상의 이 슬픈 속성을 이해할 수 있는가? 우리가 그것을 산산 조각낼 수는 없는가? 그리고 나서 마음의 욕망에 좀 더 근접하도록 다시 만들 수 있는가?"

이것은 방탕자의 소망이며, 합당치 않은 쾌락을 즐기기 위한 것이다. 그어떤 고통스런 결과도 거둬들이지 못한다. 하지만 현명한 사람은 자신의 욕망을 하나님의 섭리에 맡기며, 우주를 무한한 것들의 영광스런 완전함으로 바라본다.

자각한다는 것은 축복받은 비전이며, 안다는 것은 축복받은 은총이다.

12월 December

12월 1일

게으름은 무관심의 쌍둥이형제이며, 부지런한 행동은 충족감의 친구이다.

충족감은 고결한 정신을 갖게 하는 미덕이다. 그래서 자비로운 법칙의 안내를 인식하게 되어 있다.

충족감은 절대 노력 없이는 오지 않는다. 걱정에서 벗어난 노력이 있어야 한다. 죄, 무지, 어리석음에 만족함을 의미하는 것이 아니라, 자신의 도리와 일을 마무리한 후에 느끼는 휴식을 의미한다.

천한 일에 열중하며 죄와 부채에 머물러 있는 것에 만족하는 것이 충족감이라고 할지도 모른다. 하지만 그런 사람은 자신의 도리, 의무, 동료의 정당한 요구에 무관심한 사람에 불과하다. 그에게는 절대 충족감의 미덕이 있을 수 없다. 그는 열심히 성취했을 때 따라오는 순수하고 영원한 기쁨을 결코 경험 하지 못한다.

진실한 충족감은 정직한 노력과 진실한 삶의 결과이다.

12월 2일

진실로 만족하는 사람은 열정적이고 성실하게 일하며, 편안한 마음으로 모든 결과를 받아들인다.

사람이 만족해야 하는 세 가지가 있다. 자신에게 일어나는 모든 일, 우정과 재산, 그리고 자신의 순수한 사고이다. 자신에게 일어나는 모든 일에 만족하면 슬픔에 빠지지 않을 것이며, 우정과 재산에 만족하면 걱정과 불행에서 벗어날 수 있으며, 자신의 순수한 사고에 만족하면 불순한 것으로 고통받거나 비굴해지지 않을 것이다.

마찬가지로 사람이 만족해서는 안되는 세 가지가 있다. 자신의 아집, 성격, 그리고 마음의 상태이다. 자신의 아집에 만족하지 않으면 지혜가 계속 자랄 것이며, 자신의 성격에 만족하지 않으면 능력과 미덕이 끊임없이 자랄 것이며, 자신의 마음의 상태에 만족하지 않으면 매일 더 큰 지혜와 더 충만한 은총을 얻을 것이다.

결과는 노력과 정확히 일치한다.

12월 3일

보편적인 형제애는 가장 이상적인 휴머니티이다. 그 이상을 향해 세상은 천천히 그러나 확실하게 움직이고 있다.

형제애는 특정한 목표를 위해 모인 사람들의 마음속에 이기심이 있는 한 존재할 수 없다. 그런 이기심은 '이음매 없는 옷'과 같은 '사랑의 결합'을 결국 분열시킬 것이다.

그러나 형제애가 실패할지라도 누군가는 형제애의 완전한 모습을 깨달을 것이며, 그것의 아름다움과 완전성을 알게 될 것이다.

만약 자신을 현명하고 순수하고, 사랑스러운 영혼으로 만들고자 한다면 마음으로부터 갈등의 모든 요소를 제거하고, 고귀한 자질을 실천하는 것을 배워야 한다. 이것이 없다면 형제애는 단순한 이론, 아집, 혹은 환상적인 꿈에 불과하다.

마음이 규칙과 맞지 않는다면, 형제애는 실현되지 못한다.

12월 4일

형제애는 무엇보다도 정신적인 것이며, 이 세상에서의 형제애의 외적 표현은 자연스런 결과로서 따라올 것이다.

겸손의 마음에서 참을성과 평화가 나온다. 체념에서 인내, 지혜, 진실한 판단력이 나온다. 사랑에서 친절, 기쁨, 조화가 나 온다. 그리고 측은지심에서 유순함과 용서가 나온다.

이 네 가지 자질로 스스로 조화를 이룬 사람은 거룩하게 빛날 것이다. 그는 어디로부터 사람의 행동이 나오는지, 그리고 어디로 나아가는지를 안다. 그러므로 더 이상 어둠 속에서 헤맬 필요가 없다. 악의, 시기, 비통함, 경쟁, 비난에서 자유를 깨닫듯이, 그는 완벽함 안에서 형제애를 깨달았다. 모든 이가 그의 형제자매이다. 그는 오로지 모든 이에 대한 한 가지 마음가짐을 갖는데, 그것이 바로 선의이다.

자만, 자기애, 증오, 비난이 있는 곳에 형제애는 있을 수 없다.

12월 5일

형제애는 무엇보다 각자 이기심을 버림으로 이루어진다.

형제애를 알리는 이론이나 체계는 많지만 형제애 자체는 한가지이며, 변하는 것이 아니다. 형제애는 이기주의와 반목을 완전히 버림으로써 이루어지는 것이며, 선의와 평화를 실천하는 것이다. 왜냐하면 형제애는 이론이 아닌 실천이기 때문이다. 체념과 선의는 형제애를 지키는 천사이며 평화가 바로 그곳의 거주자이다.

서로 적이 되기 위해서는 두 가지가 있어야 하는데, 그것은 바로 이기심과 반감이다. 그곳에 형제애는 없다.

서로 공감하기 위해서는 두 가지가 준비되어야 하는데, 서로를 나쁘게 보지 않는 것과 서로를 헐뜯지 않는 것이다. 그곳에는 진리의 사랑과 선의가 있다.

마음이 평화로운 사람만이 형제애를 알고 실천한다.

12월 6일

편견과 사악함은 똑같은 것이다.

동정은 자기 자신보다 더 순수하거나 계몽된 사람을 위해 요구되는 것이 아니다. 순수한 사람에게는 동정이 필요 없기 때문이다. 이런 경우 자신을 한 단계 더 순수해지도록 노력해야 하며, 그렇게 하면 더 폭넓은 삶으로 들어가게 된다. 자신보다 현명한 사람들을 완전히 이해할 수 있는 사람은 없다. 비난하기 전에, 자신이 괴로움의 대상으로 뽑아놓은 사람보다 자신이 더 나은지를 진지하게 자문해 보아야 한다. 만약 그렇다면, 그에게 동정을 보내라. 그렇지 않으면 그를 존경하라.

성급하게 판단을 내리거나 남을 잘 비난하는 사람은 자신이 얼마나 기대에 못 미치는 사람인지 생각해 보아야 한다.

12월 7일

반감, 분노, 비난은 모두 증오의 형태이다. 이런 것들을 마음에서 쫓아내야 비로소 악이 사라진다.

마음의 상처를 지우는 것은 단지 지혜의 시작 중 하나에 불과하다. 여전히 더 높고 더 좋은 길이 있다. 그 길은 상처를 잊는 게 아니라 정신을 깨끗이 하고 마음을 밝게 하는 것이다. 그러면 기억에 남는 게 아무것도 없을 것이다. 왜냐하면 다른 사람의 행동이나 태도로 상처받을 수 있는 것은 단지 자만심과 이기심뿐이기 때문이다. 자만심과 이기심을 버린 사람은 절대로 다음과 같이 말하지 않는다.

"난 타인으로부터 상처받았다." 혹은, "내가 잘못된 것은 다 남의 탓이다."

사물에 대한 올바른 이해는 정화된 마음에서 나오고, 사물에 대한 올바른 이해로부터 괴로움, 고통이 없는 평화로운 삶으로 나아가 고요하고 현명해지는 것이다.

다른 사람의 죄로 곤란함에 빠진 사람은 진리에서 멀리 벗어나 있다.

12월 8일

자신의 죄로 곤란함과 혼란에 빠진 사람은 지혜의 문에 아주 가까이 있다.

가슴이 분노의 불꽃으로 타오르는 사람은 평화를 알 수 없으며, 진리도 이해하지 못한다. 가슴 속에 분노를 떨쳐 버린 사람은 알 것이다. 가슴에서 악을 없애 버린 사람은 다른 사람에게 분개하거나, 화를 내거나, 반대하지 못할 것이다. 왜냐하면 그는 악의 원천과 속성에서 계몽되었으며, 악이란 무지의 명백한 실수임을 알기 때문이다. 깨달음이 늘어나면 죄는 불가능해진다. 죄를 지은 사람은 이해하지 못한다. 이해한 사람은 죄를 짓지 않는다.

순수한 사람은 자신에게 해를 끼칠 수 있다고 무지하게 상상하는 사람을 향해 가슴속에 유연함을 간직하고 있다. 그를 향한 다른 사람들의 그릇된 태도는 그에게 아무런 문제가 되지 않는다. 그의 마음은 측은지심과 사랑으로 가득 차 있다.

고귀한 삶을 살려는 사람에게 고요함과 현명함을 알려 주라.

12월 9일

순수한 마음과 고결한 삶은 위대하며 가장 중요한 것들이다.

고통을 만드는 생각과 행동은 사리사욕과 이기심에서 나오는 것들이다. 은총을 만드는 생각과 행동은 진리에서 샘솟는 것들이다. 이처럼 마음이 변화되고 변형되는 과정은 명상과 실천이라는 두 가지 과정으로 이루어져 있다. 평온하게 명상함으로써 올바른 행동의 기본과 이성이 추구되고, 실천을 통해 '바로 하기'가 일상생활에서 이루어진다.

왜냐하면 진리는 책에서 배우거나, 날카롭게 추론하거나, 논쟁하거나, 논쟁적인 기술을 요하는 것이 아니기 때문이다. 진리는 오직 '바로 하기'에 있다.

진리는 책에서 주워 모을 수 있는 것이 아니다. 오로지 실천으로만 배울 수 있다.

12월 10일

실천으로 배운 사람만이 진리를 얻는다.

진리를 얻으려는 사람은 진리를 실천해야만 한다. 자기극복의 가르침을 제일 먼저 실천해야 한다. 자기극복을 철저히 숙달하고 그리고 나서 다음,

다음 단계로 넘어가 마침내 자신이 목표하는 도덕적 완전함을 얻어야 한다. 사람들은 흔히 진리에는 확실한 개념이 있다고 상상한다. 사람들은 많은 전문서적을 읽고, 그러고 나서 '진리'라고 부르는 개념을 형성하고, 자신의 개념이 진리라는 것을 증명해 보이기 위해 동료들과 논쟁을 벌이려 돌아다닌다. 세속적인 문제에 있어서 사람들은 현명하다. 왜냐하면 자신의 목적을 달성하기 위해 행동하기 때문이다. 그러나 영적인 문제에 있어서 사람들은 어리석다. 왜냐하면 그들은 단지 읽기만 하고 행동하지 않으면서 진리를 얻었다고 생각하기 때문이다.

순수하며, 남에게 흠 잡히지 않는 행동을 삶에서 보여 주는 사람만이 진리를 얻는다.

12월 11일

사랑, 그것은 모든 것을 감싸 안는다.

본래 사랑은 특정 종교, 교파, 학파, 또는 단체 등의 단독 소유물이 될 수 없다. 그러므로 자신의 특정한 종교적 교리에 입각해 진리에 대한 배타적인 주장을 하는 것은 사랑을 부인하는 것이다. 진리는 정신이고 삶이다. 비록 가지각색의 교리를 통해 명백해진다 할지라도, 진리는 하나의 특정한 교리의 형태안에 갇힐 수 없다. 사랑은 모든 것을 뛰어넘는다. 사랑은 모든 개념, 교리, 철학자의 밖에 있으며 그들보다 더 위대하다. 사랑은 모든 것을 포함한다. 거룩하고 거룩하지 않은 것, 공정하고 공정하지 않은 것, 깨끗하고 깨끗하지 않은 것을 모두 포함한다. 자신의 사랑이 모든 사람과 모든 신조를 감싸 안을 만큼 깊고 넓은 사람은 가장 종교적이며, 가장 지혜롭고 또 한 가장 통찰력이 깊다. 왜냐하면 그는 사람 그대로를 보기 때문이다.

증오는 사랑의 부재이다. 사랑은 모든 부재를 포함한다.

12월 12일

사랑은 사람의 마음을 넓게 해 준다. 그리고 마침내 차별 없이 모든 인류를 감싸 안는다.

사랑의 길은 삶의 길이며 불멸의 길이다. 그리고 그 길의 시작은 트집 잡기, 다툼, 결점 찾기, 그리고 의심을 없애 버리는 데에 있다. 사랑 안에서 자라고자 한다면, 그 처음부터 시작해야 한다. 그리고 우리의 마음속에서 동료와 사람들에 대한 모든 비열하고 의심 많은 생각을 없애 버려야 한다. 우리는 자유롭고 넓은 마음으로 그들을 대하는 것을 배워야 한다. 그리고 그들이 왜 그렇게 행동하는지 그 이유를 자각하는 것부터 배워야 하며, 그들의 생각, 방식, 또는 행동이 우리와 반대되었을 때, 고결함과 자유에 근거해 그들을 용서하는 것을 배워야 한다. 그러므로 결국 우리는 성 바울이 말한 '사랑이 영원한 원칙'이라는 말처럼 마침내 그들을 사랑하게 될 것이다.

신념이 있든 없든, 사랑이 있는 사람은 진리의 빛으로 밝아진다.

12월 13일

진리의 삶은 나쁜 생각과 행동을 버리고 좋은 생각과 행동을 껴안는 것이다.

세상에 불행을 가져오는 것은 모두 사람의 그릇된 행동이다. 모든 고통을 행복으로 바꾸는 것은 올바른 행동이다. 그릇된 행동으로 우리는 슬픔에 빠진다. 올바른 행동으로 우리는 축복을 얻는다. 하지만 이렇게 생각해서는 안 된다. '타인의 그릇된 행동이 나를 불행하게 만든다.'

왜냐하면 이런 생각은 다른 사람을 향한 고통을 낳고 증오를 키우기 때문이다. 자신의 불행은 자기 내면의 잘못에서 생긴다는 것을 이해해야 한다. 아직 완전하지 않으며, 아직 튼튼해 져야 할 허점이 있다는 표시로 받아들여야 한다. 자신의 문제로 다른 사람을 비난하면 안 된다. 진리 안에서 자신을 더욱 더 강하게 만들어야 한다.

겸손한 발걸음으로 진리의 고귀한 길을 걸어가라.

12월 14일

진리의 원칙들은 다른 발자국이 걸을 수 있는 길을 걷기 위해 연구하고 실행하고 준비하는 것이다.

진리의 원칙은 연구와 실천을 통해 발견되었으며, 다른 이들이 따를 수 있도록 길을 더 평평하게 하기 위해 기술되었다. 그리고 이 길은 모든 사람들이 죄에서 결백함으로, 실수에서 진리로 다가가려 할 때 따라가는 길이다. 그리고 이 길은 모든 성직자, 부처, 그리스도가 고결한 완전함을 얻으려 할 때 걸었 던 오래된 길이며, 미래에 모든 불완전한 존재가 영광스런 목표에 도달하기 위해 걸어가야 할 길이다. 어떤 사람이 어떤 종교를 믿느냐는 문제가 되지 않는다. 만약 매일 자신의 죄와 싸우고, 마음을 정화하면 그도 이 길을 걷게 될 것이다. 왜냐하면 관념·이론·종교는 다를지 몰라도 죄의 극복은 다르지 않으며 진리 또한 다르지 않기 때문이다.

종교는 시대에 따라 달라지지만, 고결한 미덕의 원리는 언제나 영원하다.

12월 15일

비록 겉모습은 다를지라도, 진리는 하나이다. 진리는 성장의 다양한 단계에 있는 모든 사람들이 적응할 수 있다.

우리는 위대한 스승의 발치에 앉아서, 스승을 배운다. 우리는 예수 그리스도의 인품에 광채를 더하는 온화한 인도인과 중국인 스승의 삶과 가르침 속에서 똑같이 고결한 자질과 똑같은 진리의 가르침을 발견하고 기쁨에 할 말을 잊는다. 그들은 너무나 훌륭하고 영광스러우며, 너무나 위대하고 선하고 지혜롭기에 우리는 그들을 배우며 존경하지 않을 수가 없다. 그들은 다양한 민족들에게 이와 같은 놀라운 영향력을 미쳤고, 수많은 인간의 영원한 숭배를 불러일으켰다.

위대한 스승은 인류의 완벽한 꽃이다.

12월 16일

마음의 완벽한 순수함은 모든 이기심의 게으름과 욕망에서 해방된 상태이다.

세속적 삶과 종교적 삶에는 차이가 있다. 매일 불순한 것을 좇으며 그 마음을 전혀 포기하려 하지 않는 사람은 종교적이지 않다. 반면 매일 자신을 통제하며 불순한 것을 좇아 버리는 사람은 종교적이다.

종교적인 사람은 자신의 집착과 욕망의 탐닉을 자제해야만 한다. 왜냐하면 그것이 종교를 구성하는 기본요소이기 때문이다. 사람은 있는 그대로의 사람과 사물을 보는 것을 배워야 하며, 모든 사람은 자신의 본성과 현명한 인간으로서의 길을 선택할 정당한 이유에 따라 살아가고 있음을 이해해야 한다. 결코 자기 삶의 규칙을 남에게 강요해서는 안 된다. 결코 그들 보다 더 나은 위치에 있다고 여기지도, 그런 체 하지도 말라. 다른 사람의 처지를 배워야 하며, 다른 사람의 입장에서 생각하는 것을 배워야 한다.

진리를 사랑하는 사람은 분명 사람을 사랑하는 사람임에 틀림없다.

12월 17일

살면서 겪게 되는 불확실한 일 속에서 우리가 무사히 지낼 수 있는 확실한 방법은 도덕적인 법칙을 엄격하게 지키는 것이다.

끊임없는 변화, 불안감, 그리고 삶의 불확실성은 우리로 하여금 무언가 확실한 기본원칙을 찾을 필요성을 제기한다. 마음의 행복과 평화가 유지되기 위해서는 말이다. 모든 인류가 궁극적으로 얻을 수 있는 지식이라고 할 수 있는 이 기본원칙은 '고결한 정의'라는 개념으로 잘 나타난다. '인간의 정의'라는 것은 자신의 불빛 혹은 어둠에 따라 모든 사람마다 다르다. 하지만 우주를 영원하게 유지하는 '고결한 정의' 안에는 어떤 변화도 있을 수 없다. '고결한 정의'는 마음속으로 하는 계산이다. 형태와 목적, 생각과 행동과 마찬가지로, 2 더하기 2는 4 를 만들어 낸다.

같은 원인에는 반드시 같은 결과가 나오기 마련이다.

12월 18일

모든 마음의 법칙에 확신을 가지고 있어야 한다.

동일한 환경에서 동일한 생각과 행동을 하면, 그 결과는 언제나 같다. 이러한 근본적인 윤리적 정의가 없다면 인간 사회는 존재할 수 없다. 왜냐하면 이것은 개인행동의 정당한 반응으로, 이것이 사회가 흔들리며 붕괴하는 것을 막기 때문이다.

따라서 삶의 불평등은 행복과 고통의 분배를 간주하면 완벽한 정확성의 선을 따라 조작되는 정신적 힘의 완성이 따르게 되는 것이다. 완벽한 정확성, 즉 완벽한 법칙은 삶에 있어서 근본적인 큰 확신이다. 사람의 완전성을 보증할 수 있는 것의 발견은 사람을 현명하게 하고 계몽하며 행복과 평화로 넘치게 하는 것이다.

우주의 도덕적인 섭리는 결코 불균형적이지 않으며, 불균형적일 수도 없다. 만약 그렇다면 우주는 무너져 내릴 것이기 때문이다.

12월 19일

정의를 능가할 수 있는 것은 아무것도 없다.

사람의 마음속에 이 확실성에 대한 믿음이 없으면 그 사람은 방향키, 항해지도, 나침반도 없이 자기가 만든 우연의 바다를 이리저리 표류하는 것과 마찬가지다. 그는 자신의 삶이나 인격을 세울 근본이 없다. 윤리적인 행동을 위한 중심도, 고상한 행동을 위한 동기도 없다. '하나님이란 그 마음이 완전하며, 실수하지도 않고, 그 어떤 변덕이나 변화의 그림자도 지니지 않는다'는 하나님에 대한 생각은 '고귀한 정의'의 기본원칙에 입각한 믿음의 일반적인 표현이다.

이 원리에 따르면 그 어떤 편애나 우연도 없으며, 단지 정확하고 변하지 않는 정의만 있을 뿐이다. 따라서 사람의 모든 고통은 정당한 결과이다. 그 원인은 무지한 자의 실수이기 때문이다.

자신이 행하지 않았던 일로 인해 고통받는 일은 없다. 원인이 없으면 결과가 없기 때문이다.

12월 20일

재능, 지혜, 선, 관대함은 원인과 결과의 오랜 수행의 결과이다.

성장의 과정은 꽃에서도 볼 수 있다. 그러나 분명 존재하고 있음에도 불구하고 정신적인 성장은 눈에 보이지 않는다.

정신적인 성장은 보이지 않는다고 나는 말했다. 하지만 이것은 일반적인 감각 안에서만 사실일 뿐이다. 진정한 사상가나 현인은 실로 그들의 영적인 눈으로 정신적인 성장을 볼 수가 있다. 자연과학자들이 자연의 원인과 결과를 알게 된 것처럼, 현인들은 정신적인 원인과 결과에 익숙해져 있다. 그는 식물 처럼, 성격이 형성되어가는 과정을 본다. 지혜의 꽃을 볼 때 미덕이 나타나는 것을 보며, 자신이 뿌린 마음의 씨앗을 볼 줄 알고, 오랜 침묵의 성장 시기를 거쳐 점점 완벽함에 이르는 것 을 안다.

미리 만들어져 있다가 나타나는 것은 없다. 언제나 변화, 성장, 생성의 과정을 거친다.

12월 21일

깨어 있는 비전은 우리를 더 고상한 삶으로 초대한다.

사람은 동시에 두 나라에서 살 수 없다. 한 곳에서 떠나야지만 다른 한 곳에 정착할 수 있다. 마찬가지로 사람은 동시에 두 영적인 나라에서 살 수 없기에 진리의 나라에서 평화롭게 살기 위해서는 먼저 죄의 땅을 떠나야만 한다. 사람이 그 조국을 떠날 때는 아끼는 물건들, 절친한 친구와 친척들을 남겨 두어야만 한다. 그렇다. 마음속에 새겨 두었던 모든 것을 남겨두어야 한다. 이처럼 진리의 새로운 땅에서 살기로 결심했다면, 지난 세상에서의 실수들, 집착했던 죄들, 헛된 관계들을 모두 포기해야만 한다. 그렇게 개인의 소유물을 포기함으로써 우주는 더 밝아지고 아름다운 집이 될 것이다.

산의 고요함과 마음을 나누고자 한다면, 발에 묻은 계곡의 진흙을 털어
내야만 한다.

12월 22일

바른 마음가짐에서 바른 생각이 나오며, 그것이 올바른 행동으로 이끈다.

삶에 일어나는 모든 일에서 항상 선을 추구하고, 그것을 통해 힘과 지식, 지혜를 얻고자 하는 것이야말로 올바른 마음가짐이다. 올바른 생각은 기쁨, 희망, 확신, 용기, 변함없는 사랑, 너그러움, 풍부한 신념과 신뢰의 생각이다. 이런 것들은 확실히 강인한 성격, 유용하고 고상한 삶, 세상 속에서의 개인적인 성공을 세워 준다. 이런 생각은 올바른 행동, 일에 쏟아 붓는 에너지와 노력, 합당한 목적의 성취를 가져다 준다. 마침내 정상에 도달한 산악인처럼 성실하고, 쾌활하고, 불굴의 의지를 지닌 일꾼이 마침내 자신의 목표를 이루어 내는 것이다.

모든 성공하는 사람들은 언제나 최대한의 노력으로 특별한 성공에 도
달한다.

12월 23일

고통은 순수해지고 완벽해지는 과정이다. "우리는 우리가 받은 고통으로
순종하게 되었다."

다른 사람에게 고통을 준다는 것은 무지속으로 더 깊이 들어 가는 것이다. 하지만 스스로에게 고통을 준다는 것은 계몽에 좀 더 가깝게 다가가는 것이다. 고통은 사람들을 친절하게 만들고 측은지심을 갖는 법을 가르쳐 준다. 마침내 사람들에게 부드러운 마음, 다른 사람의 고통을 생각하게 해

준다. 사람이 잔인한 행위를 했을 때, 그것으로 끝났다고 무지하게 생각하지만, 그것은 단지 시작일 뿐이다. 행동에는 일련의 결과가 따르기 마련이며, 그것이 그를 지옥과도 같은 고통 속으로 빠지게 한다. 우리가 하는 모든 잘못된 생각이나 행동은 정신적 혹은 육체적인 형태로 고통을 가져온다. 그리고 그 고통은 처음의 생각이나 행동과 일치하게 될 것이다.

고통을 통해서 다른 사람의 고통도 느낄 수 있다.

12월 24일

모든 원인은 이미 당신과 함께, 당신 안에 존재한다.

작은 일에 최선을 다하는 것이 더 위대란 힘으로 이끄는 것처럼, 작은 일에 최선을 다하지 않는 것이 더 커다란 나약함으로 이끈다. 사소한 도리를 다하면서 전체적인 성격을 이룬다. 나약함은 죄 만큼 커다란 고통의 근원이며 강인한 개성이 형성되기 전까지 진실한 은총은 있을 수 없다. 나약한 사람은 사소한 일에 가치를 부여하고, 그 일을 적절하게 해내면서 강해진다. 강한 사람은 작은 일들을 대충대충 게으르게 하면서 나약 해지며, 이로 인해 자신의 기본적인 지혜를 잃고 자신의 에너지의 낭비하게 된다.

지금 이 순간 강인하고 현명하게 행동하는 것 말고는 힘과 지혜로 가는 길은 없다.

12월 25일

한 해를 보내며 실수와 상처, 그릇된 행동을 영원히 날려 보내는 사람은 축복 받을 것이다.

과거는 죽은 것이며 되돌릴 수도 없다. 과거는 망각 속으로 집어넣어 버려라. 그러나 과거로부터 고결한 가르침을 끌어내어 다가오는 새해에는 더 고결하고 순수하며, 완벽해지기 위한 출발점으로 만들어야 한다. 증오, 분노, 반목, 그리고 악의는 지난해와 함께 없애 버려라. 마음속에서 모든 좋지 않은 기억 들과 불경스런 원한을 지워 버려라. 소리쳐 외쳐라. "온 누리에 평화를! 모든 이에게 온정을!"

이것은 이맘때 많은 이들의 입에서 세상을 통해 나오는 외침이지만, 당신에게는 자주 되풀이되는 상투적인 것 이상의 것이 되게 하라. 당신으로 인해 그 진리가 실천되게 하며, 당신의 마음속에 살게 하라. 나쁜 생각으로 그것의 조화와 평화를 망치지 말라.

기억할 잘못이 없고, 잊을 상처가 없는 사람은 행복하다. 순수한 마음의 사람에게는 증오의 사고가 뿌리내릴 수가 없다.

12월 26일

사람은 모든 역경에 대항할 힘을 지니고 있다.

자신의 역경과 곤경을 불길한 악의 흉조로 간주하지 말라. 그렇게 생각하면 악을 만드는 것이다. 그것을 선한 예언처럼 간주하라. 실제로 그렇다. 그것을 피할 수 있다고 스스로를 설득하지 마라. 당신은 피할 수 없다. 도망치지 말라. 그것은 불가능하다. 어디로 가든 당신을 따라다닐 것이다. 차분하고 용감 하게 대하라. 당신이 명할 수 있는 냉철함과 위엄으로 그것에 직면하라. 어떤 것인지 잘 가늠하고 분석해서 이겨내라. 그리하면 힘과 총명함을 기를 수 있을 것이다. 그리하면 숨겨진 축복의 길에 들어설 수 있을 것이다.

죄 안에 평화 없고, 죄 안에 휴식 없다. 오로지 지혜에만 마지막 위안이 있다.

12월 27일

사랑과 마음을 담아 일하라. 그리하면 마음이 가벼워지고 기분이 좋아질 것이다.

나약한 생각 혹은 이기적인 욕망으로 더 무거워지지 않고, 더 이상 견뎌 내지 않아도 되는 무거운 짐이란 존재하는가? 당신의 환경이 참기 어렵다면, 그건 당신이 그 상황을 필요로 하기 때문이며, 당신은 그것에 대처할 힘을 기를 수 있다. 당신 안에 무언가 약점이 있기에 상황이 힘든 것이고, 그와 같은 약점이 제거되기 전까지는 상황은 괴로울 것이다. 당신이 더 강해지고 현명해질 수 있는 기회가 당신에게 주어졌음에 감사하라. 어떠한 상황도 지혜를 괴롭힐 수 없다. 어떠한 상황도 사랑을 지치게 할 수 없다. 자신의 고통스러운 상황을 골똘히 생각하기를 멈추고, 당신에게 주어진 삶을 심사숙고하라.

당신이 회피하는 도리는 당신을 질책하는 천사이다. 당신이 좇아가는 쾌락은 당신에게 아첨하는 적이다.

12월 28일

동물적인 탐닉은 진리의 가르침에 반하는 것이다.

해롭지 않은 것처럼 보이기에 사람들이 마음에 품는 이기적인 탐닉은 거의 없다. 하지만 그 어떤 이기적인 탐닉도 해를 끼치지 않을 수 없으며, 사람들은 연약하고 이기적인 만족에 반복적이고 습관적으로 굴복함으로써 자신들이 무엇을 잃었는지 알지 못한다. 사람 안의 신성이 강하고 당당하게 일어서면 사람 안의 짐승은 분명 사라진다. 동물적인 본능을 선동하는 것은 비록 그것이 순결하고 달콤하게 보일지라도, 진리와 은총을 저버리는 것이다. 당신이 당신 안의 동물에게 길을 내 주고 먹이를 주고 기쁘게 해 줄 때마다 그것은 점점 강해지고 더욱 사나워진다. 그리하여 진리를 지켜야 할 당신 마음을 더욱 단단히 차지하게 될 것이다.

감각적인 자극을 극복하라. 그리하면 헛되고 불확실하게 살지 않을 것이다.

12월 29일

모든 증오를 버려라. 다른 이를 위한 헌신의 제단에!

다른 사람들이 무슨 말을 하든, 어떤 행동을 하든, 절대 화를 내지 마라. 증오를 증오로 갚지 마라. 만약 다른 이가 당신을 증오한다면, 의식적으로 든 무의식적으로든 아마도 당신이 행동을 잘못했을 것이다. 아니면, 작은 관대함과 이성으로 없어질 수도 있는 약간의 오해가 있었을지도 모른다. 그러나 그 어떤 상황에서도 "하나님, 그들을 용서하소서."라고 말하는 것이 "난 더 이상 그들에게 아무것도 할 게 없습니다."라고 말 하는 것보다 훨씬 낫다. 증오는 아주 천하고 가난하며, 맹목적이고 비열하다. 사랑은 아주 위대하고 풍부하고, 멀리 내다보며, 은총이 가득하다.

달콤하고 위대하며, 모든 것을 포용하는 아름다운 사랑이 들어오게 당신 마음의 수문을 활짝 열어라.

12월 30일

이타심의 문 안에는 영원한 기쁨의 이상향이 놓여 있다.

이것을 알라. 이기심은 자기 자신은 물론 인류 전체를 비참함으로 이끌고, 이타심은 기쁨으로 이끈다. 우리가 살면서 만나는 모든 사람들이 이타심으로 더 행복해지고 더 진실해질 수 있는 것이다. 휴머니티는 하나이고, 한 사람의 기쁨이 곧 모든 이의 기쁨이기 때문이다.

이것을 알라. 인생의 공통된 길에 고통이 아닌 기쁨의 꽃들을 흩뿌려라. 그렇다. 적이 가는 길에도 이타적인 사랑의 꽃을 뿌리자. 그리하면 고결한 향으로 그들의 발자국이 대지를 채우고 기쁨의 향이 세상을 즐겁게 할 것이다.

최고의 선을 구하라. 그러면 당신은 가장 깊고 달콤한 기쁨을 맛볼 것이다.

12월 31일

우주는 편애하지 않는다. 가장 공정하며, 자기가 가진 것을 모두에게 준다.

이기심을 버린 삶에 도달한 사람은 불멸의 행복 안에서 행복하다. 그는 이미 하늘의 왕국으로 들어가 하나님의 가슴속에서 휴식을 취한다. 그는 무한의 품속에서 쉰다.

육욕과 증오, 어두운 욕망에서 벗어나 자유로운 마음을 지닌 사람의 휴식과 은총은 달콤하다. 그는 비통함의 그림자, 혹은 이기심 없이 마음속 깊은 곳으로부터 은총으로 숨을 쉴 수 있다.

모든 살아있는 것에 평화를. 예외도, 제한도 없다. 이와 같은 사람은 절대 빼앗기지 않을 행복한 결말, 충만한 평화, 완벽한 은총에 도달하게 된다.

사람은 삶의 바른 길을 찾을 수 있다. 그것을 찾으면서 기뻐하며 즐거워할 수 있다.

신성한 동반자

이 책에서 앨런 인생의 영적 역사를 발견할 것이다.
그는 《신성한 동반자》를 가장 마지막에 출판하기를 바랐다.
그는 이렇게 말했다. "이것은 내 영혼의 이야기입니다. 나의 모든 책 중 가장
마지막에 읽어야 독자들이 내 메시지를 이해하고 찾을 수 있을 것입니다.
그러니 다른 모든 책을 출간할 때까지 미뤄두세요."

　이 책은 제임스 앨런이 어느 특정 시기나 해에 썼다고 말할 수 없다. 그는 수년에 걸쳐 이 책을 썼다. 볼 수 있는 눈과 이해할 수 있는 마음을 가진 사람은 이 책에서 앨런 인생의 영적 역사를 발견할 것이다. 그는 《신성한 동반자The Divine Companion》를 가장 마지막에 출판하기를 바랐다. 그는 이렇게 말했다. "이것은 내 영혼의 이야기입니다. 나의 모든 책 중 가장 마지막에 읽어야 독자들이 내 메시지를 이해하고 찾을 수 있을 것입니다. 그러니 다른 모든 책을 출간할 때까지 미뤄두세요." 이제 《평화의 시Poems of Peace》에 실릴 희곡들과 몇 편의 시만 남았다.

　《신성한 동반자》는 과거 앨런의 책을 읽은 수천 명의 사람에게 틀림없이 진정한 동반자가 되어줄 것이다. 이 책을 읽는 것은 작가의 목소리를 다시 듣는 것이고, 그 메시지를 연구하는 것은 다시 한 번 그의 발치에 앉는 것과 같다. 그는 그 길을 모두 직접 걸었기에 권위를 가지고 이야기한다. 앨런의 작품을 사랑하는 이들이 영감 가득한 그의 펜에서 또 다른 책이 나왔다는 사실을 알면 실로 기쁨에 가득 차 열렬히 《신성한 동반자》를 환영할 것이다.

―릴리 L. 앨런

신성한 동반자

진리의 영혼Spirit인 나는
버림받은 자의 친구이자 현명한 자의 동반자이니
사람을 회복되게 하고 기쁘게 하며 비록
그들이 나를 알지 못한다 해도 모든 이를 보호하네

깨우는 자로서 진리

1

기뻐하라! 아침이 밝았다
진리가 우리를 깨웠으니
우리는 눈을 떴으며 더는 어두운 죄의 밤이 없네
물질과 감각의 세계 속에서 오랜 잠을 잤네
악의 고통스러운 악몽 속에서 한참을 몸부림쳤네
그러나 이제 영과 진리 안에서 깨어났으니
선을 찾았고 악과의 투쟁은 끝났네
우리는 잠을 자면서도 자는 줄 몰랐고
고통받았으나 고통받는 이유를 알지 못했네
꿈속에서 괴로워했으나 아무도 우리를 깨울 수 없었으니 모두가 꿈을 꾸

고 있었기 때문이라네

그러다가 꿈속에서 잠깐

여전히 자고 있었으나

진리가 말했고 그 소리를 들었네

그리고 드디어! 눈을 뜨고 보았네

우리는 선잠에 빠져 보지 못했네

잠을 자면서 알지 못했네

그러나 이제 깨어나서 보았다네

신성을 보았기에 깨어났음을 알며 더는 죄를 사랑하지 않네

진리를 보았으니 죄가 더는 우리를 유혹하지 못하네

실로, 우리는 진리를 보았다네!

밤에 꾸는 꿈이 아닌 실재로서의 진리를 잠에서 깬 눈으로 보았네

저 멀리 펼쳐진 아름다운 땅을 바라보듯 보았네

그리고 우리는 진리에 도달해 그것을 소유할 때까지 길을 재촉할 것이네

진리는 얼마나 아름다운가!

실재의 왕국은 얼마나 영광스러운가!

거룩함의 행복이란 얼마나 형언할 수 없이 아름다운가!

진리를 위해 죄를 버리고 실재를 위해 환상을 버렸네

죄와 혼란에서 등을 돌리고

정의와 진실의 조화를 향해 그리로 고개를 돌리네

2

죄를 짓는다는 것은 꿈을 꾸는 것

죄를 사랑한다는 것은 어둠을 사랑하는 것

깨어난 자들은 지적인 행동보다 꿈을 선택하지 않네

빛에 앞서 어둠을 선택하지 않네

어둠을 사랑하는 자는 어둠 속에 빠져 있으니

아직 빛을 보지 못했네

빛을 본 이는 어둠 속에서 걸으려 하지 않으리

진리를 본다는 것은 진리를 사랑하는 것이요, 그에 비해 죄는 전혀 아름답지 않으리

꿈꾸는 자는 지금은 쾌락 속에 있어도 이내 고통 속에 빠지네

자신감에 차 있다가도 다음 순간 두려움 속에 있네

안정감이 없으며 영속적인 피난처도 없네

후회와 응보의 괴물이 쫓아올 때 그가 어디로 날아갈 수 있겠는가?

깨어나지 않는 한 안전한 곳은 없다네

꿈꾸는 자가 그의 꿈과 싸우게 하라

모든 이기적인 욕망의 허망한 본질을 깨닫도록 애쓰게 하라

그러면 보라! 그는 빛과 진리의 세계를 보는 영적 눈을 뜨게 되리니

깨어나 모든 사물을 올바른 관계 속에서 참된 비율로 볼 것이네

사물을 있는 그대로 보면서 행복할 것이며 온건한 정신으로 평화로울 것이네

진리는 우주의 빛이며 마음의 낮

그곳에는 죄도 번뇌도 두려움도 없네

낮의 빛으로 깨어난 사람은 더는 꿈의 괴로움에 시달리지 않네

괴로움은 단지 꿈으로, 사라진 환상으로 기억할 뿐

잠에서 깨지 않은 이는 깨어 있는 상태도 꿈꾸는 상태도 알지 못하네

그는 혼란에 빠져 자기 자신도 알지 못하고

타인도 알지 못하며 아는 바 없이 판단하네

깨어 있는 자는 깨어 있는 상태와 꿈꾸는 상태를 모두 알고 있으니

지혜로 서서

자기 자신을 알고 타인을 알며 지식을 가지고 판단하네

그는 이해하는 자요, 마음을 아는 자

진리의 빛 속에서 걷는 그는 꿈꾸고 있는 모든 이가 마침내 깨어날 것임
을 알고 있네

3

진리는 무지의 선잠,

죄의 깊은 잠에서 우리를 깨워준다네

진리가 부를 때 그 소리를 듣고 깨어나는 자는 지혜롭고 복되리라

진리가 나타나도 사람들은 보지 않네

진리가 불러도 듣지 않네

진리는 행동을 통해 말하고

고통 속에서 외치며

가는 모든 길을 비추네

그러나 사람들은 듣지 못하고 보지 못하네

잠에 빠져 귀가 멀었으며 눈을 감고 있기 때문이라네

진리는 현명한 자의 행동 속에서 드러나니

진리의 빛이 현명한 자의 가르침을 비추네

그러나 죄에 빠져 잠든 이는 진리의 현현을 볼 수 없네

진리의 빛이 잠든 눈꺼풀 위로 내려도

아무런 반응을 보이지 않네

이해하지 못하면 반복된 가르침은 헛될 뿐

올바로 이해해야 하네

죄 없는 마음은 곧 이해하는 마음

올바로 이해하는 이는 흠 없는 행위의 빛으로 신성한 가르침을 해석하네

그는 죄를 반복하지 아니하며 진리의 영으로 이해하네

진리의 영이란

죄에서 벗어나 선한 행위에 머무르는 것, 모든 이와 평화롭게 살아가는 것

악을 행하는 자는 진리를 알지 못하니

진리는 선을 행하는 자에게 있네

진리의 행위는 밤의 별처럼 빛나 어둠을 쫓아버리네

진리가 영원한 선을 밝히니

밤을 낮으로 바꾸고 만물의 모습을 변화시키네

그리하여 죄와 슬픔이 사라지고 더는 악이 존재하지 않네

4

우리는 잠에서 깨어나 눈을 뜨고 보네!

깨어났음을 아는 이유는 선을 보기 때문

격정Passion이 사라졌기에 우리가 선한 영을 지니고 있음을 아네

증오의 속박도 깨졌네. 우리는 순결과 결혼했으니

고결한 행위의 옷을 입고

사랑의 영을 섬기네

그러므로 우리는 깨어 있고

그러므로 진리가 악이라는 잠에서 눈뜨게 한다는 사실을 인식하네

우리는 빛 속을 걷기에 자유롭고 행복하네

그리고 그 빛 속에서 만물을 분명하게 이해하네

걸어가는 길을 알며 어디를 향해 가는지 아네

그러나 격정이 우리를 두려움에 떨게 하고 증오가 우리를 속박했을 때

어둠이 우리를 감싸고 악의 꿈이 우리를 붙잡았을 때

우리는 얽매여 불행한 존재였으니

변덕스러운 꿈만 보았으며

걸어가는 길을 알지 못하고 어디로 향하는지도 알지 못했네

사람을 악으로 미워하는 자는 죄 가운데 있으며

죄 가운데 있는 자는 아직 잠에서 깨지 않은 자이니

깨어난 이는 모든 사람을 사랑하며 미움이 없네

이것이 그가 진리로 깨어났음을 보여주는 표시라네

그는 자신을 미워하는 사람들까지도 사랑하네

진리는 악이라는 꿈을 깨우고

증오의 미망을 몰아내며

잠자는 자를 어둠과 꿈에서 해방시키네

잘못 속에서 잠자는 이들이여 깨어나라!

죄 속에서 꿈꾸는 이들이여 일어나라!

더 높은 삶의 찬란함이 당신을 둘러싸고 있네

그것이 바로 선한 삶. 눈을 떠서 보라

깨어나 귀 기울이면 진리의 부름을 들을지어다

위대한 각성자의 목소리를

위로자로서 진리

1

진리를 아는 것은 영원한 위로

다른 모든 것이 무너져도 진리는 무너지지 않네

마음이 황폐하고 세상 어디에도 피난처가 없을 때

진리는 평화로운 피난처와 조용한 안식을 제공하네

인생의 근심은 많고 인생의 여정에는 어려움이 가득하네

그러나 진리는 염려보다 크며 모든 어려움 위에 있네

진리는 우리의 짐을 덜어주고, 기쁨의 빛으로 길을 밝혀주네

사랑하는 사람은 세상을 떠나고 친구는 기대를 저버리며 재산은 멸실된

다네

그렇다면 위안의 목소리는 어디에 있는가?

위로의 속삭임은 어디에 있는가?

진리는 위로받지 못한 자를 위로하며

버림받은 자에게 위안을 주네

진리는 사라지지 않고 기대를 저버리지도 않으며 멸실되지도 않으니

영원한 평화의 위로를 주네

고난은 누구에게나 찾아오는 법

지혜로운 자도 고난을 피할 수 없네

그러나 지혜로운 자는 영원한 선善 안에 확실하고 안전한 피난처를 가지

고 있으니

그들은 위안을 주는 것, 곧 진리를 알고 있네

진리는 고민의 괴로움을 없애주고 고난의 구름을 흩뜨리네

밤은 불결한 자에게 내려오듯 순결한 자에게도 내려오지만

순결한 자는 공포를 느끼지 않네

진리의 빛이 어둠 속에서 분명한 광채로 빛나기 때문이네

순수한 자의 잠은 달콤하네

진리의 품에 안긴 이들은 평화롭게 안식하네

밝은 낮은 지혜로운 자와 어리석은 자의 길을 똑같이 비추지만

어리석은 자들은 죄의 어둠에 둘러싸여 있네

비틀거리며 넘어지고 멍이 들어도 아무도 위로해주지 않네

그러나 지혜로운 이는 진리의 빛 속에서 걸으니

넘어진다 해도 진리가 그를 일으키네

보라! 진리가 그를 치유하고 위로하네

진리를 아는 이는 평화의 만족을 얻네

진리를 아는 이라고 인생의 부침에서 자유로운 것은 아니고

세속적 의무의 근심과 책임에서 해방된 것도 아니며

외부의 적으로부터 공격받지 않는 것도 아니나

그들의 마음은 평온하네

그들의 마음은 큰 평온함 속에 머무르네

2

세속적인 마음을 가진 사람에게는 위안을 주는 것이 없으나

그들이 세속을 버리고 진리로 향해 간다면

위안이라는 달콤한 선물을 받으리

세상은 쾌락과 고통의 장소지만

진리는 기쁨과 평화의 거처라네

진리를 위해 세상의 흥분과 불만을 버리는 이는

신뢰할 수 있는 동반자이자 친구, 심지어 영원한 존재를 찾게 되리라

고통은 세상 속에 있네

그렇네, 세상에는 슬픔과 비탄이 넘치네

그러나 진리는 평온하니

슬픔을 가라앉히고 모든 비탄을 달래네

세상에 울리는 비탄의 소리를 들으라!

폭풍우보다 거칠고

바다의 포효보다 깊은 소리

진리만이 격정의 폭풍우와 슬픔의 폭풍을 잠재울 수 있네

고요함으로 오라

위대한 침묵에 의지하라

인간은 격렬한 격정의 힘에 휩쓸리네

그러나 슬픔이 그들을 붙잡으면 번민 속에서 비명 지르네

세속의 쾌락을 사랑하는 마음은 사람을 몰락시키고 세상은 아무 위로를

해주지 않네

　　세상은 고뇌하게 하지만 진리는 위로하네

　　세상이 파괴하고 버린 사람들

　　고통과 슬픔에 내던져진 사람들

　　이런 이들조차 진리로 향하면 진리의 친구가 되네

　　진리는 그 누구도 멸시하지 않으며

　　그 누구도 외면하지 않고

　　누구에게나 위안을 주네

　　쾌락을 추구하며 지친 이들이여

　　고통에 빠진 이들이여

　　외롭고 고독한 이들이여

　　진리에게로 오라

　　진리는 쾌락과 고통을 초월하니

　　당신을 일으켜 세우고

　　쉬게 하며

　　치유하고

　　친구가 되어 위로하리라

　　3

　　자기 자신과 죄를 사랑하며 망상에 사로잡힌 사람은

　　진리를 찾을 수 없고

　　진리의 위로를 받을 수 없네

　　인격을 떨어뜨리고 더럽히는 모든 것을 버려야 하네

　　자기에 대한 사랑을 버리지 않으면 진리는 찾을 수 없네

　　거짓말하거나 속이는 자

　　미워하거나 시기하는 자

정욕에 빠지거나 탐하는 자

자신의 쾌락만을 생각하는 자

모든 일의 목표가 자기 자신과 자기 영광뿐인 자

진리는 어둠의 장막에 가려 이런 이들로부터 숨겨 있네

죄라는 두꺼운 장막에 가려 있네

이들은 진리가 아닌 자기 자신만을 추구하기에 진리의 위로가 허락되지 않네

진실하고 참된 자

사람을 사랑하고 그들의 성공을 기뻐하는 자

순수하고 너그러운 자

하는 모든 일에서 다른 사람의 유익을 추구하는 자

진리는 이들에게 모습을 드러낼 테니

선을 마주하고 진리의 위로를 받으리

어리석은 자는 감각적 쾌락에서 만족을 찾고

허영심이 강한 자는 세상의 아첨에 기뻐하니

전자는 불행과 공허함을 얻고

후자는 실망과 굴욕을 얻네

지혜로운 사람은 진리의 기쁨 안에 거하니

겸손한 자에게는 함정이 없으며

그들의 발은 평화의 길 위에 굳건히 서 있네

우리는 세상과 맺은 계약을 끊었네

세상의 쾌락을 외면하고 버리고 단념했네

세상의 불가피한 쓰임을 수행하지만 더는 그 겉모습에 의지하지 않으며

더는 목마른 욕망에서 만족을 구하지 않네

우리 마음은 모두의 선을 향하네

그리하여 종교의 영원한 달콤함을 발견했네

조용한 신뢰와 인내심 있는 행복을 찾았네

신실하신 분, 늘 존재하며 위안을 주시는 분

신성의 영에게 의지하네

그의 높은 거처에 피난처를 마련했으니

우리의 피난처는 진정한 피난처

어떤 유혹도 우리를 속세의 광포한 길로 이끌지 못하리

자아의 길은 슬픔의 길이네

그러나 진리는 지친 자를 회복하게 하고 학대받는 자를 일으켜 세우네

비탄에 잠긴 자에게는 기쁨이 있고

세상 슬픔으로 고통받는 자에게는 치유가 있으리

죄의 사슬이 끊어지는 자유로운 곳이 있으니

울음을 우는 이가 없고 비탄하는 소리도 더는 들리지 않는 곳

친구가 없는 자에게는 친구가 있고

위로해주는 것 없는 자에게는 위로가 있는 곳

와서, 보고, 받으라

진리는 모든 필요를 채우며 찾아오는 이를 전부 맞이할 준비가 되어 있네

의로운 자는 그곳에서 안식하니

충만한 기쁨을 받았네

불의한 자들도 오게 하소서

죄에 지친 자들도 오게 하소서

자아라는 슬픔으로 짓눌리고 학대받는 자들

그들도 들어와서 기뻐하게 하소서

집 없는 자에게는 집이 있고, 추방당한 자에게는 나라가 있으며

방랑자에게는 행복한 길이 있고, 길 잃은 자에게는 도피하는 자의 성읍

이 있네

돌아설 사람은 누구든지 돌아서서 오게 하소서

진리는 슬픔에서 기쁨을, 혼란에서 평화를 가져오니

이기적인 자를 선의 길로, 죄인을 신성함의 길로 인도하네

진리의 영은 의를 행하는 것이니

성실하고 충실한 자에게는 위로를 주고

순종하고 슬기로운 자에게는 평화의 왕관을 내리네

나는 진리로 피난하네

선의 영을 추구하고 선에 대해 알아 선을 행하며 그 안에 머무르니

안심하고 위로받네

내게는 악의가 없고 증오가 사라진 것 같다네

격정은 가장 깊은 어둠에 갇혀 있으니

진리의 초월적인 빛 안에서 그것을 위한 길은 없네

교만함이 부서지고 녹아내리네

허영심은 안개처럼 사라지네

내 시선은 완전한 선을 향하고, 내 발은 죄 없는 길 위에 섰으니

이로써 나는 위로를 받네

진리 안에서 피난처를 찾았기에 나는 강해지고 위로를 받네

구원자로서 진리

1

진리는 우리의 구원자

진리는 우리 마음을 정화시키고 신성한 사랑이라는 영광스러운 선물을
주네

이기심에는 구원이 없네

자아는 죄를 담는 그릇이며 슬픔의 저장고이나

진리로 향해 갈 때 자아를 추구하는 마음은 끝나고 사랑이 영원히 머무르네

우리는 자아를 추구하는 길을 가보았으니 그 길이 얼마나 고된지 알고 있다네

지친 무리를 바라보며 내면에 연민이 일어나기도 하네

그러나 이제 진리를 발견했으니 자아를 추구하는 순례는 끝났고

우리 발은 쉼을 얻고 마음은 더는 피로하지 않네

자아의 본질은 죄

그러므로 진리를 이해할 수 없네

자아의 경험은 고통

그러므로 천상의 기쁨을 깨닫지 못하네

자아를 담는 그릇이 깨지면 그 안에 담겼던 죄와 고통의 내용물이 흩어지고

그때야 진리가 드러나 깨달을지니

진리만이 진리를 이해할 수 있고, 천상의 기쁨만이 천상의 기쁨을 깨달을 수 있네

자아를 추구하는 마음이 어찌 사랑을 알겠는가? 그 본질이 자기 자신의 만족인데

자아를 추구하는 마음이 어찌 평화를 알겠는가? 사랑을 베풀 수 없는데

자아를 추구하는 마음이 어찌 구원에 들겠는가? 썩기 쉬운 격정과 공허한 쾌락을 잃을까 두려워하는데

자아를 추구하는 것은 어둠의 길이자 고통의 길이네

구원받은 자는 자아를 버리고 진리를 받아들이는 자

자아는 즐거울 때는 죄를 진리로 여기고

불쾌할 때는 진리를 죄로 여기니

자아는 쾌락을 추구하고 고통을 두려워하며 선과 악을 알지 못하네

진리는 진리를 진리로서 알고 죄를 죄로서 알기에

쾌락과 고통을 생각지 않고 악을 피하고 선을 택하네

진리가 마음을 채우면 삶 속에서 사랑이 꽃을 피우니

신성한 사랑은 진리의 완전한 꽃이네

이 꽃으로 진리를 알 수 있으니

어디든 편견 없는 사랑이 있는 곳에 진리가 있기 때문이네

올바른 행위와 순수한 행동, 자아로 더럽혀지지 않은 일, 절제력 있고 평
온한 마음

이들이 천사 같은 진리의 사자들이니

이들을 소유하는 자는 구원받은 사람들이요

그들이 사는 곳은 평화이네

2

진리는 세상의 구세주

다른 구세주는 없노라

진리는 타협하지 않으니

"자아를 버리라"고 말하네

진리는 모든 것을 내줄 때에만 구원해준다네

자아는 구원받을 수 없네

자아를 버려야 하네

자아는 그것이 시작되고 속한 어둠 속에 남겨둬야 하네

구원의 빛은 모든 이기심을 뒤로하고 앞으로 나아가는 사람들만을 위
한 것

뒤돌아보지 않는 이들은 구원자 앞에 나아가

그분의 영광을 몸에 걸치네

구원받은 자의 영광을 누가 볼 수 있는가?

구원받은 이들이 보네

구원받을 이들이 어렴풋이 보네

그러나 속세의 눈은 자아에 대한 생각에 사로잡혀 있을 뿐

구원받은 이들은 사람들 가운데서 침묵하네

그들은 비난하지 않고 정죄하지 않으며 헐뜯지 않네

매를 맞더라도 화내지 않으며

조롱당해도 반응을 보이지 않네

자신을 때렸던 자를 그의 슬픔 속에서 돕고

자신을 조롱했던 자들이 몰락했을 때

그들을 일으켜 세워 축복하네

진리의 말은 행동일지니

구원받은 이들은 모든 이기심에서 해방되네

그들은 진리 안에서 완전해지네

자아를 추구하는 생각이 없어졌으며 이기심을 일으킬 수 있는 어떤 것도
남아 있지 않네

그들은 평온하고 공정하여 옳은 일을 행하고 그들의 행동에는 격정이
없네

진리의 발치에 오는 이

생각이 진지하고 의지가 강하며 마음을 회개하는 이는

일으켜 세워져 구원받으리라

그는 더럽히고 슬픔을 일으키는 모든 것을 이겨내리라

진리의 빛이 그의 마음을 비추어 모든 어둠을 몰아낼 것이니

그는 우주의 영광을 아는 사람들 가운데 서리라

구원받은 자는 자아라는 좁은 한계가 파열되고 산산이 부서져

마음이 하나님을 알기 때문이네

우주는 우주의 모습대로 알려지나니

우주의 완전함과 찬란한 법칙이 드러나네

진리 안에서 구원받은 자의 삶은 무척이나 크고 무한하며 모든 것을 포용
하네

3

불멸의 진리가 필멸의 죄로부터 우리를 구원하네

우리는 더는 소멸하는 것에 매달리지 않고 영원한 것을 향해 가서

안전한 반석을 찾네

육체는 늙고 시들며 쇠하니

격정은 다 타버리고 후회의 재만 남네

쾌락은 더는 만족을 주지 못하고 고통이 그 자리를 채우네

그러나 진리는 영원한 것

진리는 결코 늙지 않으며 시들거나 쇠하지 않네

타버리지 아니하여 슬픔과 고통을 남기지 않네

소멸할 것에 마음을 두는 것

격렬한 격정에 소모되는 것

불행함과 비참함 속에 사는 것

이들은 구원받지 못하리라

불멸하는 것을 알며 의를 지닌 구원받은 자들은

행복과 기쁨 속에 살지니

진리는 언제나 밝고 아름답기 때문이네

그렇네, 진리는 언제나 평화를 내려주며

투쟁의 폭풍을 진정시키네

격정에 내몰린 사람들에게 고요함을 가져다주네

고뇌의 어두운 물결 위에 평온의 기름을 부어주네

괴로워하는 마음을 회복하게 하고 침묵으로 감싸주네

구원받은 이들은 만족을 얻네

그들은 안전과 평화 속에 있네

격정의 폭풍에 휩쓸리지 아니하며

격렬한 욕망에 의해 공격당하거나 쓰러지지 않네

그들은 안전한 장소에 거하네

어떤 적이 구원받은 자를 이기겠는가!

그들은 최고의 적, 자아까지 죽이지 않았는가!

그들은 자신의 요새, 자기 마음까지도 점령하지 않았는가!

그들은 마음을 정화했으니 불순한 이는 순수한 이를 이길 수 없네

검은 밤으로부터

치열한 전쟁으로부터

혼란과 갈등으로부터 벗어나 구원받은 자들이 왔으니

이제 그들은 빛 속에 머무르네

평화와 함께 거하며 더는 어둠과 다툼이 없네

4

구원받지 못한 자들은 자아라는 한계 안에 갇혀 있으니

어둠에 둘러싸여 있으며

오직 자기만을 추구하네

구원받은 자들은 우주적인 것, 비인격적인 신의 영광 안에 있으니

빛으로 둘러싸여 있으며

모든 이의 이익을 추구하네

진리는 속박을 끊어

노예를 해방시키고

포로된 자를 자유롭게 하네

자유보다 속박을 선택하는 이 누구인가?

빛보다 어둠을 좋아하는 이 누구인가?

자유를 알지 못하는 이는 사슬을 사랑하며

빛을 보지 못하는 이는 어둠 속에 남기를 선택하네

그러다 자유를 알게 되면 자유를 원하네

빛을 지각하면 더는 어둠 속에 거할 곳이 없네

육체의 욕망은 고통스러운 열병

마음의 미움과 갈등, 탐욕은 소모적인 불길이네

그러나 열병은 치료할 약이 있고 불길은 잡을 물이 있네

진리는 마음을 치료하니

고통받는 자를 위한 달콤한 약이요,

갈증에 시달리는 자를 위한 시원한 한 모금 물이네

진리에는 불안이 없네

구원받지 못한 자들은 슬픔의 길 위에 있으니

고통과 피로가 그들의 동반자요

쾌락을 잡으려고 애쓰다 슬픔을 붙잡고

자아를 추구하려고 노력하다 행복을 떠나보내네

그러나 구원받은 자들은 기쁨의 길 위에 서 있으니

힘과 기쁨이 그들의 동반자요

선을 떠나지 아니하고 행복의 집에 거하네

그렇다면 우리는 무엇으로부터 구원받는가?

무엇으로부터 안전해지고 그 구원자는 어디에 있는가?

우리는 자아와 격정으로부터

죄와 슬픔으로부터

부정과 불안으로부터 구원을 받네

이런 것들로부터 떠나네

우리는 욕망과 증오로부터

교만과 허영으로부터

탐욕과 시기로부터 안전해지네

이런 것들로부터 멀어지네

진리를 실천함으로써

진리를 앎으로써

진리의 영향력을 미침으로써

우리는 진리로 구원받네

구원은 진리에서 나오고

우리는 진리 안에서 안식하네

진리는 세상의 구세주이네

화해자로서 진리

I

진리는 극단을 화해시키네

모든 반대를 중화하네

모든 불화와 모순을 조화하네

진리는 조화와 평화를 가져다주네

죄에 빠졌을 때 우리는 만물을 잘못된 것으로 보았네

그렇네, 자기 자신의 죄에 눈이 멀었을 때 우리는 다른 모든 것에서 죄를

보았네

선을 악으로, 악을 선으로 보았으며

빛을 어둠으로, 어둠을 빛으로 보았네

그러나 이제 죄를 보는 눈을 뽑아냈으니 최고 선을 보네

진리는 사람과 사람을 화해시키며

인간과 우주를 화해시키고

인간에게 선한 법을 알게 해주네

모든 사건의 숨겨진 정의를 밝히네

죄에는 불안과 분노, 동요가 있으니

불의와 혼란과 모순을 보는 자에게 고난과 혼란은 늘 함께하네

그러나 정의와 질서, 조화를 보는 자에게는 평온과 평화가 가득하리

죄는 죄를 보고 진리는 진리를 보네

어둠인 죄는 빛을 관통할 수 없으나

빛인 진리는 어둠을 관통할 수 있네

진리는 어둠과 빛을 조화하네

죄는 큰 불안이요

진리는 큰 평화이네

죄의 눈으로 바라보는 이는 변화하는 바람처럼 불안하지만

진리의 눈으로 바라보는 이는 움직이지 않는 산처럼 평온하네

우리는 세상과 화해하고

인류와 화해하며

화해함으로써 안식을 얻네

불인이 존재하는 곳에 회해는 없으니

화해하지 못한 이들은 진리를 얻지 못했네

2

만물은 균형 속에 있으며

모든 상황은 공정하고

모든 사건은 인과관계를 따르네

진리의 빛을 얻은 이는 만물을 올바른 관계로 보네

만물은 인과가 지배하며

인과의 본질을 지니고 있으니

원인과 결과에 속하지 않는 것이 없어라

원인과 결과는 하나이며

신성한 법칙은 하나이네

우리는 혼돈에서 우주로 왔네

혼란에서 조화로 왔네

어지러움에서 영원한 평화로 왔네

만물에는 선이 있나니

악에서 고통이 나오고

고통에서 슬픔이 나오며

슬픔에서 비천한 지혜가 태어나네

밤이 길어도 아침은 온다네

아침과 함께 햇살이 비치고 노랫소리가 들려오리니

세상은 긴 밤중이지만 위대한 낮이 밝으리라

보라! 우리는 그 찬란한 빛을 보네!

더는 그 어떤 적도 없네

모두가 우리 자신이며 사랑하는 사람들이네

축복하는 자나 저주하는 자나 모두 친구 같네

내면의 적은 물리쳤으며 외부의 적은 전부 사라졌네

더는 적의가 없네

사람과 사물이 제자리에 있으니

더는 갈등이 없고

더는 다툼이 없으며

더는 전쟁이 없네

우리는 싸움을 보아도 참여하지 않고

소란을 들어도 소리 내지 않네

다만 조용히 지켜보고

침묵하지만 무관심하지 않네

우리는 신성한 질서를 지각하며 만물과 조화를 이루고

이렇게 조화를 이루어 완전한 평화를 누리네

3

무엇 때문에 한탄하고 슬퍼해야 하는가?

비탄의 근거가 사라졌네

슬픔의 토대가 무너졌네

죄와 악에 관해 말하자면, 그들은 있었으나 더는 존재하지 않네

논쟁의 영역이 무너졌으니

무엇에 대해 다투어야 하는가?

분열의 세계가 소멸되었으니

무엇을 지켜야 하는가?

진리가 무너질 수 있는가? 그리하여 논쟁하고 근심하며 염려해야 하는가?

진리는 영원하므로 우리의 평화는 결코 무너지지 않네

씨앗은 뿌려진 자리에서 싹이 트고

꽃이 피며, 때가 되면 열매를 맺네

따뜻한 낮과 차가운 밤이 오고, 빛이 내리쬐고, 비가 떨어지며

눈이 덮고 서리가 얼어붙네

이것들이 서로 대립하는가?

이것들이 적인가?

이들은 하나로서 함께 작용하니

그러면 누가 우리를 격노케 할 것인가?
누가 우리를 다툼으로 끌어들일 것인가?
의견이 맞는 이들과 평화로운가?
그러면 반대하는 이들과도 평화롭네
친구는 가깝지 않으며 적도 멀지 않으니
칭찬과 비난은 떨어져 있지 않네
진리는 모든 것을 하나로 모으며
모든 대립하는 것을 하나로 만드네
그래, 분열된 것처럼 보이던 힘들이 하나가 되었네
다투는 것처럼 보이던 것들이 합의를 이루었네
적대적으로 보이던 사건들이 도움이 되었네
두려움에 우리는 얼마나 어리석었던가!
편협함에 얼마나 눈이 멀었던가!
마음은 얼마나 증오에 차 있었던가!
우리는 제멋대로 날뛰고 죽이는 짐승과도 같았네
죽음을 향해 돌진하는 눈먼 딱정벌레와도 같았네
모든 것이 조화를 이루니
더는 두려움, 무분별함, 미움이 없도다
작은 것을 떠나면 더 큰 것이 드러날 것이요
부분을 포기하고 전체를 받아들이리
불완전한 것을 버렸으니 완전한 것만 남네!

4

진정 만물이 화해하니 평화가 기다리네
진리의 문이 열려 있네
아무도 방해하는 이 없으나 우리는 망설이네

잠시 주저하다가 준비되었을 때 앞으로 나오네

누구든 오고자 하는 자 오라! 들어와서 기뻐하라

모든 것이 지금 존재하네

모든 빛, 모든 법칙, 모든 진리가 현재이네

시간과 영원은 하나이며

물질과 정신도 하나이고

죽음과 삶도 하나이네

눈먼 자는 보지 못하나

시력이 있는 자는 보이는 것을 이해하네

볼 수 있는 자는 싸우지 않으며

떨어져 서서 침묵하네

사람들은 급하게 이러저리 오가며

잠깐 동안 왔다가 잠깐 동안 가나니

얼마나 열심인가! 얼마나 불안해하는가!

얼마나 치열한가!

모든 세속적 이익보다 좋은 것은 평화의 정신

지배하고 재물을 쌓는 것보다 좋은 것은 진리의 화해이네

불길은 꺼지고 폭풍은 가라앉지만

잔잔함은 계속 남아 있으니

평온함은 보존하고 회복시키며, 고요함은 위대한 재산이네

누가 우리의 초연함을 비난하겠는가?

우리의 평화가 그들을 감싸고

우리의 조화가 그들을 포용하네

떨어져 있어도 우리는 분리되지 않네

초연해도 우리는 소원하지 않네

누구와도 관계를 맺지 않고 누구와도 어울리지 않으나 우리는 모두에게

속해 있네

완전한 조화는 편파적이지 않고 공정하기 때문이네

사방을 보는 이는 전체를 보고

전체를 보기 때문에 만족하네

만족한 그는 모든 사람과 평화롭네

위대한 영광을 보는 이들

천국의 조화를 듣는 이들

완벽한 법칙을 아는 이들

그대의 기쁨은 위대하도다!

그대의 지혜는 경이롭도다!

그대의 평화는 깊도다!

천년의 소란보다 하루의 침묵이 더 강력할지니

모든 당파, 모든 편, 모든 종교가 화해하노라

사랑은 모든 것을 지탱하고 모든 것을 떠받치며 모든 것을 기르네

위대한 화해자가 왔으니

그는 여기에 존재하며 우리는 그를 발견했네

우리가 그를 구하니 그는 외면하지 않으셨네

덕분에 세상을 얻고

평화가 우리를 떠나지 않네

보호자로서 진리

1

선행은 곧 진리이니

선행은 우리와 함께 남아 우리를 구하고 보호하네

악행은 곧 죄이니

악행은 우리를 따라다니며 유혹이 찾아왔을 때 우리를 전복하네

악을 행하는 자는 슬픔으로부터 보호받지 못하나

선을 행하는 자는 모든 해악으로부터 보호받네

어리석은 자는 자신의 악행을 향해

"너는 숨어 있으라, 드러나지 않도록 하라"고 말하네

그러나 그의 악행은 이미 공개되었으며 그의 슬픔은 틀림이 없네

우리가 악에 빠진다면 무엇이 우리를 보호하겠는가?

무엇이 우리를 고통과 혼란으로부터 지켜주겠는가?

사람도 재물도 권력도 하늘도 땅도 우리를 혼란으로부터 보호하지 못하리

악의 결과에서 벗어날 길은 없네

피난처도 보호자도 없네

우리가 선 안에 있다면 무엇이 우리를 전복하겠는가?

무엇이 우리를 고통과 혼란에 빠뜨리겠는가?

사람도 가난도 질병도 하늘도 땅도 우리를 혼란에 빠뜨리지 못하리

원인은 잊혀도 선의 결과는 나타나리니

그 피난처와 보호가 가까이 있네

부적과 마법이 무슨 도움이 되겠는가?

기도문을 외우는 것이 무슨 소용이 있겠는가?

형식적인 의식을 따르는 것이 무슨 효험이 있겠는가?

이들은 아무 소용이 없으며 무의미하네

효력도 보호력도 없네

의로움이 도움이 되리라

선행을 행하면 소용이 있으리라

순수한 마음과 흠 없는 삶이 효험이 있으리라

기쁨과 평화가 가득할지어다

진리는 행복한 피난처이자 영원한 보호

진리 안에는 더는 의심과 불확실성이 없네

안전하고 든든하며 곧은 길과

조용한 안식이 있네

2

의로운 사람들은 진리가 보호해준다는 것을 알고 있으니

그들의 마음은 자유롭고 행복하네

그들은 공허한 변명과 헛된 궤변을 마음에 품지 않네

자신을 보호할 방법을 모색하지 않으니

그들이 하는 행위가 무적의 수호자이며

그들의 삶이 증거가 되어 부끄러울 것이 없네

불의한 사람들은 수치심과 혼란에 휩싸이네

숨으려 하지만 숨지 못하고

은신할 곳이 없네

그들이 한 행위가 그들을 비난하니 보호받을 곳이 없네

의로운 사람들은 얼마나 행복한가!

그들은 모든 불안에서 벗어나 있네

진리와 함께 걸으니 완전한 자유 속에서 걷네

의로운 사람들은 얼마나 용감한가!

그들은 어두운 예감 따위는 느끼지 않으며

어떤 악도 두려워하지 않고

악이 위협해도 평온하고 두려워하지 않네

진리는 마음의 고통으로부터 우리를 보호하네

불행을 막는 요새를 쌓고

자기기만과 슬픔을 파괴하네

진리의 빛은 죄와 죄의 원인을 밝히니

또한 죄의 결과를 드러내며

악에 대한 모든 복종으로부터 마음을 해방시키네

진리 안에 정착한 이는 안전 속에 세워지네

진리는 죄로부터 나올 수 없고 죄는 진리로부터 나올 수 없네

선은 악의 결과가 될 수 없고 악은 선의 결과가 될 수 없네

사람들은 이를 거의 이해하지 못하나

의로운 사람들은 이를 이해하고, 이해함으로써 기뻐하네

의로운 사람들은 진리의 법칙을 누리나니

깨달은 마음은 겉모습에 현혹되지 않고

어떤 외양에도 선을 향유하네

괴로운 사건이 생겨도 "선이 실패했다"고 생각지 않고

외부 일에 실패해도 "의가 나를 지지하지 않았다"고 말하지 않으며

박해가 와도 "보라! 진리가 나를 보호하지 못하노라!"고 말하지 않네

진리는 사물이 아닌 생각 속에 있네

겉모습이 아닌 마음속에 존재하네

진리는 내부의 적을 물리치고 외부의 역경이 더는 힘쓰지 못하게 만드네

고통이 사라지고 악이 흩어지네

완전한 자의 평화는 결코 파괴되지 않네

3

마음이 순수한 자는 내면으로부터 보호받네

완전한 자는 선이 그를 지키니

선한 법칙이 그를 돌보네

진리를 앎으로써 일으켜 세워지고

일어서서 넘어지지 않으리

죄는 진리를 능가할 수 없네

사람은 진리를 전복할 수 없네

죄는 사라지지만 진리는 남고

사람은 넘어지지만 진리는 그대로 있네

진리는 변하지 않으며

영원하고 파괴되지 않네

여기에 지혜로운 자의 구원이 있고

여기에 순결한 자의 보호가 있으며

여기에 완전한 자의 기쁨이 있으니

진리와 하나 되어 영원한 평화에 이르렀기 때문이네

진리와 하나 된 이는 진리의 상을 비추니

그는 확고하고 두려움이 없으며 잔잔하네

변함없지만 항상 진실하네

시련을 당해도 비틀대지 않고

공격을 받아도 쓰러지지 않네

순결함과 평화 속에 영원히 자리 잡은 그는 온유함과 강인함으로 뿌리를
내리네

누가 죄를 애도하는가?

누가 구원을 찾는가?

누가 영원한 것을 추구하는가?

스스로를 정제하게 하소서

진리로 오게 하소서

선의 실천에서 평화를 찾게 하소서

사물은 무상하며

영원한 보호를 제공하지 않네

진리는 영원하며

온갖 변화에도 보호하네

악행은 고통과 혼란 속에서 폭로되며

선행은 행복과 지혜 속에서 확립되네

진리는 실망시키지 않는 친구이며

결코 실패하지 않는 보호자이네

세상은 무너지며

꿈처럼 사라지고 지나가지만 진리는 그대로 서 있으니

진리는 더욱 뚜렷해지고 실재하는 것이 되네

진리를 발견한 이는 만족을 얻네

진리의 보호를 받는 이는

참 보호자를 찾았네

인내심이 있는 자는 조급함으로부터 지켜지고

순결한 자는 불순함으로부터 지켜지며

겸손한 자는 교만으로부터 지켜지고

사랑하는 자는 증오로부터 지켜지네

탐욕은 관대한 자의 존재 앞에서 달아나고

다툼은 평화로운 자의 거처에 들어오지 못하네

어리석음은 현자의 발걸음이 닿은 곳을 걷지 않네

진리는 그 자체로 안전함이니

아무런 의도 없이 보호하네

가장하지 않고 그 고유한 실재로 보호하네

진리의 빛은 모든 어둠을 제거하니

거짓을 폭로하고 진실을 드러내네

죄는 진리 앞에 무너지며

죄의 방패는 박살나고 칼은 부러지네

그렇네, 죄는 쓰러져 일어나지 못하네

죄는 아무 힘이 없으며 옹호자도 방어자도 없네

진리는 죄 앞에 무너지지 않네

약한 자는 강한 자를 이길 수 없네

작은 자는 큰 자를 제압할 수 없네

노예는 주인을 부릴 수 없네

만물은 진리의 지배를 받으니

진리는 의로운 자의 방패요

순결한 자의 피난처이며

공정한 자의 길을 비추는 빛

진리는 가장 높고

무적이며

영원히 승리하네

신성한 대화

스승인 나는
모든 사람의 마음속에 거하나 모든 사람이 의식해 나와 함께하지는 않는구나
자신의 모든 생각과 행동에서 나와 함께 머무르는 이는 신성한 완성에 이를지니

스승과 제자의 신성한 대화

인사

진리를 찾는 모든 이여, 기뻐하라!

진리를 사랑하는 모든 이여, 기뻐하며 슬퍼하지 마라!

그대의 슬픔은 아침 안개처럼 사라질 테고

그대의 회의는 존재하지 않는 어둠과 같아질 것이며

그대의 고통은 밤중의 꿈과 같아지리라

제자가 부르짖었더니, 자! 스승이 들으셨도다

제자가 준비되었더니, 자! 스승이 가까이 계셨도다

제자가 찾았더니, 보라! 스승이 나타나셨도다

추구와 발견에 대하여

제자

지식은 어디에 있는가?

진리는 어디에 있는가?

평화는 어디에 있는가?

나는 슬픔에 빠졌으며 사람에게서 위안을 찾지 못하네

길을 잃었으며 사람들의 가르침에서 확신을 얻지도 못하네

실로, 나 자신에게서조차 진리를 찾지 못하고 내 회의와 슬픔에 대한 치
료법도 찾지 못하니

내 마음의 교만함 속에서 노력했노라

내 의견이 옳다고 사람들과 다투었노라

악을 선으로 착각하고 무지를 지식이라고 불렀노라

이제 나는 혼자요, 내 말을 들어주는 이가 없구나

내가 울어도 목소리를 들어주는 이가 없구나

스승

아니다, 내가 그대와 함께 있고 그대의 목소리를 듣는다

제자

단언하는 당신은 누구십니까?

스승

나는 진리의 영이다

제자

오 스승이시여! 오 진리의 영이시여!

왜 전에는 제게 오지 않으셨나이까?

왜 그렇게 오랫동안 저를 고독 속에 내버려두셨나이까?

스승

너는 지금까지 고독하지 않았다

교만이 너의 동반자였고 교만이 너를 만족하게 했노라

교만이 있는 곳에 나는 가지 않음이라

교만의 아첨을 듣는 이는 내 목소리를 들을 수 없도다

오만이 네 눈을 멀게 하여 내 형상을 보지 못했고

자만이 네 귀를 막아 내가 불렀을 때 듣지 못했으며

이기주의가 너를 잘못된 길로 이끌어 내 길은 네게 숨겨져 있었노라

그러나 이제 교만을 버렸으니 보고 듣는구나

물어라 그러면 내가 대답하리라

구하라 그러면 찾으리라

제자

오 스승이시여, 저를 위로해주소서, 저는 너무 지쳤나이다

저를 강해지게 하소서, 저는 너무 약하나이다

저를 가르쳐주소서, 제 지식이 부족하나이다

스승

자기를 버리고 내 안으로 피난하는 이는 결코 버림받지 않으리

나의 말이 그에게 위로이자

나의 법칙이 그에게 힘이고

나의 명령이 그에게 가르침과 지식이네

제자

말씀하소서, 제가 듣겠나이다

당신의 법칙을 계시하소서, 제가 그리로 걷겠나이다

명령하소서, 당신의 종인 제가 복종하겠나이다

당신은 제가 그렇게 오랫동안 찾던 스승이시라

이제 당신을 찾았으니 제가 당신을 떠나지 않게 하소서

스승

자아를 따르는 자는 나를 버리리라

그러나 자아를 버리는 자여! 그는 늘 나와 함께하리라

제자

지금까지 저는 자아에 집착했나이다

헛되고 공허한 욕망을 추구했나이다

자기기만의 고통에 사로잡혀 당신의 존재를 알지 못했나이다

그러나 스승이시여! 이제 당신을 찾았나이다

당신을 찾았으니 당신과 함께 있게 하소서

당신의 목소리에 순종하는 당신의 자녀가 되게 하소서

당신의 가르침을 받는 당신의 제자가 되게 하소서

당신의 제자가 되어 이끄시는 어디든 따르게 하소서

스승

제자여! 네 겸손함이 너를 나의 사람으로 만들었구나

너는 내 왕국으로 통하는 문에 들어왔도다

의로운 삶의 왕국

이제부터 너는 자아가 아닌 진리를 따르리니

너는 노력하여 들어왔노라

찾아서 밝혀냈노라

구해서 찾았노라

네가 묻는 무엇이든 아낌없이 가르치리라

길에 들어서는 것에 대하여

제자

스승 중의 스승이시여, 저를 가르쳐주소서

스승

구하라, 그러면 내가 대답하리라

제자

저는 많은 것을 읽었으나 여전히 무지하나이다

학파의 교리를 공부했으나 그렇다고 지혜로워지지 않았나이다

성경을 외우지만 평화는 제게서 숨어 있나이다

스승이시여, 지식의 길을 가르쳐주소서

신성한 지혜의 높은 길을 보여주소서

당신의 자녀를 평화의 길로 인도하소서

스승

제자여, 지식의 길은 마음을 탐구함으로써 얻고

지혜의 높은 길은 의를 실천함으로써 얻으며

평화의 길은 죄 없는 삶으로써 얻는다

제자

스승이시여! 불확실성 속에 빠진 저를 안내하소서

너무 많은 의견에 당황스럽나이다

너무 많은 학파에 혼란스럽나이다

미혹이 눈을 멀게 하고 의심이 감싸니

걸어가야 할 길을 찾을 수가 없나이다

길을 찾는 법을

실천하는 법을

흠결 없는 삶의 옷을 입는 법을 가르쳐주소서

스승

제자여! 미혹과 의심은 너 자신 안에 있노라

진실과 확신 또한 너 자신 안에 있노라

너는 오직 너 자신의 죄로만 눈이 머니

죄를 없애면 진리를 보리라

그러므로 거룩한 명상에 들라

진리를 찾으며 네 마음을 탐색하라

그리고 네 마음에서 자아에 속한 모든 것을 버려라

제자

자아에 속한 것이 무엇입니까?

스승

욕망과 격정, 이기심이다

욕망, 격정, 이기심에서 자기기만이 솟아나고

자기기만이 진리를 가리노라

욕망을 버려라

격정을 극복하라

이기심을 없애라

그러면 미혹이 사라지고 모든 의심이 소멸할 것이니

제자

스승이시여! 당신께서 제시하신 과업이 너무 큽니다

당신께서 제게 명하신 일은 너무 힘들고

당신께서 제게 알려주신 단념의 길은 가파르고 이상하나이다

욕망은 제 본성에 깊이 뿌리박혀 있고

격정은 저를 속세의 사물에 단단히 매어 놓았나이다

그렇습니다, 욕망과 격정이 바로 제 자아입니다

자아를 버려야 하나이까?

이렇게도 달콤해 보이는 것을 포기해야 하나이까?

모든 인간은 자아를 지키고자 열망하며

그 영원한 보존과 소유를 위해 기도하나이다

제가 이것을 꼭 소멸시켜야 하나이까?

스승

너는 나를 따르겠노라 맹세했으니 그래야 하노라

제자

네, 맹세했으니 당신을 따르겠나이다

스승

모든 인간이 어떻게 고통받는지 보이는가?

그들이 자아를 지키고자 갈망하기 때문이니라

자아를 영원히 보존하고 소유하려고 애쓰기 때문이니라

욕망과 이기심과 격정에는 혼란과 불안이 있으니

평화는 오직 내 안에 있도다

세상은 나를 알지 못해 지치고 고통받지만

내 안에는 피로가 없으며

내 거처로는 고통과 슬픔이 올 수 없도다

정화된 심장이 나의 주소요

정직한 마음이 나의 성전이며

흠 없는 삶이 나의 거룩한 거처이니라

제자

제가 당신께 피난하겠나이다

당신의 주소로

당신의 성전으로

당신의 거룩한 거처로 가겠나이다

스승

정화된 마음은 욕망에 물들지 않으며

정직한 마음은 격정에 이끌리지 않고

흠결 없는 삶에는 자아를 추구하려는 생각이 없도다

네 마음을 살피고 진리를 따르라

욕망과 격정, 이기심의 자아를 버려라

부정하고 극복하고 내려놔라

자아의 흔적이 남지 않게 하라

그것이 모든 혼란의 창시자이며

모든 괴로움의 근원이니

고통과 슬픔과 불안의 샘이로다

내 안에서 쉬어라

제자

당신께서 제게 진리의 길을 가르쳐주셨나이다

거룩한 이기심의 길

제가 그 길을 걷겠나이다

진리의 스승이시여! 저의 결심은 당신 안에서 확고하나이다

욕망을 버리고 당신께 매달리겠나이다

격정의 목소리에 귀 기울이지 않고 당신의 목소리만 듣겠나이다

저 자신을 추구하지 않고 거룩한 법칙에 순종하겠나이다

제가 당신의 길 위에 섰나이다

당신의 종을 빛과 평화로 이끄소서

스승

제자여! 고결한 길에 들어섰구나

네 발은 지혜의 길 위에 있구나

네가 나의 법칙을 이해하리라

지식의 빛이 너를 비추리라

내가 네 발걸음을 평화로 인도하리라

수양과 정화에 대하여

오, 스승이시여! 저는 슬픔 속에 있나이다

제 발은 지쳤고 주위는 어둠이 감싸고 있으니

저를 버리지 마시옵고 도와주소서!

욕망이 강렬하여 습관적인 쾌락을 갈망하나이다

격정이 격렬하여 그 힘에 압도되나이다

제 그릇된 의견이 내는 목소리가 요구를 높이며 저를 지치게 하나이다

길은 어둡고 따라가기 어려우니

오 스승이시여! 제게 지식의 빛을 비추소서

가르침의 향유로 저를 위로하소서

제자여! 네 슬픔은 자아에 속한 것이니

내 안에는 슬픔이 없도다

너를 둘러싼 어둠은 자아가 드리운 그림자이니

내 안에는 어둠이 없도다

진리는 고요하고 슬픔이 없으며

울음과 피로, 비탄도 없도다

지금도 너는 보지 못하나 나의 빛이 네 길을 비추고 있노라

그러나 너는 네 세속적 자아의 어두운 환영만을 보는구나

앞으로 나아가 진리만을 생각하라

뒤돌아보지도 말고 마음이 거룩한 결심을 버리지 않게 하라

너는 대단한 정복을 시작했구나

자아에 대한 위대한 정복

충실하면 네가 이기리라

오 스승이시여! 제 어둠이 매우 깊으니 부디 저를 이끄소서!

이기적인 생각의 구름이 저를 감싸고

마음속 적들이 끊임없이 공격하나이다

스스로 만든 덫에 발이 걸렸나이다

굳건히 걸으리라 생각해도 비틀거리고 넘어지나이다

예, 저는 호되게 자주 넘어져 쓰라린 상처를 빈번히 입나이다

스승이시여, 어둠이 걷히겠나이까?

시련이 승리로 끝나겠나이까?

제 많은 슬픔이 끝나겠나이까?

네 마음이 순수하면 어둠이 사라지리라

네 마음이 격정으로부터 해방되면 시련의 끝에 도달하리라

자기 보존에 대한 생각을 버리면 더는 슬픔의 근거가 없으리라

너는 이제 수양과 정화의 길 위에 있구나

나의 제자들은 모두 그 길을 걸어야 하느니

지식의 흰 빛으로 들어가기 전

진리의 완전한 영광을 바라보기 전

네 모든 불순함을 깨끗이 하고

미혹을 쫓아버리고

인내로 마음을 굳건히 해야 하노라

어둠이 너를 둘러싸고

사방에서 유혹의 손길이 뻗어 와도

네가 몹시 괴로워하며 앞을 보지 못할지라도

진리에 대한 네 믿음을 늦추지 마라

진리가 영원히 지고함을 잊지 마라

진리의 주, 바로 내가 너를 지켜보고 있음을 명심하라

제자

진리에 대한 제 믿음이 크나이다

잊지 않고 스승님을 기억하겠나이다

스승

수양과 정화의 길을 충실히 걸으며

그 길을 버리거나 단념하지 않고

떠나온 쾌락을 즐기고자 갈망하지 않으면

네게 필요한 것들을 배우리라

죄의 본질과 유혹의 의미를 배우리라

고통과 슬픔, 그 원인과 치료법에 대해

자아의 덧없는 본질과 그 쾌락에 대해

진리의 영속성과 그 영원한 평화에 대해

무엇이 무지의 표식이며 무엇이 지식을 이루는지에 대해

악을 만드는 것과 영원히 선한 것에 대해

자아의 고통과 진리의 지복에 대해 배우리라

환상과 실재에 대해서도 배우리라

충실하고 인내하라 그리하면 내가 모든 것을 가르쳐주리라

제자

당신을 향한 시선을 돌리지 않겠나이다

당신의 거룩한 길을 버리지 않겠나이다

스승

제자여! 다시 듣거라!

수양과 정화의 길을 충실히 걷고

그 길을 단념하지 않고 고행을 받아들이면

제자로서 세 가지 작은 힘을 얻으리라

또한 세 가지 큰 힘도 얻으리라

그 작은 힘과 큰 힘으로 무적이 되리니

그 힘들 덕분에 모든 죄를 정복하리라

끝까지 승리하리라

지고의 정복을 이루리라

제자

작은 힘과 큰 힘이 무엇이나이까?

스승

자제력과 자기 신뢰, 경계심

이것이 세 가지 작은 힘이로다

확고함과 인내심, 온유함

이것이 세 가지 큰 힘이로다

네 마음이 잘 통제되고 있고 네 관리 아래 있을 때

외부 도움에 의지하지 않고 진리에만 의지할 때

네 생각과 행동을 끊임없이 경계할 때

세 가지 작은 힘이 네 것이 되리라

그리하여 그 힘으로 큰 어둠을 쫓아내고

지고의 빛에 다가가리라

지고의 빛에 다가가 진리 안에 굳건히 머무르리라

무한한 인내심으로 인내하는 사람이 되리라

그 무엇도 바꾸거나 훼손할 수 없는 온화함으로 온화한 사람이 되리라

그러면 세 가지 큰 힘이 네 것이 되리니

너는 수양의 길 끝에 이르러

지식의 더 높은 길로 오르리

지식의 길을 걸으면 슬픔이 멈추리라

영원히 어둠이 사라지고

기쁨과 빛이 네 발걸음을 기다리리라

제자

오 스승이시여! 안심하고 굳게 나아가겠나이다

당신께 순종하고 수양하겠나이다

당신께서 지식의 말씀으로 저를 위로하시고

진리에 대해 설교해 강하게 하셨으며

깨달음의 가르침을 주셨나이다

스승

진리를 따르는 자는 복이 있나니

그에게 위로가 있으며 평화의 축복을 받으리

버림에 대하여

제자

신성한 스승이시여! 당신의 빛이 제 마음을 비추나이다

이제 슬픔과 고통의 원인을 알았으니

인류의 슬픔을 이해하나이다

제 고통이 곧 세상의 고통이기 때문입니다

슬픔과 고통이 자아에 뿌리를 두고 있음을 알았나이다

죄악과 불행이 자아의 욕망에 있음을 알았나이다

그리하여 자아의 모든 욕망을 버려야 함을 알았나이다

스승이시여! 저를 자기희생의 길로 인도하소서

마음에서 자아를 없애는 방법을 가르쳐주소서

버림에 대한 진리를 밝혀주소서

스승

제자여! 버림은 두 가지이니라

형식적인 버림과

정신적인 버림이 있노라

외적인 것과 특정 행위만 버리는 것은

형식적인 가짜 버림이요

내면의 욕망과 더러움을 버리는 것이

정신적인 참된 버림이노라

배우는 자여! 가짜 버림을 경계하고

참된 버림을 실천하라

제자

진리에 맞는 버림에 대해 더 가르쳐주소서

그것을 받아들이고 행하겠나이다

그리하여 우리를 오도하는 잘못된 버림을 피하겠나이다

스승

네가 행하는 일에서 만족을 구하지 말지어다

네가 노력하는 일에서 보상을 찾지 말지어다

욕망을 버리고 네 모든 의무를 순종하여 행하라

이것이 진정한 버림이노라

자신에게 이익인지 손해인지 생각지 마라

행동에서 쾌락을 얻거나 고통을 피하려고 생각지 마라

해야 할 모든 일을 충실히 행하라

이것 또한 진정한 버림이노라

세상과 단절하지 마라

그러나 세상과 세상의 쾌락을 향한 사랑은 모두 버려라

개인적인 목적은 염두에 두지 말고 세상에서 맡은 네 일을 행하라

다시 한 번 말하지만 이것이 진정한 버림이노라

사람은 세상의 물질로 더럽혀지는 것이 아니라

마음의 미천한 욕망으로 더럽혀지노라

세상은 버리고 자아는 집착해 버리지 않는 것

이것이 바로 거짓된 버림이니라

부유함이나 가난함

아내나 자식

권력을 쥔 상태나 노예 상태

괴로움은 이런 것들에서 생겨나지 않노라

나태와 방종

욕망과 탐욕

증오와 교만

오직 이런 것들로부터만 괴로움이 생겨나니

내면의 악을 버리면 세상의 것들이 너를 더럽히지 않으리

자아를 쫓는 생각을 버리면 무엇을 하든 그것이 네게 고통을 가져다주지 않으리

네 모든 의무에서 자아를 추구하겠다는 생각을 버리면 결코 슬픔이 찾아오지 않으리

귀찮은 의무를 버리고

그로써 행복을 구하는 자

유혹의 상황에서 도망쳐

그로써 강함을 구하는 자

책임을 저버려

그로써 지복을 구하는 자

제자여! 그러한 이의 버림은 거짓되니

그는 현혹되어 마음의 순결함에 이르지 못하느니라

용감한 군인이 죽음을 피할 수 없는 상황에서도 자기 자리를 버리지 않

은 채

의무만 생각하며 자기 보존을 생각하지 않듯이

진정으로 버리는 이는 세상에서 맡은 자기 자리를 지키면서

자아를 생각지 않고 굳건히 의무를 다하노라

제자여! 자아를 버려라

자아의 모든 성향을 버려라

자아의 모든 격정과 편견을 버려라

자아의 모든 죄와 이기심을 버려라

이것이 진정한 버림이고

깨달음과 평화로 이끄는 희생이니라

제자

스승이시여! 자아의 성향이란 무엇이나이까?

스승

욕망과 방종

자기 추구와 탐욕

증오와 분노

허영과 교만

의심과 두려움

이런 것들이 자아의 성향이며

버려야 할 것들이다

제자

순결한 정신이시여! 이것들을 버리겠나이다

제 마음에서 지우겠나이다

마음속 가장 깊은 곳에서 없애겠나이다

저는 이런 것들이 사람을 어떻게 맹목의 길로 이끄는지 보았나이다

사람들의 발걸음에 고통의 올무를 만드는 모습을

신성한 동반자 ·

사람들이 빠지는 깊은 슬픔의 구덩이를 파는 모습을 보았나이다

신이시여! 당신이 제게 보여주신 것을 기뻐하나이다

당신은 제게 신성함의 길을 열어주시고

평화의 곧은길을 알려주시며

지혜의 분명한 길을 걷는 방법을 보여주셨나이다

제가 당신을 따르겠사오니 당신의 법칙으로 인도하소서

스승

내가 이끄는 곳으로 따라오는 이는 복되도다

그는 높고 신성한 곳에 오르리라

흠 없는 시야로 바라보리라

만물을 이해하는 진리의 눈으로 보리라

마음의 순결함에 대하여

제자

제가 수양하고 정화하는 동안

버림의 거룩한 길을 걷는 동안

당신이 가진 순결함의 미美를 보게 하소서

신성한 순결함을 보여주소서

가장 높으신 분, 저는 진리를 알고 싶나이다

스승이시여! 당신의 얼굴을 응시하고 싶나이다

당신의 영광을 보고 싶나이다

당신 그대로를 보고 싶나이다

스승

진실로 버리는 이

겸손히 자아에 대한 마음을 일소하는 이

이기적 쾌락이 아닌 진리를 부지런히 찾는 이

의로운 자, 그가 내 순결함을 찾으리라

충실한 자, 그가 틀림없이 내 얼굴을 보리라

선택한 자, 그가 결국 내게 오리라

제자

당신은 저의 피난처요 거처이시니

제 눈이 당신께 머물 것을 알고 있나이다

마침내 제 마음도 당신께 머무를 것이니

흠 없는 순결의 길

그 가장 높고 거룩한 길을 보여주소서

스승

더러움을 씻을 준비가 되었구나

깨끗한 그릇이 될 준비를 마쳤으니

깨끗해지면 순수한 진리의 물로 가득 차리라

쾌락에 대한 갈망

세속적인 것에 대한 집착

자아에 대한 사랑

개인의 영속에 대한 욕망

이 네 가지가 마음을 더럽히고

이 네 가지 더러움에서 모든 죄와 슬픔이 솟아나니

네 마음을 씻어라

감각적인 열망을 버려라

소유하고 싶은 소망을 접어라

자기 방어와 자만을 버리고

개인의 불멸을 갈망하지 마라

그리하여 모든 열망을 버리면 만족을 얻으리라

영속하지 않는 것에 대한 사랑의 마음을 버리면 지혜를 얻으리라

자아를 추구하겠다는 생각을 버리면 평화를 맞으리라

영생을 갈망하지 않으면 불멸의 진리를 깨달으리라

욕망에서 자유로운 자

감각적 흥분을 갈망하지 않는 자

소멸할 것에 가치를 두지 않는 자는 순수하도다

부유함과 가난함

성공이나 실패

승리나 패배

삶이나 죽음을 똑같이 받아들이는 자

자신의 의견을 내세우지 않는 자

기꺼이 존재하지 않으려는 자

보라! 나의 순결함을 소유한 이가 바로 그 사람이다

그는 행복하며

확실한 안식을 얻고

평화를 방해받지 않으며

무엇이 신성함을 이루는지 알고 있으니

진리의 무결함을 이해하노라

제자

진리의 정화로 제 마음을 씻겠나이다

당신께서 순결하신 것처럼 순결해지겠나이다

쾌락을 추구하고자 하는 생각을 버리겠나이다

소멸할 수 있는 것을 탐하지 않겠나이다

내 자아를 중요하지 않은 것으로 여기고

영속에 대한 열망을 멈추겠나이다

죽음은 모든 이에게 찾아오며 슬픔의 눈물이 흐르지만

진리는 영원하며 그것의 앎은 평화로 이어지나이다

자아를 따랐으나 자아는 고통으로 가득했고

세상을 따랐으나 세상은 무거운 슬픔으로 가득 차 있었나이다

그러나 진리의 스승이시여, 이제 당신을 따르니

당신은 저를 이루 말할 수 없는 지복으로 이끄시며 제 발길을 순결함과
평화의 길로 인도하시나이다

스승

열심히 노력하고

굳게 결심을 지키며

참을성 있게 인내하라

그리하면 모든 죄를 극복할지니

거룩히 순결해질 것이며

슬픔과 고통을 정복하고

기쁨과 힘, 평온함을 얻으리라

의로움에 대하여

스승

빛의 아들아! 일어나서 의로움의 옷을 입으라

기뻐하라! 그리고 거룩함의 기쁜 길로 들어가라

눈을 뜨고 진리의 영광을 보라

이는 네가 충실하고 순종하였으며

참고 인내하였기 때문이니라

정복하고 승리하였도다

거대한 적, 자아를 죽였도다

거대한 어둠, 무지의 어둠까지도 흩어버렸노라

거대한 장막, 미망이라는 장막을 조각조각 찢었노라

이제부터 너는 지식의 길을 걸으리라

평화롭게 거하리라

불멸의 빛을 쬐리라

진리의 아들이여! 나의 신성한 존엄 속에서 일어나라

의로움이라는 빛나는 삶을 살리라

너는 더는 자아가 아닌 진리이며

네가 하는 행위는 영원자를 따를 것이니

너는 인류의 등불이 되리라

제자

오, 스승이시여! 당신을 그 모습 그대로 보나이다

당신의 형언할 수 없는 아름다움과 영광을 보나이다

어찌 어둠이 당신이 계신 곳에 거할 수 있으리까?

어찌 죄와 슬픔이 당신께 다가갈 수 있으리까?

당신이 가지신 위엄의 힘에 눈이 부시니

당신은 진리이시나이다! 영원자이시나이다!

당신을 아는 이, 당신의 빛 속에서 거하리라

어둠이 아닌 빛의 행위를 실천하리라

오 스승이시여! 의로운 길을 알려주소서

완전한 삶의 보석을 보여주소서

영원자를 따르는 행위를 가르쳐주소서

그리하여 제가 깨어 있어 실패하지 않게 하소서

스승

자아에서 비롯된 행동을 하는 이는 불의하며

진리에서 비롯된 행동을 하는 이는 의롭나니

불의한 사람은 자기감정에 휘둘리며

좋고 싫음이 그의 주인이라

편견과 편애에 눈이 멀어

욕망하고 고통받으며

갈망하고 슬퍼하노라

자제력을 알지 못하고 큰 불안에 휩싸이노라

의로운 사람은 자기감정의 주인이라

좋고 싫음을 아이 같은 것으로 여겨 내려놓으니

편견과 편애에서 벗어나네

아무것도 욕망하지 않으니 고통받지 아니하고

향락을 갈망하지 않으니 슬픔에 빠지지 아니하네

완전한 자제력이 있으니 큰 평화가 그와 함께 거하네

비난하거나 원망하거나 보복하지 마라

논쟁하지 말며 편파적인 사람이 되지 마라

모든 면에서 평온함을 유지하라

공정함을 가지고 진실을 말하라

온유함과 동정심, 자비심을 가지고 행동하라

무한히 인내하라

사랑을 붙잡고 그것이 네 행동을 이루게 하라

차별 없이 모든 사람에게 선의를 가져라

모든 이를 똑같이 생각하고 누구에게도 흔들리지 마라

사려 깊고 지혜로우며 강하고 친절한 사람이 되라

또다시 자아를 추구하겠다는 생각이 스며들어 너를 더럽히지 않도록 경계하라

너 자신이 파괴되고 흩어졌다고 생각하라

행동할 때 너 자신의 쾌락이나 보상이 아닌

다른 사람과 세상의 이익을 생각하라

너는 더는 인류로부터 분리되고 나뉘어 있지 않으니

모두와 하나이니라

더는 너 자신을 위해 다른 사람과 싸우지 말고

모든 사람을 동정하라

누구도 네 적으로 여기지 마라

너는 모든 이의 친구이니라

모든 이와 평화롭게 지내라

살아 있는 모든 것에 연민을 베풀어라

무한한 자비가 네 말과 행동을 꾸미게 하라

이것이 진리의 기쁜 길이니라

이것이 영원자를 따르는 행위이니라

옳은 일을 하는 이는 기쁨으로 가득 차니

그는 변하지도 사라지지도 않는 원칙을 바탕으로 행동하노라

자아를 버려 강해졌노라

그는 영원자와 하나이며 불안을 초월했노라

의로운 사람의 평화는 완전하니

변화와 무상함이 이를 어지럽히지 못하고

격정에서 해방되어 평정심을 지니고 평온하며 슬퍼하지 않노라

만물을 있는 그대로 보고 더는 혼란해하지 않노라

제자

오, 스승이시여! 당신께서 제게 의로움의 옷을 입히셨나이다

제게 완전한 삶을 보여주셨나이다

거룩하고 행복한 길을 보여주셨나이다

저는 자아를 버렸고 이제 당신의 것이니

제 생각이 곧 당신의 생각이고

제 말이 곧 당신의 말씀이며

제 행동이 곧 당신의 행동이나이다

당신은 영원하시며 제 모든 행위가 당신으로부터 말미암으니다

생의 열병이 가라앉고

마음의 모든 어둠이 흩어졌으며

불확실성과 불안이 사라졌나이다

죄와 고통이 끝나고 영원한 평화가 거하나이다

스승

너는 영원한 빛에 눈을 떴구나

더는 자기기만에 빠지거나 자학하지 않는구나

제자여! 이제 신성한 지식의 곧은길로 들어가

불멸의 지복을 얻으라

법칙에 대한 지식에 관하여

제자

오, 스승이여! 이제 제게 완전한 지식을 알려주소서

당신의 법칙이 어떻게 작용하는지 보여주소서

깨달음이라는 지혜로 제 마음을 비추소서

스승

생명의 법칙은 완전하도다

그 어떤 것도 더하거나 뺄 수 없고

바꾸거나 개선할 수 없도다

그 누구도 이 법칙을 피하거나 법칙에서 벗어날 수 없으며

법칙의 작용은 공평하노라

생명의 법칙은 영원하며 변화의 한가운데에서도 머무르니

만물을 보호해 혼란이 없도다

선은 행복과 평화 속에서 보존되며

악은 형벌과 고통으로 정화되노라

지식에는 평온함으로 왕관을 씌우고

무지에는 불안으로 채찍질하니

생명의 법칙은 이중으로 작용하노라

이것은 영원한 인과

모든 생각과 행동을 주시하노라

제자여, 너는 영적 시야를 얻었으니

이제 세상을 바라보고 무엇이 보이는지 말해다오

제자

오, 스승이시여! 무지라는 거대한 어둠이 보이나이다

그 가운데에 욕망의 불꽃이 연기를 내며 도사리고 있는 모습이 보이나
이다

욕망의 불꽃들이 어떻게 힘을 모으는지 보이나이다

욕망의 불꽃은 타오르는 격정으로 커지고

무거운 슬픔의 구름이 모든 인류를 덮으니

그것은 격정을 끄기 위한 것이나이다

스승

잘 보았구나

다시 보고, 네가 본 것을 말하라

제자

슬픔의 흐린 장막을 꿰뚫고 보니

무엇보다 진리라는 위대한 빛이 보이나이다

거기에는 어둠이 없고

어떤 욕망도 들어올 수 없나이다

소모적인 걱정도 없고

울음도 불안도 없나이다

스승

오, 제자여! 너는 생명의 법칙을 보았구나

법칙의 이중적인 작용을 깨달았구나

무지는 욕망을 키운다

욕망은 얻고자 하는 고통스러운 굶주림이며

또한 얻은 것에 대한 열광적인 집착이니라

그리하여 욕망한 것에서 멀어지면

그것이 곧 고통이고 슬픔이니라

자기중심주의나 이기심도 욕망에서 생겨나니

허상의 자아가 만들어지고

자아에 대한 망상 속에 세상의 고통이라는 악몽이 있도다

그러므로 사람은 법칙의 작용으로 고통받고

또한 법칙의 작용으로 고통에서 벗어나기도 하니라

욕망을 버리면 마음의 고통스러운 굶주림이 치유되고

사물에 집착하는 타오르는 열병이 가라앉으니

멀어짐도 없고 슬픔도 없노라

그리하여 모든 것과 하나 되고

이것이 곧 만족과 행복과 평화이니라

욕망하지 않음으로써 겸손과 사랑이 생겨나

영구적이고 분리된 개인이라는 망상이 파괴되고

자아를 보존하려는 생각까지 버리게 되노라

그리하여 증오와 교만, 이기심의 원인이 사라지고

거룩함이 생겨나니라

사물의 실체가 드러나고

진리를 인식하고 이해하며 알게 되니

이것이 법칙에 대한 지식이며

이것이 불멸의 행복이노라

제자

오, 진리여! 법칙은 매우 단순하나 누가 그것을 이해하겠나이까?

아름답게 보이나 누가 그것을 응시할 수 있겠나이까?

공평함에는 흠이 없으나 누가 그것을 듣고 받아들이겠나이까?

스승

마음이 순수한 이가 받아들이고 바라보며 이해하노라

그는 죄 없이 행동하며

한계가 없는 자비심으로 모든 생명을 포용하니

모든 것을 오류 없는 시선으로 인지하노라

그는 완전한 법칙을 알기에 비난하지 않고

완전한 법칙을 알기에 평화에 드노라

제자

지식이 완성된 곳에 평화가 머무르는구나

지혜로운 자의 평온함은 위대하도다

순결한 자의 평화는 깊도다

진리를 아는 자의 행복은 완전하도다

마음의 폭풍이 잔잔해지니

더는 근심이 없노라

폭풍에 휩쓸린 이들을 위한 안식처가 있노라

길을 잃고 버림받은 이들을 위한 집이 있노라

밤에 방황하는 모든 이를 위한 피난처가 있노라

영원하신 분이여, 제가 마침내 당신을 찾았나이다!

스승

네가 구하고 찾았구나

싸워서 정복하였구나

애써서 성취하였구나

고통받던 이가 인간을 치유하는 이가 되었구나

아이가 지도자가 되었도다

학생이 선생이 되었도다

제자와 스승이 하나이니

내가 곧 너이니라

평화 속에 나와 함께 거하라

감사기도

이제 평화가 머무르니

자아는 흩어지고 더는 고뇌가 없나이다

진리에 도달하여 고통이 멈추었나이다

고통의 순례가 끝나

더는 투쟁과 어둠이 없고

의심과 울음이 없으며

불안과 슬픔이 사라졌나이다

사랑이 세상을 껴안으니 고통받는 모든 이에게 평화가 있으라!

신성한 메시지

> 나, 씨를 뿌리는 자는
> 세상이라는 넓은 평원에 이 씨앗을 뿌리노라
> 그리고 지고한 분의 주의 깊은 보살핌에 맡기노라

깨어남이라는 첫 번째 예언

빛의 아들들이여, 너희에게 경의를 표하노라

아침의 자녀들이여, 너희를 환영하노라

깨어나라! 일어나라! 잠자는 이들을 깨우라!

아침이 왔음을 선포하노니

새날의 여명이 모든 생명을 비추네

좋은 소식을 가지고 평화를 알리며

사랑의 빛, 낮은 자가 거룩한 산 아래로 오시네

이것이 바로 아침의 위엄이라

악이 골짜기에서 달아날 것이요

어둠이 머무를 곳을 찾지 못하리라

빛이 있는 곳에는 어둠이 없고

선이 있는 곳에는 악이 흩어지며

평화가 있는 곳에는 다툼이 멈추고

사랑이 있는 곳에는 모든 미움이 사라지며

순결함이 있는 곳에는 모든 죄가 극복되니

진리의 거처에서 모든 죄가 달아나네

이것이 바로 아침의 기쁨이라

악이 정복되고 선이 승리하네

진리의 영광이 드러나네

완전함의 길이 열리고

거룩한 삶의 행복이 함께하네

이것이 바로 아침의 완성이라

빛이 어둠을

지식이 무지를

실재가 환상을

진리가 죄를 쫓아내네

그리하여 아침의 위엄이 드러나네

아침의 기쁨을 이해하고

아침의 완성을 실현하네

기다리던 자들아, 이제 와서 마음껏 보라

높은 곳에서 왕의 도착을 알리니

그가 바로 평화의 왕

그리하여 비탄에 잠기고 고통받는 자들이 기뻐하리

한탄하는 자들과 슬퍼하는 자들이 올려다보고 기뻐하리

결박된 자의 사슬이 끊어지고 자유를 얻으리

더럽혀진 자들이 깨끗해지고 정화되리

피곤하고 여행에 지친 자가 휴식을 취하리

목마른 자들아, 와서 마시라

배고픈 자들아, 와서 먹으라

불멸의 물을 찾고

생명의 빵을 발견했노라

잠자는 자들아 깨어나 미망의 꿈을 떨쳐버려라!

필멸의 무감각에서 눈을 떠라!

더는 자아의 영역에서 잠들지 마라!

연민의 스승이 밝혀졌노라

선의 법칙이 상술되었노라

흠 없는 삶의 위대한 실재가 이루어졌노라!

영원한 진리가 분명해져

거룩한 마음의 신전에서 드러나노라

정직한 이들이 그것을 알아차리고

의로운 이들이 그것을 들으며

거룩한 이들이 그것을 실천하네

영원한 진리는 죄를 정복한 이에게서 완전히 나타나네

어둠 속에서 찾는 자여

이제 빛으로 오라

외부의 악과 비애를 보는 자여

내게 오라, 내가 그 근원을 보여주리라

네 마음에 있는 비밀의 방으로 들어가서

찾을 때까지 그곳에서 구하라

깨어날 때까지 그곳에서 명상하라

자아 속에서 꿈꾸는 이는 진리 안에서 잠자노라

꿈꾸는 이는 자기 자신도 깨어난 이도 알 수 없으나

깨어난 이는 자기 자신과 꿈꾸는 이를 모두 알며

꿈꾸던 것이 공허함을 아네

자아 안에서 잠자는 이는 악에 연루되고

어둠에 둘러싸이고

고뇌에 에워싸여 있으니

이것이 꿈꾸는 자의 상태라

악의 근원과 지속과 끝이 잠자는 이에게 숨겨져 있네

그러므로 잠자는 이여 깨어나라!

욕망의 잠에서 깨어나라!

증오의 잠에서 깨어나라!

탐욕, 방종, 허영, 교만의 고통스러운 꿈에서 벗어나라!

의심의 악몽을 떨쳐버려라!

더는 근거 없는 믿음에 취해 잠들지 마라

죄에, 죽음에 대한 집착에 취해 잠들지 마라

자아의 잠을 끝내고 진리의 실재 속에서 깨어나라!

자아의 끝은 진리의 시작이니

보라, 영광스러운 진리를!

깨어나라! 깨어나라! 깨어나라! 너희는 잠들어 있도다!

꿈꾸고 있도다! 깨어나라! 아침의 아들들이여

그리하여 음악으로 세상을 채우라

와서 빛 안에 머물러라

와서 완전함의 길을 밟으라

와서 거룩함이라는 찬미로 높임을 받으라

그러면 지극한 사랑과 평화를 알게 되리라

구원자라는 두 번째 예언

시대의 징조를 생각해보라

전쟁이 만연하고 다툼이 격렬하며

격정의 불꽃이 세상을 황폐화하고 있구나

국가와 국가가 대립하고, 교의와 교의가 대립하며, 체제와 체제가 대립

하네

과학은 스스로의 약점을 발견했고

철학은 철학을 혼란에 빠뜨렸으며

정신적 언어의 혼란이 보편화되었도다

그러나 이 모든 혼란의 절정

편견과 격정이 격렬하게 충돌하는 가운데

한 사람이 내려왔으니 그분의 이름은 사랑이며

그분의 사명은 평화이고

그분의 목적은 하나 됨이네

그분이 혼란의 한가운데를 걷고 있으나

사람들은 자신의 연약함 때문에 그분을 알지 못하네

그러나 그분의 손길이 닿으면 눈먼 이가 시력을 찾고

들리지 않는 이가 소리를 들으며 절름발이가 걸음을 걷네

그분은 외로운 마음들 속에서 조용하고 거룩하게 일하시니

여기저기서 제자가 부름을 받고

듣고 따르네

제자는 스승을 알고 스승은 제자를 아노라

선택된 몇몇 이는 "나를 따르라"는 명령에 귀 기울이고

분명하고 확실한 발걸음으로 그분을 따랐네

평온하신 분의 얼굴을 응시했네

완전하신 분의 발치에 앉았네

거룩하신 분의 가르침을 받아들였네

그리하여 평화가 그들과 함께 머무르네

그들은 사람들 속에 있으나 알아볼 수 없네

그들은 마음 가장 깊은 곳의 모든 다툼을 그만두고

아무도 미워하지 않고 아무도 비난하지 않네

용서의 문으로 들어왔으니

선의가 그들의 숨결이고

무한한 자비가 그들 생각의 주인이노라

그들은 헛된 갈망을 멈추고

동요하는 모든 욕망을 쫓아냈으며

희생의 문을 통과했네

겸손의 옷을 입었네

선의 길을 걷는 그들의 걸음걸이는 굳건하네

그들은 두려움과 의심을 흩뜨렸네

슬픔의 격랑 위를 걸으며

가라앉지 아니하고 편안하네

그들은 더는 거짓 철학에 혼란스러워하지 않네

바다와 사막을 지나

약속의 땅으로 들어갔네

이들은 세상의 구원을 위해 다시 태어난 사람들이라

어둠의 시대에 빛을 받아들이고

악의 시대에 선을 택했네

이기주의의 시대에 수많은 자아의 목소리를 침묵하게 하고

모든 것을 조화하는 음악, 하나의 목소리를 따랐네

그러므로 그들은 기뻐하노라

악을 보지 못해서가 아니라

전지전능하신 분이 악의 끝을 보여주셨기 때문이라

그들은 자기 안에서 이미 그 끝에 이르렀나니

따랐던 그분과 하나가 되었기 때문이네

그들은 세상에 속한 모든 것을 세상에 돌려주었으며

원망하지 않았네

혼란의 구름이 그들을 어둡게 만들지 않고

격정의 불길이 그들을 태우지 않네

그러므로 기쁨이 지배하게 하소서!

이 시대의 깊은 어둠과 함께 큰 빛도 찾아왔으니

슬픔의 강물이 높이 불어났으나

둑은 축복의 꽃향기로 가득하네

다툼이 격렬하나 그 한가운데 평화가 들어섰네

혼란이 세상을 덮었으나 하나 됨이 드러났네

많은 이가 여전히 미망의 꿈을 꾸지만

위대한 실재의 모습이 깨어 있는 자들의 눈을 기쁘게 하네

잠자는 이들이여, 일어나라! 꿈꾸는 이들이여, 깨어나라!

너희는 언제 눈을 뜨고 볼 것인가?

완전하신 분이 나타났도다!

거룩하신 분의 흠결 없는 위엄이 드러났으니

깨어 있는 그분의 사람들이 환호하며 맞이하네

그분은 깨어 있는 자들의 피로를 쫓아주시네

그러니 슬퍼하는 자들아, 와서 기뻐하라!

지친 자들아, 와서 평화를 찾으라!

투쟁하는 자들아, 와서 쉬어라!

오랜 갈망이 이루어졌으니

우리가 스승이라고 부르는 분이 나타나셨도다
그분은 사랑의 성스럽고 가장 깊은 마음이네

일체the All-One라는 세 번째 예언

알려지지 않게 선을 행하는 것

이것을 겸손이라고 부르라

박해하는 이를 축복하는 것

이것을 사랑이라고 부르라

원수의 행운을 기뻐하는 것

이것을 완성이라고 부르라

이렇게 일체가 나타나고

이렇게 진리가 알려지노라

일체를 아는 이는 완전하니

그들은 죄가 없으며

진리 속에 살며 거룩함을 입노라

보라! 일체가 드러났으니

그분을 따르는 이들이 그분을 알게 되었네

그들은 악의 옷을 벗고

완전한 선의 옷을 입었네

죄의 낡은 병이 깨지고

생명의 포도주로 진리의 새 병이 가득 찼네

일체를 믿는 이들이 마시고 만족하는구나

그분의 말씀을 행하는 자 불멸의 기쁨으로 들어가네

그렇다면 일체를 믿는 이는 누구인가?

그분의 말씀을 행하는 이는 누구인가?

믿는 자, 행하는 자는 알아볼 수 있는 확실한 표시가 있으니

무지에서 벗어나 좋고 싫음에 사로잡히지 않네

증오에서 해방되어 비난하지 않네

편파성에서 자유로워져 다툼에 끼지 않네

이기주의에서 벗어나 자아를 옹호하지 않네

인내심을 버리지 않으며

순결의 옷을 벗지 않고

사랑의 거처에서 나가지 않네

일체를 아는 이의 지식은 완전하니

그는 생각과 말과 행동에 흠결이 없네

일체는 실천으로 찾으며

지식으로 인지하니

실천의 완전함과 지식의 완성으로 깨닫네

선과 악

증오와 사랑

편견과 죄

욕망과 고통

자기애와 슬픔

격정과 후회

삶과 죽음을 넘어서는 것

이것이 일체의 끝없는 평화로 들어가는 것이네

일체의 영속성을 깨닫는 것이네

일체가 되는 것이네

일체는 선과 악을 초월한 완전한 선

사랑과 증오를 무효화하는 완전한 사랑

삶과 죽음에 의해 깨지지 않는 완전한 생명

그분을 알고자 하는 이, 그분의 제자가 되라

변치 않는 것에 이를 때까지 변화무쌍한 내면의 대립들을 없애라

그리하면 영원한 반석,

평화의 주인인 복되신 일체를 발견하리라

밖에서 찾는 자는 찾지 못하리라

자기 지식을 자랑스러워하는 자는 찾지 못하리라

다른 사람에 대해 자신을 방어하는 자는 찾지 못하리라

제자여! 네 내면의 죄를 깨달으라

네 내면의 무지와

자아에 뿌리를 둔 네 내면의 미혹을

그리하여 깨달은 뒤 죄를 버리고 진리에 매달려라

무지에서 순수한 지식으로 날아가라

네 내면의 적들로부터 자신을 방어하라

다른 길로는 그분께 다가갈 수 없으나

이렇게 함으로써 일체에 다가갈 수 있으리

기꺼이 자아를 벗으려는 자, 와서 진리로 옷을 입으라

기꺼이 죄를 죽이려는 자, 와서 진리의 자녀로 다시 태어나라

기꺼이 비우려는 자, 와서 일체에 대한 지식으로 채워져라

지고한 선

숭고한 겸손

모든 슬픔을 초월하는 사랑

평화의 길로 일체를 찾는 이는

반드시 이 경지에 도달하리

불안이라는 네 번째 예언

육신의 자녀들에게 전하는 영의 목소리

죄에 사로잡히는 것, 이것은 어둠이다

죄로부터 자유로워지는 것, 이것은 빛이다

어둠이 있는 곳,

깊은 어둠의 거처가 있으니

그곳에 사는 이들은 불안함에 울부짖는구나

그들의 외침은 자아에서 비롯된 것이기에 울부짖어도 들리지 않네

신을 불러도 침묵이 계속되네

그들은 자기 목소리의 메아리를 듣고 두려워하네

그리고 죄 가운데 머물러 있네

그들은 죄 속에 머무르며 이렇게 울리라

"밀을 뿌렸는데 짚을 거두었구나

밭을 갈았는데 노동의 결실을 수확하지 못했구나

보라! 우리에게 대기근이 닥쳤도다.

많은 곡식을 저장해두었으나 쥐가 먹어버렸고

많은 과일을 쌓아두었으나 썩어서 버렸는데 긴 겨울이 다가왔구나

우리는 교역하여 많은 금을 얻었으나 멸망하나니

식량의 일부는 도둑이 훔쳐 갔고 남은 것은 곰팡이가 피었기 때문이네

빵이 없는데 무엇을 사겠는가?

빵도 없고 빵을 파는 이도 없구나

우리는 죽어가는데 구해주는 이가 하나 없노라!"

그리고 다시 깊은 괴로움에 빠져 이렇게 말하리라

"열심히 애썼으나 보상이 없네

지은 것은 파괴되고

굳건히 만든 것은 허물어지니

우리가 이룬 모든 놀라운 결과물이 무너지고 있도다

우리는 먹고 잤으나 지금은 고통받고 있네

희생했으나 지금은 버림받았네

쾌적한 저택을 지었으나 그 안에 안식이 없네

우리의 슬픔은 깊은 바다와 같고

우리의 불행은 큰 산과 같으며

우리의 고뇌는 많고 고통은 크도다

병을 고칠 치료법이 없네

슬픔을 덜어줄 위안도 없네

지친 우리에게 안식이 없네!"

그리하여 그들은 울부짖을 것이나 들리지 않으리라

고통받을 것이나 구원받지 못하리라

안식을 구할 것이나 찾지 못하리라

어둠이 있는 곳

깊은 어둠의 거처에는

치료법이 없기 때문이네

구제책이 없기 때문이네

구원이 없기 때문이네

자아가 주인이자 왕인 곳에는 평화가 없노라

불순함의 길 위에 있는 자여

자아의 지배를 받는 자여

이해하지 못하더라도 귀 기울여라

들으라, 예언자의 가르침을 기억할 날이 와서

그의 말씀이 불타는 낙인으로 가슴에 아로새겨지리니

어둠보다 더한 밤이 찾아오리라

기근보다 더한 굶주림이 찾아오리라

죽음보다 더한 상실이 찾아오리라

사랑이 십자가에 못 박히고 증오가 해방될 때

평화가 내쫓기고 다툼이 찬미받을 때

의로움이 조롱받고 혼란이 번성할 때

더는 예언자의 음성이 들리지 아니할 때

그때가 오면 너희가 울부짖어도 들리지 아니하며

고통받아도 구제받지 못하고

슬퍼해도 위로받지 못하리라

너희는 기억하라

일찍 일어나는 사람은 해돋이를 본다는 사실을

부지런히 살피며 빛을 따르는 사람은 어둠에서 나갈 길을 찾는다는 것을

불평하지 않는 마음으로 노력하는 사람은 평화의 왕관을 쓰게 된다는 것을

전환이라는 다섯 번째 예언

슬픔의 자녀들에게 전하는 영의 목소리

일어나라! 깨어나라!

눈을 뜨고 보라!

어찌하여 고통스러운 잠을 자겠는가?

불안의 밤에서 나오라!

죄와 고통의 어두운 악몽에서 나오라!

어둠에서 벗어날 길이 있노라

깊은 어둠의 거처에서 나올 확실한 길이 있노라

빛과 안전이 있으리

안식과 치유가 있으리

기쁨과 만족이 있으리

깨어 있는 자는 더는 꿈꾸지 않으리

굳은 결심으로 "자아를 버리고 진리가 나의 주님이 되리라"라고 말하는 사람

그렇게 결심한 그의 오른손에는 어두운 문이

왼손에는 보기에 즐거운 문이 나타나리라

그는 허리를 굽혀 어두운 문으로 들어갈 것이니

뒤에서는 조롱과 욕설, 마음을 찌르는 웃음소리가 들려오리라

어두운 문으로 들어간 그는 두 자루의 검을 들리라

첫 번째는 탐구의 검이며

두 번째는 분별의 검이네

탐구의 검으로는 지혜의 적을 멸하고

분별의 검으로는 선악을 분간하리라

그는 빛의 모든 적에게 맞서

거대한 그림자를 드리우는 것들을 흩어지게 하리라

지옥의 열쇠를 지키는 이들을 대패하게 하리라

고통이라는 불길을 통과할 것이나 불길이 그를 파멸시키지 못하고

슬픔이라는 어두운 바다를 건널 것이나 바다가 그를 삼키지 못하리라

그리하여 그는 버림받음desertion이라는 큰 황야에 이르러서도 뒤돌아가지 않으리

모든 어둠에서 벗어나

그림자 없는 빛을 발견하리라

거대한 어둠의 가장 먼 끝에서 음성을 들으리라

바로 거룩한 자의 목소리를

그러면 그는 진리의 왕이 가까이에 계심을 알리라

성유를 바른 평화의 왕이 오심을 알리라

음성이 온유하고 진실하기에 그는 음성을 따르리라

그러면 음성은 그를 영원한 빛의 거처로 인도하리

모든 베일이 벗겨지고 모든 신비가 풀리는 곳

그는 진리의 스승이 지닌 위엄을 이해하리니

의의 법칙이 지닌 아름다움을 바라보고

위대한 실재의 영광을 응시하며

구원받은 이들의 노래를 들으리라

구원의 달콤한 노래를

죄가 파괴되었으니

법칙은 얼마나 완전한가!

슬픔이 소멸하였으니

사랑은 얼마나 강력한가!

고난의 구름이 흩어졌으니

빛은 얼마나 영광스러운가!

죄가 벗겨졌으니

진리는 얼마나 순결한가!

깨어나라! 잠자는 자들이여

진리를 기뻐하라!

올려다보라! 타락한 자들이여

빛을 기뻐하라!

목마른 자는 와서 마시라

굶주린 자는 와서 먹으라

죽어가는 자는 와서 살아나라

구원이 가득하고 확실하네

평화의 문으로 들어간 그에게 이 세상 제국들은 먼지와 같으리

그 영광은 흩어지는 구름과 같고

그 쾌락은 날리는 겨와 같으며

그것을 추구하는 것은 기초가 없는 집과 같으리

거룩하신 분의 음성이 그에게 말하리라

"자아의 정복자, 죄와 슬픔을 소멸하는 자,

그림자와 미망을 흩어지게 하는 자여

탐구의 검을 내려놓고

분별의 검을 집어넣으라

이곳에는 슬픔이 없도다

이곳에는 어둠과 고통이 없도다

이곳에는 다툼과 분열이 들어올 수 없도다

겸손히 의를 행하는 자여, 너는 나의 법칙을 찾았도다

조용히 진리를 찾는 자여, 너는 나의 평화를 찾았도다

온유와 선을 사랑하는 자여, 너는 나를 찾았도다

나의 영원한 거처에 거하라

네 전쟁이 끝났고 너는 안식을 얻었느니라

평화라는 여섯 번째 예언

진리의 자녀들에게 전하는 영의 목소리

기뻐하고 즐거워하라! 기쁨으로 충만하라!

위대한 과업이 완성되었으니 더는 힘든 노동이 없도다

긴 여정이 끝났으니 더는 피로가 없도다

날이 다가왔으니 구세주께서 오셨도다

언덕에는 평화가 있고 골짜기는 큰 기쁨으로 떠들썩하니

사람들이 사랑과 지혜이신 아이를 받아들였기 때문이네

선의와 평화의 왕국이 선포되었기 때문이네

거룩한 자들아, 노래하라!

순결하고 평화로운 자들아, 목소리를 높여라!

진리가 확립되고 의로움이 지배하네

모든 슬픔을 위로할 기쁨이 있고

모든 상처를 치유할 기름이 있으며

모든 실의를 다스릴 치료법이 있도다

지친 자에게는 영원한 안식이 있고

방황하는 자에게는 영원한 피난처가 있으며

절망하고 폭풍우에 휩쓸린 자에게는 큰 기쁨의 항구가 있네

이는 마음이 죄 없기 때문이라

자아라는 어둠에서 벗어나

불확실한 전환의 계곡 너머

평화로운 거룩함의 길을 발견하네

순결의 높은 봉우리 위

의로움의 산 위

사랑의 높은 언덕 위

그곳에 영원한 평화가 머무르네

영원한 안식이 기다리네

누구든지 오를 이, 와서 보라

누구든지 노력할 이, 와서 알라

누구든지 극복할 이, 와서 들어오라

어둠이 흩어지네

악의 힘이 무너지네

운명의 수레바퀴가 부서지네

영원한 영광 안에 빛이 머무르고

선의 힘은 지고하며

의로움과 사랑이 모든 속박을 깨뜨렸네

생명이 알려졌으니 죽음은 소멸되었네

불멸을 맛보았으니 더는 의심이 없네

완전한 사랑이 드러났으니 두려움이 사라지네

진리의 왕이 근처에 계시니

그는 완전한 지식이라

생명의 주님이 가까이 계시니

그는 완전한 순결함이라

구세주께서 여기 계시니 그는 완전한 사랑이라

그러므로 평화가 거하네

실로 영원히 머무르네

이러한 것들이 의로운 사람들에게 알려지나니

그 영광이 지혜로운 사람들에게 드러나고

정직한 사람들만이 이 세 가지 완성을 이해하네

부정한 자는 부정한 것만을 알고

거룩한 자는 거룩한 것만을 아네

완전함은 왜곡될 수 없으니

보라 그 아름다움을!

의로움은 깨질 수 없으니

그 균형이 얼마나 무결한가!

진리는 그대로 머무르니

그 평온함이 얼마나 비할 데 없는가!

그리하여 큰 환희가 있고

그리하여 거룩한 기쁨이 있으며

그리하여 끝없는 평화가 있네

순결함에 관한 첫 번째 권고

티 없는 순결함

사람들에게 이를 권하노라

빛의 자녀들을 가장 높은 순결함으로 인도하노라

죄의 자녀들에게도 탁월한 순결함의 길을 권하노라

순결함에서 진리가 자라나니

그것을 찾는 사람들은 천국의 빛을 찾는 것이니라

속박된 자들아, 와서 자유를 얻으라

노예 된 자들아, "무력하다"고 말하지 마라

해방의 길이 열렸도다

실로 구원이 네 문을 두드리도다

자유를 선택하겠는가?

아니면 속박을 선택하겠는가?

순결함 속에 자유가 있고

그의 성전에 이해가 거하니

환희와 기쁨과 평화가 그의 문지기로다

그러니 와서 진리의 권고를 들어라

들은 후에는 순결한 것을 행하라

순결한 것을 행한 후 지고의 행복을 알게 되리라

순결함을 오직 행위로만 찾을 수는 없으니

지고의 순결함은 행위에만 국한되지 않노라

행위를 그만둔다고 순결해지는 것이 아니라

행위의 원천, 마음과 정신을

깨끗하게 함으로써 순결해지노라

순결한 마음은 불순한 행위를 할 수 없으며

티 없는 정신은 추한 것을 낳을 수 없기 때문이니라

그렇다면 더럽히는 것은 무엇이고 깨끗하게 하는 것은 무엇인가?

음란한 생각

불순한 욕망

이기적 성향

이것이 더럽히고 어둠과 죽음을 낳는 것이도다

순수한 생각

거룩한 열망

이타적 사랑

이것이 깨끗하게 하고 빛과 생명을 낳는 것이도다

그러니 와서 순결함의 좁은 길이 얼마나 곧은지 보라!

와서 아름다운 진리의 안뜰이 얼마나 활짝 열려 있고 비밀이 없는지 알
라!

와서 의로움의 훌륭한 법칙이 얼마나 단순한지 이해하라!

순결함의 길은 찾기 쉽고 걷기 좋네

진리의 문은 활짝 열려 있어 사람들을 초대하네

의로움의 법칙은 가까이에 있으며 탐구될 준비가 되어 있네

증오심을 품는 것

음탕한 성향을 간직하는 것

마음속에 악의 씨앗을 키우는 것

이것이 더럽히며 고통으로 이어지는 것이네

쾌락과 보상을 갈망하는 것

다른 사람의 죄에 집착하는 것

"내가 이 사람보다 낫다"고 생각하는 것

이것이 너를 불순하게 만들고 진리에서 벗어나게 하네

자기 자신을 추구하고 다른 사람을 배려하지 않는 것

다른 사람을 얕보고 자신의 일을 높이 생각하는 것

마음을 교만하고 완고하게 만드는 것

이것이 영혼을 더럽히고 평화로부터 멀어지게 하네

보라, 순결의 길은 얼마나 영광스러운가!

진리의 보물은 얼마나 사랑스러운가!

거룩함의 옷은 얼마나 멋지고 아름다운가!

증오와 정욕과 악의에서 자유로워지는 것은

얼마나 달콤한가! 얼마나 즐거운가!

쾌락과 보상을 욕망하지 않는 것은

얼마나 좋은가! 얼마나 기쁜가!

다른 사람의 악을 과장하지 않는 것은

얼마나 공정한가! 얼마나 사랑스러운가!

모든 이기심을 버리는 것은

얼마나 아름다운가! 얼마나 평화로운가!

순수한 마음의 행복은 생각을 넘어서고

죄 없는 마음의 사랑스러움은 비할 데가 없으며

의로운 사람의 영생은 지극히 복되네

가장 높은 순결함은 평화를 가져오고

흠 없는 삶은 기쁨을 고취하며

죄 없는 열정은 지혜가 넘치네

죄에 지친 자들아

불순함의 괴로움을 아는 자들아

영원한 평화를 찾는 자들아

순결함의 문으로 들어와 거룩함을 동반자로 삼으라

생각을 정화하라

마음의 옷을 희게 씻으라

마음속 은밀한 장소를 깨끗이 하라

그러면 진리가 와서 함께 거하리라

지식이 등불이 되고 지혜가 길잡이가 되리라

의가 영원히 보호하리라

빛과 기쁨, 평화가 영원히 함께 머무르리라

겸손함에 관한 두 번째 권고

흠결 없는 겸손함

사람들에게 이를 권하노라

겸손함의 숭고한 길로 인도하노라

겸손하지 않으면 누가 진리를 보겠는가?

온유하지 않으면 누가 일체를 이해하겠는가?

낮추지 않으면 누가 위대한 실재를 발견하겠는가?

사랑은 겸손함과 함께 거하며

지혜 역시 그곳에 거하네

평화도 낮은 마음과 머무르네

교만함을 버리고

더는 나 자신이 우월하다는 생각을 하지 마라

마음에서 모든 허영을 일소하라

그러면 진리가 너를 존귀하게 하리라

진리는 교만함으로부터 달아나고

지혜는 이기심으로부터 떠나가네

거룩함과 허영은 함께 머무를 수 없네

빛은 겸손에서 나오고

어둠은 허영, 교만과 함께 거하노라

사람아! 너는 무엇을 자랑하느냐? 네 아름다움에 대하여 자랑하는가?

그것은 부패하리라

네 의복을 자랑하는가?

좀나방과 먼지가 그것을 훼손하리라

네 재산을 자랑하는가?

그것은 내일 다른 사람이 소유하리라

네 재능을 자랑하는가?

그것은 광채가 희미해지리라

네 명성을 자랑하는가?

그것은 안개처럼 사라지리라

네 배움을 자랑하는가?

그것은 지금도 추월당하고 있도다

네 업적을 자랑하는가?

그것들은 영원히 사라지리라

이것들이 헛되다면 무엇이 남는가?

지혜와 진리와 사랑이 남네

기쁨과 평화와 깨달음이 정주하네

그러나 교만한 자는 이것들을 알 수 없네

허영심을 가진 자도 이해하지 못하네

이들의 영광은 자아에 종속된 자에게는 보이지 않네

어둠이 무엇을 드러낼 수 있는가?

어둠 속에서 걷는 이가 무엇을 볼 수 있는가?

교만한 자는 어둠에 눈이 멀고

허영심 있는 자는 비틀거리며 길을 잃네

자아의 끝은 슬픔과 버려짐이네

겸손함을 깨닫는 것은 배움을 넘어서며

온유함의 힘은 정복자들의 힘을 넘어서네

마음을 낮추는 자는 반석 위에 서니

교만한 자가 어찌 서겠는가?

그들은 자신의 약함 때문에 넘어지는도다

허영심 있는 자가 어찌 인내하겠는가?

그들은 지지대 없는 갈대와 같도다

자아만을 추구하는 자가 어찌 번성하겠는가?

그들은 바람에 흩날리며 뿌리내릴 땅을 찾지 못하는 메마른 씨앗과 같도다

겸손의 옷을 입으면 넘어지지 않으리라

마음이 온유해지면 산처럼 견디리라

자아를 버리면 일이 좋은 땅에 심긴 씨앗처럼 번성하리라

교만한 자들은 스스로 왕이라 여기지만 실로 노예보다 못하고

온유한 자는 스스로를 노예로 여기지만

왕보다 낫네

교만한 자들은 얼마나 쉽게 상처 입는가?

그들은 매일 고통을 겪네

허영심을 지닌 자는 얼마나 자주 다치는가?

울음과 슬픔이 그들의 몫이네

이기적인 자들은 얼마나 쉽게 박탈당하는가?

그들은 매일 잃어버린 것을 슬퍼하네

겸손함에는 고통이 없으며

온유함은 슬픔을 멸하고

마음이 순수한 이는 잃지 않네

사람은 무엇을 간직할 수 있는가?

영원한 것은 무엇인가?

불멸은 어디에 있는가?

세상에 속한 것들은 사라지고 그것을 붙잡을 수 있는 이는 없네

육신은 소멸하여 더는 보이지 않고

사람들의 생각은 강한 바람 속의 연기 같도다

거룩함은 머무르며

진리는 영원하네

죄 없는 마음에 불멸이 거하네

나는 세상을 추구했으나 그곳에는 평화가 없었네

나는 배움을 구했으나 진리가 드러나지 않았네

나는 철학과 함께했으나 내 마음은 허영심으로 아팠네

그리하여 이렇게 울었으니 "평화는 어디에 있는가?

진리는 어디에 숨어 있는가?"

나는 겸손에서 평화를 찾았네

의를 실천함에 진리가 있었네, 진리가 드러났네

그리고 자아의 소멸에서 고통과 허영의 끝에 도달했네

순례자들이여 몸을 낮추라

지치고 서글픈 이들이여 엎드려라

비탄에 잠겨 고통받는 이들이여 네가 사랑하는 것을 포기하라

굽히는 자는 곧게 될 것이요

엎드리는 자는 일으켜질 것이며

누구든 자아를 버리는 자는 고통의 끝을 볼 것이니

겸손의 문은 좁고 낮네
허나 몸을 굽혀 그리로 들어가는 자는 영원히 서리라

완전한 사랑
사람들에게 이를 권하노라
가장 높은 이의 사랑을
사랑은 보매 얼마나 아름다운가!
사랑을 숙고하는 것은 얼마나 영광스러운 일인가!
사랑을 실천하는 것은 얼마나 달콤하고 기쁨으로 가득 찬 일인가!
사랑을 찾는 것은 완전함을 찾는 것
사랑을 아는 것은 영원한 것을 아는 것
사랑을 실천하는 것은 진리를 나타내는 것
그러나 사랑을 어떻게 찾을 것인가?
마음에서 어떻게 드러낼 것인가?
어떻게 실천하고 어떻게 나타낼 것인가?
편을 가르지 않는 것
증오를 실천하지 않는 것
다툼에 끼지 않는 것
기만하지 않는 것
탐내지 않는 것
보복하지 않는 것
비난하지 않는 것
이 모두를 하지 않는 것이 사랑을 찾는 것이로다

편견을 없애고

교만과 허영심을 버리는 것

의심과 두려움을 흩뜨리는 것

마음에서 욕망의 얼룩을 씻어내는 것

마음의 모든 더러움을 정화하는 것

이 모두를 행하는 것이 사랑을 아는 것이로다

항상 인내하는 자

지극하게 평온함을 유지하는 자

끊임없이 거룩해지는 자

온전히 용서하는 자

친구에게 그러듯 적에게도 똑같은 마음을 갖는 자

이런 이가 되는 것이 사랑을 나타내는 것이로다

사랑이 있는 곳에 빛이 있으며

사랑이 없는 곳에 헤아릴 수 없는 어둠이 있네

사랑이 있는 곳에 생명이 있으며

사랑이 없는 곳에 더 깊은 죽음이 있네

사랑이 있는 곳에 진리가 있으며

사랑이 없는 곳에 죄와 혼란이 있네

사랑은 진리이므로 변하지 않고

사랑은 완전하므로 죄를 짓지 않고

사랑은 영원하므로 슬퍼하지 않고

사랑은 불멸하므로 탄생과 죽음의 대상이 아니네

세상은 사람을 얼마나 미혹하는가!

세상의 쾌락은 얼마나 덧없고 공허한가!

사랑은 얼마나 진실한가!

진리의 삶은 얼마나 확고하고 평화로 가득 차 있는가!

인간이 추구하는 바는 얼마나 헛된가!

자아의 피로함은 얼마나 무거운가!

그러나 의를 실천하면 결실을 맺는도다

진리의 평화는 달콤하네

사랑을 가진 자는 모든 것을 가지니

사랑 안에 스승이 거하시며

사랑 안에 위대한 실재가 머무르네

놀라운 평화는 오직 사랑으로만 찾을 수 있네

가장 높은 순결함이 거기 있으며

겸손의 위엄도 거기 있네

사랑을 향해 마음을 맞추는 이는 완전하네

자아를 구하면 사랑이 찾아오지 않으리라

사랑을 구하라, 그리고 보라! 이미 그것이 너와 함께 있도다

누가 깨달음을 구하는가?

누가 진리를 구하는가?

누가 사랑을 구하는가?

구하는 자는 와서 말하라

"순결의 문을 열어라!

겸손의 좁은 문들아, 더는 닫히지 마라!

영원한 사랑의 문들아, 활짝 열려라!"

그러면 가장 깊은 곳에서 그의 목소리가 들리리라

헛되이 울부짖지 않을 것이며 길을 잃지도 않으리라

다만 영원한 안식에 이르리라

스승에 관한 가르침

순종하고 준비된 자들아

기꺼이 알고자 하는 자들아

어둠 속에서 방황하며 빛을 지각하지 못하는 자들아

이제 와서 들으라

이제 와서 기뻐하라

순결함의 계시로 들어가라

스승은 감각으로 인식할 수 없고

이성으로 이해할 수 없으며

논쟁으로 깨달을 수 없도다

스승은 언덕이나 골짜기에 없으며

하늘이나 땅, 외부의 그 어떤 것에서도 찾을 수 없도다

교의와 학교와 책은 그를 담지 못하니

그는 내면에 거하시네

지친 자여, 밖에서 구하기를 멈춰라!

밤의 자녀여, 방황을 멈춰라!

스승은 네 마음속에 거하시니

그는 너로부터 숨어 있는 것이 아니라 너로 인해 숨어 있노라

스승은 내면의 음성이요

내면의 빛이고

내면의 평화이니라

보라, 내가 스승의 거처를 보여줄 것이니

그것은 정결한 마음이라

자아의 속박을 끊은 자

욕망을 버린 자

마음을 정복해 고요하고 차분한 자

마음이 평온하고 온유하며 평화로 가득한 자

그가 스승의 면전에 들어서네

그에게 스승의 영광이 드러나네

오, 부르짖어도 응답을 받지 못하는 자여!

오, 방황해도 안식을 찾지 못하는 자여!

오, 찾으나 빛을 찾지 못하는 자여!

소심한 네 마음을 이리로 가져와라

네 무지를 이리로 가져와라

와서 거룩한 가르침을 들으라

듣고 만족과 안식을 찾으라

진리는 많으나 단 하나의 진정한 진리가 있으니

바로 순수한 마음, 지극히 완전한 삶이네

구원자는 많으나 단 하나의 진정한 구원자가 계시니

지혜의 지극한 깨달음이네

교사는 많으나 단 하나의 진정한 교사가 계시니

의로움의 영광스러운 현시이네

스승은 많으나 단 하나의 진정한 스승이 계시니

진리의 영이네

진리, 구원자, 교사, 스승은 하나이니

스승에게로 가는 길은 분명하고 틀림없노라

자아를 극복하라, 이것이 길이로다

마음을 정화하면 스승의 얼굴을 바라보리라

자아에 집착하면 그를 찾지 못하리라

불모의 자아를 버리면 보라! 스승이 너와 함께 계시느니라

불순한 자는 순결한 자를 볼 수 없으며

어둠은 빛을 뚫을 수 없고

불멸은 소멸하는 것들로부터 숨겨져 있네

그러므로 네가 집착하는 것을 버려라

욕망을 내려놓아라

스승의 만족이 너를 채우리라

네 의견을 양보하라

스승의 빛이 너를 비추리라

사라지는 것과 소멸하는 것을 쫓지 마라

영원하고 불멸하는 자가 너를 소유하리니

스승과 하나가 되리라

그와 함께 불멸 속에 거하리라

스승께서 기다리시도다

영원히 기다리시도다

인내는 그의 이름이며

그는 연민을 버리지 아니하시네

의가 거하는 곳에 그도 머무르시니

그는 사랑 안에 숨어 계시네

사랑으로 오라, 그리하면 그를 찾으리라

지혜의 빛이 그를 감싸고 있으니

생각을 정화하면 그를 알리라

진리의 영광이 그를 덮고 있으니

자아를 버리면 그의 형상을 보리라

어찌하여 진리를 인지하지 못하는가?

어찌하여 스승의 음성을 듣지 못하는가?

너 자신의 죄 때문에 진리를 인지하지 못하는도다

내면에서 자아의 목소리가 크게 아우성치기에 스승의 목소리를 듣지 못

하는도다

구름이 태양의 얼굴을 가리듯

죄라는 구름이 스승의 얼굴을 가리네

실로 죄의 짙은 구름이 사람들로부터 스승을 가리네

그렇다면 누가 스승을 보겠는가?

누가 그를 이해하겠는가?

누가 그와 함께 거하겠는가?

누가 그의 음성을 듣겠는가?

참으로 순수한 마음을 가진 사람

온유하고 동정심을 가진 무한히 인내하는 사람

분노를 온유함으로

증오를 사랑으로

학대를 용서로

비난을 침묵으로 돌려주는 사람이 그 사람이로다

그러므로 겸손의 옷을 입어라

자신의 죄를

자신의 가장 깊은 죄까지도 인정하라

이렇게 자아를 고백하면

사랑의 길을 찾으리라

그리고 사랑을 찾으면 스승을 찾으리라

스승을 찾으면 안식에 이르리라

자아를 부정하라

자아를 정복하라

자아를 억눌러라

선의가 너를 떠나지 않게 하라

모든 것, 심지어 짐승과도 평화로워라

그러면 가장 높은 진리가 네 안에 거하리라

스승의 마음이 네게 드러나리라

슬픔과 고통과 두려움과 의심이 네게서 멀리 달아나리라

불멸에 대한 지식이 네 마음을 평화로 채우리라

이리하여 스승의 마음이 알려지고

이리하여 스승은 그를 받아들일 준비가 된 이들에게 드러나시네

법칙에 관한 가르침

겸허하고 충실한 자여

겸손과 믿음을 구하는 자여

지고의 법칙이 하나 있으니

바로 선의 법칙이라

악한 것을 생각지 마라

악한 것을 말하지 마라

악한 것을 행하지 마라

선한 것을 생각하라

선한 것을 말하라

선한 것을 행하라

그리하면 그 법칙을 알게 되리라

이외의 다른 방법으로는 법칙을 이해할 수 없도다

법칙을 아는 것은 마음을 기쁘게 하고

정신을 환희로 채우며

모든 슬픔을 멸하느니라

법칙을 아는 자에게는 고통이 멈추고

죄와 슬픔과 고통이 떠나며

어디를 가든 평화가 따르느니라

법칙을 깨달은 자는 행복하네

법칙을 실천하는 자는 복되네

법칙과 하나 된 자는 신성하네

찾고 있으나 지치고 절망에 빠진 자여, 오라

순종의 먼지 속에 엎드려라

네 자아를 철저히 부정하라

네가 자랑스러워하는 모든 것을 버려라

실로 모든 것을 단념하라

그러면 겸손의 멍에를 메고

법칙에 대해 알게 되리라

선의 법칙이 가진 세 가지 이름을 알게 되리라

첫째는 정의요

둘째는 의로움이요

셋째는 사랑이로다

사람들은 자아를 사랑하여 이 높은 이름들을 부정하니

선의 법칙에 대해 알지 못하네

어둠 속을 헤매다 위험한 곳으로 떨어지네

두려움과 의심과 슬픔과 고통이 그들과 함께하네

내면의 의를 실천하라

그러면 세 가지 이름에 어린 형언할 수 없는 영광을 보게 되리라

선의 법칙을 이해하리라

행복과 평화가 너를 가득 채우리라

법칙을 아는 것

법칙에 순종하는 것

법칙을 실천하는 것

이것만이 구원이로다

이것만이 죄와 불안으로부터 해방이로다

선의 법칙에는 지극한 영광이 있고

법칙을 아는 것은 지극한 평화를 가져다주며

법칙에 순종해 순례자의 발로 걷는 이는 지극히 복되도다

이렇게 말하는 이는 법칙을 알리라

나는 더는 자아에 집착하지 않으리라

더는 다툼에 참여하지 않으리라

더는 보복하지 않으리라

더는 판단하고 비난하지 않으리라

지금까지 나는 자아에 집착해왔노라

자아의 만족을 추구해왔노라

자아를 옹호하고 보호해왔노라

허나 이제 자아를 버리리라

자아를 내려놓고 옹호하지 않으리라

실로 큰 십자가가 내 것이 되리라

나는 모든 사람을 사랑하고 나 자신만을 비난하리

겸손의 옷을 입으리

의와 사랑이 나를 보호하리

가장 높은 곳으로 피난하리

선의가 나의 길잡이가 되어주고

연민이 나를 떠나지 않으리

진리의 신성한 온유함이 내 생각과 행동을 인도하리

그리하여 죄를 멈추리라

그리하여 지고의 선을 실천하리라

이렇게 결심하는 자는 법칙을 알게 되리라

선의 법칙을 이해하리라

선의 법칙이 지닌 충만한 위엄이 그에게 드러나리라

모든 악으로부터 그를 보호하리라

그러므로 선을 믿으라

선에 매달려라

선을 실천하라

그리하면 자신을 이해하게 되리라

자신을 이해하는 이는 우주를 이해하리라

그럼으로써 평화에 이르리라

몸이 더러워지면 씻어서 깨끗하게 하지 않는가?

마음이 더러워지면 마찬가지로 씻어서 깨끗하게 하라

죄를 씻어내는 다섯 가지 물이 있으니

모든 방종과 욕망을 씻어내는 순결함

이기주의와 냉담함을 씻어내는 연민

모든 편견과 교만을 씻어내는 겸손함

모든 탐욕과 시기를 씻어내는 기쁨

모든 증오와 비난을 씻어내는 사랑이네

누구든 와서 깨끗해지라

물은 준비되어 있으며 기다리고 있노라

죄로부터 자유로운 사람은 복되도다

그는 선이라는 지고의 법칙을 알고 평화 속에 거하니

이렇듯 선의 법칙을 설명할 수 있노라

이렇듯 선의 법칙은 사람들의 마음속에 널리 퍼지노라

위대한 실재에 관한 가르침

눈을 뜨고 깨달은 자여

눈을 뜨고 깨달음을 얻으려는 자여

어둠이 있고 빛이 있노라

꿈이 있고 깨어남이 있노라

미망이 있고 실재가 있노라

어둠은 빛을 깨닫지 못하며

꿈꾸는 자는 깨어 있는 마음을 알지 못하고

미망 속을 방황하는 이는 실재를 알지 못하니

두 길 중 하나는 버려야 하노라

어둠 속에 머무르는 자는 아무것도 보지 못하네

자기 자신조차 보지 못하네

발을 비틀거리며 자신의 길을 알지 못하네

어둠을 버리면 빛으로 나오리라

빛으로 오면 만물을 보리라

길을 알 것이고 발이 걸려 넘어지지 않으리라

꿈꾸는 자의 길은 불확실하고 고통스러우며

쾌락과 공포가 그를 괴롭히니

그는 자신이 서 있는 곳을 알지 못하네

자신을 통제하지 못하고 허상에 휘둘리네

잠자는 이여, 자아의 꿈을 버려라!

깨어나라! 아침을 향해 눈을 떠라

그러면 너 자신의 신성을 이해하리라

미망의 길을 걷는 자는 그림자에 둘러싸여 있으니

실재를 깨닫지 못하네

거품과 같은 미망을 움켜쥐고 슬픔과 실망에 시달리네

소멸할 것에 매달리며 슬퍼하네

사라질 것을 쫓으며 불안으로 괴로워하네

미망의 길을 버려라

소멸할 자아의 길을 버려라

그리하면 불멸의 진리를 발견하리라

기쁨이 슬픔을 대신하리라

위대한 실재의 영광에 눈이 뜨이리라

그렇다면 위대한 실재란 무엇인가?

위대한 실재는 티 없는 마음이네

깨달음을 얻은 이해이네

완전한 평화가 깨지지 않는 영혼이네

오직 의를 실천함으로써만 위대한 실재를 알 수 있으니

자신을 통제하는 사람만이 그것을 알 수 있도다

자신을 정화하는 사람만이 그리로 들어갈 수 있도다

모든 죄에서 자유로운 사람만이 그 안에 머무를 수 있도다

모든 종교와 철학은 위대한 실재 속에서 완결되나니

위대한 실재 속에서 만나고 사라지네

위대한 실재에는 분열이 없으며

다툼과 불안이 들어올 수 없으니

이곳에 오는 이는 평화로 가득 차노라

위대한 실재를 이해하려는 이여

그곳에 들어가 그 평화를 알고자 하는 이여

많은 사람 뒤에 계신 한 분을 구하라

소음 뒤에 있는 침묵을 구하라

자아 뒤에 있는 진리를 구하라

거룩함과 평화를 주는 것을 구하라

아침 이슬처럼 사라지지 않고 머무르는 것을 구하라

지혜는 머문다

사랑은 머문다

연민은 머문다

진리는 머문다

그러니 자아를 버려라

자아와 자아에서 비롯된 모든 것은 소멸하며

허상일 뿐이니!

그러니 꿈에서 깨어나라!

네 모든 그림자를 흩뜨려라

네 모든 미망을 파괴하라

그러면 너는 위대한 실재로 들어가리라

평화로 가득 차 영원한 조화를 이루며 거하리라

지복으로 가득 차 영원한 노래를 부르리라

우주와 세상을 전율케 하는 노래

너는 너와 나의 노래를 부르리라

나는 연민이라는 스승을 알고

완전한 법칙의 옷을 입었으며

위대한 실재의 영역에 들어갔도다

안식을 얻었으니 방황이 끝났으며

평화에 들었으니 고통과 슬픔이 멈추었고

하나 됨이 현현하였으니 혼란이 해소되었으며

진리가 드러났으니 죄를 정복하였도다

자아를 버리기로 결심한 이는 복되도다

순결한 이는 복되도다

자신의 모든 미망을 파괴한 이는 복되도다

마침내 위대한 실재를 발견했도다

스승이 다시 나타났으니 우주가 기뻐하네

선의 법칙이 다시 설명되니 우주가 기뻐하네

위대한 실재를 다시 이해하는 이가 있으니 우주가 기뻐하네

진리의 길에 관한 담론

1. 자기 절제

진리란 무엇인가?

그것은 완전한 행위라는 침묵 속에 존재하네

현자는 그 침묵으로도 충분하니

나는 진리에 대해서는 이야기하지 않겠네

그곳에 이르는 길에 대해 말하리라

진리는 말이 아닌 생명에 관한 것이며

진리는 혀를 다스리나 혀에 있지 않고

마음에 있기 때문이라

어떤 말이 형언할 수 없는 것에 아름다움을 더하겠는가?

어떤 사람이 진리에 영광을 더하겠는가?

형언할 수 없는 것이 말에 아름다움을 더하게 하소서

진리가 사람을 영광으로 빛나게 하소서

그러니 나는 진리로 이끄는 길을 알려주리라

추측이 아닌

실천과 성취로 그 길을 인도하리라

자기 정복이 바로 그 길이도다

나는 믿는 사람들,

즉 자아를 극복할 수 있다고 믿는 사람들을 위해 글을 쓰노라

자아를 극복할 수 없다고 믿으며

따라서 자아를 찬양하고 자아에 지배권을 넘기는 이들을 위해 글을 쓰지 않노라

믿는 자는 거룩한 길을 걸으리라

그리고 그 길을 걸으며 가장 높은 진리에 도달하리라

이를 믿는 자는 이렇게 채비하라

믿음으로 투구를 쓰고 인내로 갑옷을 입어라

예리한 결단의 검으로 무장하라

내면에 있는 진리의 적들을 공격할 준비가 되리라

진리의 실천에 들리라

장인은 실천으로 기술을 완성하고

진리를 사랑하는 이는 실천으로 진리를 완성하노라

진리의 길은 세 가지 위대한 실천으로 특징지어지나니

첫째는 자기 절제요

둘째는 자기반성이요

셋째는 자기 포기이네

이 세 가지가 다른 모든 실천을 포함하노라

자기 절제를 실천하지 않는 자

마음속으로

"나는 먹고 마시며 쾌락의 화환을 쓰리라"라고 말하는 자

그는 평화로 이어지는 길을 찾을 수 없도다

그러나 마음속으로

"나는 절제와 함께 거하리라

순결함으로 내 거처를 삼으리라

고결함이 나의 동반자가 되고

믿음이 나의 어둠을 밝히리라

실로, 미덕이 나의 피난처이자 버팀목이 되리라"라고 말하는 자

그는 진리로 이어지는 길을 찾으리라

보라! 그는 이미 그것을 찾았으니

미덕의 실천이 진리로 이어지는 길의 입구라

악덕한 사람은 파괴하지만 덕 있는 사람은 짓네

자신의 쾌락만을 생각하는 자는 스스로를 죽이고

자신을 다스리는 자는 스스로를 지키네

쾌락을 포기하고 격정을 억누르며

만족감보다 굳건함과 고결함을 선택하는 자

그는 미덕의 기쁨을 누리리라

그의 우정은 유쾌할 것이고

그의 애정은 순수할 것이며

그의 인생은 오랫동안 번영하리라

미덕과 함께 걷는다면 행복이 그를 기다릴 것이니

어느 정도의 행복이 그의 몫이 되고

그는 첫 번째 위대한 안식처에 도달하리라

허나 그곳에 머무른다면 가장 높은 곳에는 이르지 못하리라

2. 자기반성

가장 높은 곳을 구하는 이는 자기반성을 실천하리라

마음 가장 깊은 곳을 탐색하고

복잡한 생각의 실타래를 따라가며

자기가 품은 동기의 질을 엄격하게 시험하니

숨겨진 욕망의 샘을 발견하리라

생명의 나무 뿌리를 밝히리라

그리하여 영원한 원인을 찾은 그는 선악을 모두 알게 되리라

가장 높은 곳을 볼 것이며 더는 소멸하지 않으리라

아름다운 꽃이 피어날 때 자라는 과정이 보이지 않듯이

그의 지혜도 사람들에게 보이지 않게 자라리라

그러나 지혜가 완전해지면

진리의 꽃이 자신의 모든 아름다움을 드러내면

그 조용한 성장을 알지 못하는 이들은 이렇게 말하리라

"이 사람은 지혜롭구나. 어디에서 지혜를 얻었는가?

배운 적도 없이 어찌 글자를 아는가?"

자궁 속 아기처럼

땅속 식물처럼

나그네의 눈에 점점 가까이 보이는 대상처럼

지혜는 마음속에서 그렇게 자라네

지식은 부지런히 자신을 살피는 사람에게서 그렇게 자라네

악의 뿌리를 발견한 사람은

자제의 손으로 그것을 뽑아버리고

지식의 불로 태워 재로 만들어버리네

이렇게 자신을 살피는 사람

마음 가장 깊은 곳을 바로잡는 사람

마음의 모든 죄를 거부하는 사람

자기 잘못을 찾아 겸허히 인정하는 사람

다른 사람의 잘못을 누누이 이야기하지 않는 사람

그는 평화라는 목표를 향해 빠르게 나아가리라

마음을 깨끗이 씻으리라

이해를 정화하리라

자아를 정복하고 더는 자아의 눈을 통해 바라보지 않으리라

진리를 깨닫고 베일 벗은 진리의 눈으로 인식하리라

자아와 진리를 모두 알게 되리라

그의 행위가 의로울 것이기에 그의 모든 일이 번성하리라

그의 마음이 순수할 것이기에 그의 혀가 지혜를 말하리라

그의 발이 밟았던 곳에는 사랑과 평화의 꽃이 자라리라

그는 불의와 함께 살기를 거부하리라

어리석음과 불순함을 거부하고

다툼과 증오를 향해 "나를 떠나라"고 말하리라

내면의 지식이라는 불을 붙여

그 불꽃을 밝고 변함없이 유지하며

인내와 사랑의 버림을 바치는 자

그가 자기 내면의 소멸할 것들을 모두 태우게 하소서

그래야만 불멸의 것을 발견하리라

죄의 찌꺼기를 일소하게 하소서

그래야만 진리의 금을 발견하리라

모든 죄를 파괴하게 하소서

그래야만 흠결 없는 진리를 찾으리라

그래야만 가장 높은 곳에 다가갈 수 있으리라

이와 같이 내면의 근원을 찾은 이는

격정이 그를 오래 괴롭히지 않으리라

격정의 원인을 찾은 이, 그것을 파괴하리니

자기 절제가 마음과 정신의 평정으로 이어지고

그는 멀리 평화의 길을 여행하리라

그리하여 두 번째 안식처에 도달하여

더 충만한 기쁨과 행복을 맛보리라

허나 그곳에 머무른다면 가장 높은 곳에는 이르지 못하리라

3. 자기 포기|Self-Surrender

자신을 잘 절제하고

자신을 깊이 살피며

진리를 사랑하는 이는 이제 자기 포기를 실천하라

자기 절제를 실천하는 이는 진리를 향한 여행을 잘 해나가노라

자기반성을 실천하는 이는 더 잘 해나가노라

자기 포기를 실천하는 이는 가장 잘 해나가노라

가장 높은 곳을 알 수 있는 이는 자아를 내려놓는 사람뿐

내면의 버림을 완성하는 사람

아무것도 망설이지 않는 사람

아무것도 자기 것이라고 부르지 않는 사람

세상의 어떤 것에도 마음을 두지 않는 사람

모든 욕망을 접고

모든 허영심을 비우고

모든 이론과 의견을 버린 사람

그는 비워지고 벌거벗겨지고 소유하지 않으리라

비어 있어 진리로 가득 차게 되리라

벌거벗어 의의 옷을 입으리라

아무것도 소유하지 않아 만물의 주인이 되리라

자기 포기를 완전히 실천할 때

그때 가장 높은 곳에 도달하고

그때 진리를 이해하며

그때 완전한 평화를 누리리라

자아를 정복한 사람은 결코 몰락할 수 없으며

자아를 버린 사람은 결코 혼란에 빠지지 않고

세상을 이긴 사람은 결코 동요하지 않네

욕망의 불꽃을 껐기에 그는 욕망의 불꽃에 타지 않을 것이며

유혹의 원인을 제거했기에 그는 더는 유혹에 시달리지 않을 것이네

진리 안에서 완전할 것이기에 더는 자제가 필요하지 않네

자아에서 해방된 이는 슬픔에서 해방될 것이고

죄에서 해방된 이는 더는 슬퍼하지 않을 것이며

불순함에서 해방된 이는 고통받지 않으리라

가장 높은 기쁨에 들어가서

마지막 안식처에 도달하리라

완전한 기쁨과 행복을 누리리라

소멸하는 것에 가치를 두지 않기에 결코 도둑맞지 않고

자아를 사랑하지 않기에 결코 상처받지 않으며

사람들이 죽일지라도 결코 파괴되지 않네

그는 더는 자아가 아니라 진리이기 때문이니라

누가 진리를 파괴하겠는가?

모든 육체는 죽지만 진리는 죽지 않노라

만물은 사라지지만 진리는 영원히 남노라

자아를 포기한 자는 불멸이 되었으니

그는 더는 진리와 분리되어 있지 않고 진리와 하나가 되네

사람들은 인식하지 못하나 그는 가장 높은 것을 드러내네

자기 절제에서 미덕이 태어나고

자기반성에서 지식이 태어나며

자기 포기에서 사랑이 태어나네

자기를 절제하는 자는 행복하리라

자기를 정화하는 자는 복되리라

자기를 내려놓는 자는 신성해지리라

미덕이 삶을 다스리고

지식이 삶을 정화하며

사랑이 삶을 완성하니

미덕은 씨앗이고 지식은 줄기이며 사랑은 꽃이로다

씨앗은 줄기를 알지 못하고

줄기는 꽃을 알지 못하노라

그러나 꽃은 그 자신과 줄기와 씨앗을 모두 아노라

자기 절제가 걱정을 베고

자기반성이 거짓 믿음을 죽이며

자기 포기가 모든 미망을 쓰러뜨리네

자기 절제는 힘으로

자기반성은 지혜로

자기 포기는 거룩함으로 이어지네

자기 절제와 자기반성과 자기 포기에 완벽한 사람

한 사람이 가장 높은 곳에 도달했으니

그는 진리와 하나 되어 더는 방황하지 않네

불변하는 연민을 가지고

의로움 안에 단단히 자리 잡은 채

거룩함 속에 굳건히 서서

그의 마음은 만물의 마음과 조화를 이루어 전율하네

그는 끝없는 기쁨을 아네

그는 천국의 평화를 찾았네

그는 가장 낮은 곳으로 몸을 굽혀 가장 높은 곳에 오르고

죄를 정복하여 거룩함의 왕관을 썼네

자기를 십자가에 못 박아 진리로 찬미받았네

기꺼이 아무것도 되지 않으려 하여 모든 것이 되었고

모든 것을 포기하여 모든 것을 소유하게 되었네

목숨을 내주고 불멸의 옷을 입었네

온전히 덕이 있는 그는 온전히 행복하네

온전히 의로운 그는 온전히 복되네

온전히 순수한 그는 온전히 평화롭네

온유함 속에서 아름답고

사랑 속에서 위엄이 있으며

순결함 속에서 무적이라

그는 형언할 수 없는 존재를 드러내리라

말하지 않고 가르치리라

더는 괴로워하지 않고

더는 고통받지 않으며

더는 시련도 없으리라

일어나 눈을 떠서 치유되고 완전해졌으니

그는 가장 높으신 분의 얼굴에서 베일을 벗겼노라

그는 위대한 안식을 아네

깊은 침묵

심오한 평화를 아네

그는 어둠을 알지 못하는 빛 속에서 걷네

빛이 그의 길에 그림자를 드리우지 않네

제임스 앨런 회고록

"아들아, 아들아, 너는 이미 한 번 살아본 사람 같구나."
소년이 열정적이지만 겸손하게 자기가 했던 질문에 대한 답을 스스로 내놓으면
아버지는 소년을 바라보면서 그 말을 경청하고, 마치 미래에서 온 사람을 만나
그의 사명을 이해하는 듯이 점점 더 조용히 생각에 잠겼다.

순수한 신앙심을 위해 자신을 바쳐라

완벽한 명상은 완벽한 행동을 불러오고 이익을 추구하지 않기에

곧은 마음이 더 분명하게 일어나네

육체의 족쇄에서 한 걸음씩 나아가네

가장 높은 행복의 자리로

—릴리 L. 앨런

제임스 앨런은 1864년 11월 28일 영국 레스터에서 태어났다. 한때 매우 부유한 제조업자였던 그의 아버지는 '짐'을 특히 귀여워했다. 그의 아버지는 재정적으로 큰 실패를 겪기 전, 골똘히 책을 읽는 섬세하고 차분한 아들을 바라보면서 "아들아, 내가 너는 학자로 키워야겠다"라고 자주 말하곤 했다. 제임스의 아버지는 지적 수준이 높은 데다 독서광이었기에 조용하고 학구적인 아들이 교육과 지식에 큰 갈증을 품고 있다는 사실을 알아차릴 수 있었다.

어린 시절 제임스는 매우 섬세하고 예민한 소년이었다. 그래서 학창 시절 몇몇 학교 교사의 오해와 엄격함, 어쩔 수 없이 어울려야 하는 사람들 때문에 종종 말할 수 없는 고통을 겪었다. 그럼에도 그는 특히 한두 분의 교사(틀림없이 아직 살아계실 것이다)를 비롯해 언제나 다른 사람들에 대한 소중한 기억을 간직하고 있었다.

제임스는 독서를 좋아했다. 특히 그는 어렸을 때 벽난로 옆 가장 좋아하는 자리에 앉아 아끼는 책을 읽고, 사랑하는 아버지는 맞은편 안락의자에 앉아 좋아하는 작가들의 작품에 깊이 빠져 있던 모습을 내게 생생하게 들려주곤 했다. 이렇게 아버지와 함께하는 저녁이면 그는 말로 표현할 수 없는 생각, 영혼에 밀려오는 심오한 생각들을 아버지에게 물었다. 그럼 아버지는 선뜻 대답하지 못한 채 안경 너머로 한참동안 아들을 바라보다가 마

생각의 지혜 ·

360

침내 이렇게 대답했다. "아들아, 아들아, 너는 이미 한 번 살아본 사람 같구나."소년이 열정적이지만 겸손하게 자기가 했던 질문에 대한 답을 스스로 내놓으면 아버지는 소년을 바라보면서 그 말을 경청하고, 마치 미래에서 온 사람을 만나 그의 사명을 이해하는 듯이 점점 더 조용히 생각에 잠겼다. 그리고 여러 차례 "이런 지식은 한 번의 짧은 삶에서는 얻을 수 없지"라고 말했다.

소년의 주변 사람들은 그의 건강을 깊이 걱정해 너무 많은 생각을 하지 말라고 애원하기도 했다. 제임스는 당시 아버지가 "짐, 그렇게 많이 생각하다가는 교회 묘지에 묻히겠구나"라고 말하던 모습을 떠올리며 종종 미소를 짓곤 했다.

게임에 관한 한 제임스도 다른 소년들과 결코 다르지 않았다. 그는 누구 못지않게 등 짚고 뛰어넘기와 구슬치기를 잘했다. 그를 한 명의 인간으로서 알았던 사람들, 그러니까 '브린골르'에서 그를 만나는 영광을 누린 사람들은 그가 얼마나 진심을 다해 게임에 임했는지 기억할 것이다. 여름 저녁, 아니, 칠 수 있을 때는 언제나 배드민턴을 즐겼다.

결혼하고 약 3년 후 딸 노라가 18개월이고 남편은 서른세 살일 때 나는 그에게 큰 변화가 일어나고 있음을 깨달았다. 나는 남편이 대다수 사람이 소중히 여기는 모든 것을 버린 뒤 진리를 발견해 지치고 죄에 찌든 세상을 평화로 이끌 것임을 알았다. 그때부터 그는 아침 일찍 일어나기 시작했다. 때로는 날이 밝기 훨씬 전부터 일어났다. 그는 과거 예언자처럼 언덕에 올라 하나님과 교감하고 신성한 것들에 대해 명상했다. 당시 그를 완전히 이해했다고 말하지는 않겠다. 그가 살고 움직이던 빛은 너무 하얘서 세속에 얽매인 내 눈으로는 볼 수 없을 정도인 데다, 나는 이제 막 빛에 대한 감각이 깨어나기 시작했기 때문이다. 나는 감히 그를 막거나 붙잡을 수 없다는 사실을 알았지만 때때로 나의 여성적인 마음은 그를 곁에 붙잡아 놓으라며 소리를 높였고, 그의 신성한 사명을 이해하지 못했다.

그러다가 그의 첫 책《빈곤에서 권력으로From Poverty to Power(번영의 길The Path to Prosperity, 마음의 평화에 이르는 길The Way of Peace) 합본》가 나왔다. 이 책은 많은 사람이 그의 최고 걸작으로 여긴다. 이 책은 여러 판본이 나왔으며 정식판과 해적판을 다 합쳐 전 세계적으로 수만 권이 판매되었다. 아마도 제임스 앨런의 책보다 더 많은 해적판이 나온 책은 없을 것이다.

제임스는 오전 9시부터 오후 6시까지 개인 비서로 일했고, 사무실을 나와서는 1분 1초를 모두 책을 쓰는 데 썼다.《빈곤에서 권력으로》가 출판되자마자《이 모든 더해진 것들All These Things Added(거룩한 삶The Heavenly Life, 천국 들어가기Entering Kingdom) 합본》이 나왔고, 이어서 그의 모든 저서 중 가장 유명하고 널리 읽혔을《생각하는 그대로As a Man Thinketh》가 출간되었다.

이 시기쯤 간행물 〈이성의 빛The Light of Reason〉도 창간했다. 제임스는 잡지 편집에 모든 시간을 할애했으며, 동시에 진리를 찾는 전 세계인과 방대한 서신을 주고받았다. 세월이 흘러도 변함없이 곧은길을 걸어간 그는 한 번도 뒤돌아보거나 신성한 길에서 벗어나지 않았다. 오, 그의 옆에서 걸으며 그에게 떠오르는 영광을 함께 볼 수 있는 사람으로 선택되어 참으로 큰 축복이었다!

그는 여러 가지 과학 주제에 깊은 관심을 보였다. 항상 최신 천문학 논문을 열심히 읽었고 지질학과 식물학도 즐겼다. 그가 가장 좋아했던 책들은 셰익스피어, 밀턴, 에머슨, 브라우닝, 〈바가바드기타Bhagavad-Gita〉, 노자의《도덕경》,《아시아의 빛》,《붓다의 복음Gospel of Buddha》, 월트 휘트먼, 버크 박사의《우주 의식》, 성경 등이었다.

마음만 먹었다면 제임스는 다양한 주제에 대해 글을 쓸 수 있었을 것이다. 실제로 주력하는 주제 이외에 다양한 질문에 관한 글을 써달라는 요청을 받기도 했다. 그러나 그는 평화의 복음을 전하는 데 온 생각과 노력을 바치면서 이런 요청들을 거절했다.

육체적 고통이 엄습했을 때도 그는 단 한 번도 불평하지 않았으며, 당당하고 꿋꿋하게 고통을 견디면서 주변 사람들에게 아픔을 숨겼다. 그를 잘 알고 사랑하는 가족과 그를 치료한 친절하고 다정한 의사만이 그가 얼마나 고통받고 있는지를 알았다. 그럼에도 그는 가만히 머무르지 않았다. 여전히 동트기 전에 일어나 명상하고 하나님과 소통했으며, 책상에 앉아 시대를 초월해 울려 퍼질 빛과 생명의 말씀을 쓰고, 사람들을 죄와 슬픔에서 평화와 안식으로 불러냈다.

체구는 작았지만 그는 항상 완전한 남자다움을 가진 강한 사람이었고 강한 만큼 온화했다. 누구도 그의 친절한 입술에서 화를 내는 말이 나오는 것을 듣지 못했다. 그의 시중을 드는 사람들은 그를 흠모했고, 그와 함께 일하는 사람들은 그를 신뢰하고 존경했다. 아! 그의 자기희생적인 삶, 부드러운 말, 온화한 행동, 지식과 지혜에 대해 얼마나 쓰고 싶은지⋯. 하지만 굳이 내가 써야 할 필요가 있을까? 분명 아닐 것이다. 그의 손으로 직접 쓴 책들이 있고, 그 책들이 미래 세대에게도 직접 지혜를 전달할 것이기 때문이다.

크리스마스 즈음 변화가 다가오고 있었다. 그러나 나는 그것이 무슨 의미인지 이해하지 못했다. 미처 보지 못했다! 보지 못했단 말이다! 나는 그가 우리 곁을 떠나야 하고 내가 남겨진다는 생각을 할 수가 없었다.

그러나 우리 세 사람은 마치 알고 있었다는 듯이 서로를 더 꼭 껴안았으며, 그 어느 때보다도 큰마음으로 서로를 사랑했다. 간행물 〈새로운 시대 The Epoch〉 1월호에 실렸고 여기에도 실린 제임스의 초상화를 보면 우리의 사랑이자 스승이고 안내자인 제임스는 육체에 대한 미련을 버렸음을 알 수 있을 것이다. 그때 이미 그는 우리 곁을 떠나고 있었으나 우리는 몰랐다. 나는 종종 제임스에게 잠시 일을 멈추고 쉴 것을 권했다. 하지만 그는 늘 "내 사랑, 멈추면 나는 가야 해. 그러니 나를 멈추려 하지 마"라고 똑같이 대답했다.

제임스는 그렇게 계속 일했다. 1912년 1월 12일 금요일까지. 그날 1시쯤 제임스는 의자에 앉아 복된 눈에 큰 연민과 그리움을 담은 채로 나를 바라보더니 두 팔을 내게 뻗으면서 외쳤다. "오, 끝났어, 끝났어. 더는 못 가겠어. 이제 다 했어."

나는 그를 우리 곁에 머무르게 하려고 사람이 할 수 있는 모든 치료와 기술을 동원했다. 그 마지막 며칠에 대해서는 도저히 쓸 수가 없을 것 같다. 내 손으로 어떻게 그때 일을 설명할 수 있겠는가? 마지막이 가까워졌다는 사실을 알았을 때 그는 축복을 내리면서 내 머리에 손을 얹고 자신의 일과 사랑하는 사람들을 내 손에 맡기겠다고, 내가 책무를 다했다는 부름을 받을 때까지 그들에게 은혜를 베풀며 도와주라는 말을 남겼다.

그러면서 이렇게 덧붙였다. "내가 당신을 도울게. 할 수만 있다면 종종 당신을 찾아가 함께 할게."

그는 내 마음을 달래주려고 사랑과 위로를 담은 축복의 말을 자주 했다. 어린 노라가 그에게 뽀뽀하고 사랑의 말을 전하면 창백하고 평온한 얼굴에 다정한 미소가 번졌다. 그러면서 늘 부드러운 목소리로 "내 사랑하는 딸!"이라고 말했다.

1912년 1월 24일 수요일 새벽, 제임스는 고요하고 평화롭고 조용하게 우리 곁을 떠났다. 내가 "우리 곁을 떠났다"고 말했던가? 그렇다면 잘못 말한 것이다. 단지 겉으로 보이는 육신만이 우리 시야에서 사라졌을 뿐이다. 그는 살아 있다! 이별에 마음이 찢길 것 같은 큰 슬픔이 진정되고 고요해지면 여전히 그가 우리와 함께 있음을 알게 될 것이다. 그와의 만남과 그의 존재에 다시 기뻐할 것이다.

제임스의 목소리가 점점 희미해지고 낮아졌을 때 그가 속삭이는 소리를 들었다. 말을 들으려고 몸을 숙이자 "마침내, 마침내, 집에 도착했구나. 나의 방황이 끝났다"고 말했다. 그리고 더는 아무 목소리도 들리지 않았다. 마음이 무너져 내리는 것 같았다. 그에게 죽음은 "마침내 집에 도착했다"는 느낌이었겠지만 내게는 그렇지 않았다. 그러자 마치 내 생각을 읽은 듯 이

제임스는 다시 정신을 차리고 내게 손을 내밀며 이렇게 말했다. "내 사랑 당신에게 한 가지 더 할 말이 있어. 사랑해. 당신을 기다리고 있을게. 안녕."

제임스를 사랑하는 사람들, 온유한 마음과 눈물어린 눈으로 이 글을 읽을 사람들을 위해 이 회고록을 집필한다. 나는 외로운 마음으로 그의 삶과 임종에 대한 이 짧은 이야기를 썼고, 이런 방식을 비판적으로 보지 않을 사람들을 위해 이 글을 썼다. 그의 제자이고, 따라서 나의 친구들인 사람들을 위해서.

우리는 고인의 유해에 깨끗하고 순수한 삶을 상징하는 새하얀 리넨을 입히고 그가 가장 사랑했던 사람들의 사진을 가슴에 안겼다. 그리고 화장용 장작더미 위에 유해를 뉘었다.

옮긴이

김선희는 한국외국어대학교를 졸업하고 항공사에 입사해서 수년간 일해 왔다. 2002년 근로
자문화 예술제에서 단편소설《십자수》로 문화관광부 장관상을 수상하며 등단했다. 현재 전
문번역가로 활동 중이다. 옮긴 책으로는《아버지의 죽음》,《트렌지션》,《원대한 나의 꿈》등
이 있다.

김언조는 런던대학교 런던 IOE 석사 과정을 마치고, 단국대에서 박사학위를 받았으며, 현재
단국대학교 교수로 재임 중이다. 시집으로《사막과 이별낙타》가 있으며, 옮긴 책으로는《제
임스 앨런의 365일 명상》이 있다.

이주영은 이화여자대학교 경제학과를 졸업하고 증권사에서 투자 및 분석 업무를 담당했다.
현재 바른번역 전문 번역가로 활동하고 있다. 옮긴 책으로는《우리는 다시 연결되어야 한
다》,《원하는 것이 있다면 끝까지 버려라》,《두 도시 이야기》등이 있다.

제임스 앨런의 생각의 지혜 5

지은이 | 제임스 앨런
옮긴이 | 김선희, 김언조, 이주영
그림 | 김미식
펴낸이 | 우문식
펴낸곳 | 도서출판 물푸레

초판 인쇄 | 2025년 2월 10일
초판 발행 | 2025년 2월 12일
등록번호 | 제 1072-25호
등록일자 |1994년 11월 11일

경기도 의왕시 위인로 15, 101동 1101호
TEL | (031)453-3211 FAX | (031)458-0097
e-mail | ceo@kppsi.com
homepage | www.kppsi.com

정가 23,800원
ISBN 978-89-8110-356-9 04180
ISBN 978-89-8110-345-3(세트)